서울
리뷰 오므
북스

Seoul
Review of
Books
2024 가을

15

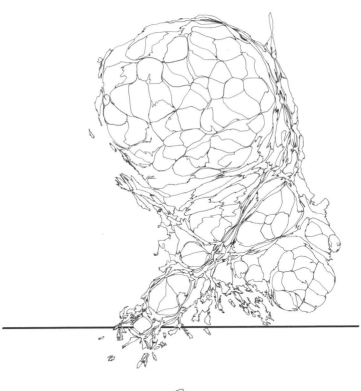

'로컬'과 지역.

'로컬'이 뜬다. 지역이 활성화되고 서울과 지방의 격차가 줄어든다면 좋겠지만, 안타깝게도 '로컬'이라는 단어 자체만 유행어가 된 것 같다. 어쩐지 지역은 정체되고 엉켜 있는 대상으로 여겨지고, '로컬'은 좀 더 젊고 세련된 인상을 풍긴다. 지역에서 활동하는 수많은 활동가와 그들이 진행하는 프로젝트를 폄하할 의도는 없지만, 어느덧 '로컬'에 대한 피로도가 적지 않게 쌓인 것을 부정하기는 힘들다.

　　이번 호 표지에 사용한 지도는 2023년 도시별 인구 분포 데이터를 기반으로 만든 카토그램(cartogram)이다. 수도권의 과밀화된 인구 분포를 한눈에 파악할 수 있는 이 낯선 지도는 여러 생각을 하게 만든다(중소도시포럼 이상현이 제작·제공했다). 전국에 '○리단길'이 생기면서 지역 상권을 흥분시켰던 자리에 남은 유산은 무엇일까. 지역재생을 대체해서 자리 잡은 로컬 브랜딩은 중소 도시의 미래를 견인하는 것처럼 보인다. 그런데 자신이 자라고 공부한 도시를 벗어나는 것을 소위 성공이라고 여기는 사회는 건강한가. 초고령 사회로 접어든 국가, 인구가 감소하는 중소 도시, 소멸을 염려하는 시골의 문제는 정말로 심각한가. 도시는 정말 '압축'해야 하는 걸까. 대도시의 관점에서만 중소 도시 문제를 다루고 있는 것은 아닐까. 지방의 생산 인구를 대체하는 외국인의 증가는 우리에게 어떤 변화를 가져올 것인가. 수많은 질문을 품으며 《서울리뷰오브북스》(이하《서리북》)는 이번 호에서 지역을 다룬 책 일곱 권을 살펴보았다.

심채경 편집위원은 '노잼도시' 대전의 장소성에 대해서 썼고, 5·18국제연구원 연구위원 박경섭은 호남(지역) 차별과 그 해결책에 대한 의미를 짚었다. 한국개발연구원(KDI) 초빙연구원 김주훈은 제조업 도시 울산의 과거와 현재를 비교하며 혁신의 방향을 논했고, 공익법률센터 농본 대표 하승수는 밀양 탈송전탑·탈핵 운동 이야기의 확산과 연대를 다뤘다. 정치학자 채효정은 한국 사회의 차별에 맞서 싸우는 옥천의 이주여성에 대해 이야기했다. 어떤 이들은 이동의 자유를 누리는 사이, 또 다른 누군가는 살아남기 위해 고향을 떠나 낯선 땅을 떠돌아야 하는 시대에 직면했음을 말하는 문장에서 또 한 번 불평등에 대해 돌아보게 된다. 충남대학교 건축학과 교수 윤주선은 '환상' 속의 지역재생을 비평하면서 지역의 건축가와 대학이 무엇을 고민해야 할 것인지에 대해 썼다. 건설 엔지니어 양동신은 지방 소멸과 압축도시의 화두 속에서 매력적인 지방도시를 이야기했다. 이처럼 여러 필자가 다각도로 서평을 썼지만, 각 지역이 처한 다양한 현실을 섬세하게 다루기에는 지면이 부족했다는 한계는 있을 것이다.

지방과 지역 사이.

언제부터인가 온라인상에서는 도시 앞에 수식어를 붙이는 밈이 유행처럼 번졌다. '심시티 서울', '갱스 오브 부산', '마계 인천', '고담 대구', '라쿤 광주'…….지역을 비하한다는 의견과 재미있다는 의견이 엇갈리지만, 정작 이런 표현 때문에 도시 브랜드를 구축해 나가는 지방자치단체와 전문가의 노력이 한순간에 물거품이 되고 만다. 하지만 이런 데에서도 딱히 주목을 받지 못하는 수많은 중소 도시는 서울이 아닌 '비서울' 또는 '지방'으로 불리며 다른 도시와의 차별성이나 해당 도시가 가진 역사와 문화적 층위가 재단되어 버리고 만다. 장소가 가지는 서사가 납작해져 버리는 것이다.

지방을 지역으로 바꿔 부르는 것이 필요할까. 지방 사람보다는 지역민, 지방 대학보다는 지역 대학이 보다 중립적인 가치를 지닌다고는 하지만 그것이 지방도시의 어렵고 복잡한 문제에 대한 해답이 되는 것은 아니다. 이 글을 읽는 독자들은 다양한 도시와 시골에 살고 있을 것이다. 한국 사회의 불균형과 지역의 미래에 대해서 속 시원한 해결책을 얻을 수는 없을지라도 이번 특집이 자신이 발을 딛고 선 땅에 대해서 희망과 대안을 생각하는 실마리가 되기를 바란다.

연찬회.

무더웠던 여름, 《서리북》은 연찬회를 가졌다. 모든 편집위원이 한자리에 모여 잡지의 어제와 이제를 살피는 자리였다. 출판사로부터 정기구독자 수의 추이와 판매 및 재고 현황을 보고받고 어떻게 하면 잡지가 지속가능할 수 있을지를 궁리했다. 어떤 특집이 독자의 흥미를 더 끌었는지 이야기 나눴고, 대중에게 많이 알려진 책이나 저자의 서평을 다룰 때 독자층의 확장성이 생기는 것을 알 수 있었다. 편집위원 각자가 주변으로부터 전해 들은 우리 잡지에 대한 평가를 공유하며 잡지의 부족한 점에 대해서도 의견을 나눴다. 한 편집위원은 이미 출간된 책을 서평하기 때문에 주제에 대한 필자의 비평이 어느 정도 무뎌질 수밖에 없는 것이 서평이 가지는 한계이자 표현의 어려움이라고 토로했다. 이에 대해 대담이나 인터뷰 등을 활용해서 특집 주제를 보다 생동감 있게 다루는 코너를 마련해 보자는 의견이 나오기도 했다.

이야기는 자연스럽게 앞으로의 계획으로 이어졌다. 《서리북》이 나아가야 할 방향에 대해서는 의견이 분분했다. 창간의 정신으로 다소 어렵고 무겁더라도 이 시대에 필요한 서평을 계속 쓰자는 의견, 젊은 독자에게 가까이 다가갈 수 있는 호흡의 글과 대중적 전략이 필요하다는 의견, 잡지 재고를 꾸준히 소진할 수 있는 적극적인 판매 전략이 필요하다는 의견 등이 있었다. 모두는 《서리북》의 정체성을 고민했다. 독자가 이해하거나 바라는 《서리북》의 정체성은 무엇일까 생각하게 된다. 물론 정답은 없다. 이런 이야기는 매년 열리는 연찬회에서 반복하는 내용이지만, 적어도 도돌이표는 아니다. 해마다 우리의 숙제를 다시 확인하며 꾸준히 어떤 방향을 향해 경로를 탐색하고 수정하며 나아가는 중이다.

《서리북》과 알라딘이 주최하고 (사)아모레퍼시픽재단이 후원하는 서평 공모전 '우주리뷰상' 마감이 얼마 남지 않았다. 독서 및 서평 문화의 정착과 확산에 동참할 서평가의 관심과 참여를 바라며 여름의 끝자락에 열린 군산북페어 네트워킹 파티의 제목을 떠올려 본다. '책은 친구를 만든다.'

편집위원 정재완

차례

대전은 왜 노잼도시가 되었나

BOOK JOURNALISM

"이것은 대전만의 이야기가 아니다.
　노잼도시라는 타이틀이라도 노리고 있는
　울산, 광주, 춘천, 청주…… 서울이 아닌
　모든 지역에 대한 것이기도 하다."
　◀ 심채경 「당신의 블로그를 파헤쳐 납작한 대전을 만나다」

"『전라디언의 굴레』에서
　글쓴이는 내부자의 언어보다는
　외부자와 관리자의 시점에서
　경제 성장과 경쟁이라는 언어에
　의존하고 있다."
　▶ 박경섭 「전라도와 함께 지역 문제를 이해하고 극복하기」

전라디언의 굴레

지역이 계급이 되는 이 땅에서,
누가 함께 싸우는 자들로 호명되어야 하는가

조귀동 지음

생각의힘

울산 디스토피아,
제조업 강국의 불안한 미래

양승훈 지음

부·키

"지역의 혁신에는 지역사회 구성원
　모두가 참여하고 협의하며
　이해관계를 조율하는
　총체적 노력이 필요하기 때문이다."
　◀ 김주훈 「산업 수도 울산의 위기와 활로」

"곳곳에 분노와 한탄과 저항이 있다.
그런 점에서 이 책은 밀양의 이야기를 담고
있지만, 단지 밀양만의 이야기가 아니다."

▶ 하승수 「곳곳이 밀양, 그래도 희망을 버리지 않는 이유는?」

"책에 담긴 이주여성들의 목소리는
'이주'가 차별의 조건이 되는
모든 이들의 현실과 요구를 담고 있다."

▶ 채효정 「타인의 목소리가 나의 목소리가 될 때」

"프랜차이즈처럼 전국에
동일한 방식으로 적용할
마법 같은 정책이나 방법론은
결코 존재할 수 없다.
대신 지역재생에 대한
사고방식을 어떻게 바꿀지는
지역에 무관하게
적용할 수 있다."

◀ 윤주선 「알고도 못 막는 환상」

"지방도시의 문제점을 해결하려면
고정관념을 버리고,
보다 폭넓게 사정을 헤아리고
사고하는 자세가 필요하다."

▶ 양동신 「더 매력적인 지방도시들을 찾아서」

생기, 밀양 — 서울

글 김영희

ⓐ 여기 싸우는 이주여성이 있다.

글 한인정

빨간소금

마을 만들기 환상

지역재생은
왜 이렇게까지 실패하는가

기노시타 히토시 지음
윤정구·조희정 옮김

더가능
연구소

지방도시 살아남기

'문화도시'만이 살길이다

마스다 사토루

산지니

"이 책은 세월호 참사에 대한 최초의
정합적 서사를 제공한다. 이 책은 정부가
만들지 못한 '세월호 백서'라고 불러도
손색이 없다."
▶ 홍성욱 「조각조각 꿰매진 '그날'의 슬픈 진실」

세
월
호,
다
시
쓴
그
날
의
기
록

진실의 힘

"어떤 방향으로든 돌파력을
충전한 소설을 만나고 싶다.
서민적 위안과 소시민적 행복에
만족한다는 건 타협일 뿐 장기
지속의 해결책일 수 없으니까."
▶ 권보드래 「'K-힐링'과 소설의 노스탤지어」

한국 과학기술
인 물 열 전
자 연 과 학 편

대
한
민
국

과
학
자
의
탄
생

김근배
이은경
선유정 편저

"『대한민국 과학자의 탄생』은
20세기 전반 한국에서 이루어진 다양한
형태의 과학화 과정들을 규명하는 작업의
출발점이 될 수 있을 것이다."
◀ 유상운 「한국에서 과학자란 누구이고, 과학이란 무엇인가?」

"우리는 유전자가 아니라 인간이다. (……)
가치 판단을 내리고 상황을 뒤바꾸는
행동 주체로서의 인간이 아니라
유전자의 명령을 그대로 수행하는
생존 기계로서의 인간임에
만족하려는 것인가?"

◀ 정우현 「인간은 유전자 감옥에서 탈출할 수 있을까」

"그의 사상을 제대로 이해하고
활용하자면, 사상 전체를 조망하고
내가 관심을 갖는 주장이
어떤 맥락에서 나온 것인지를
차분하게 따져 보는 시간을 잠시나마
갖는 것이 적절할 것이다.
그리고 프리드먼과 같은 대가라면
충분히 그럴 만한 가치가 있다."

▶ 김두얼 「경제학이 끌어낸 보수주의」

일러두기

1   《서울리뷰오브북스》에 수록된 서평은 직접 구매한 도서로 작성하는 것을 원칙으로 합니다.

2   《서울리뷰오브북스》에서 다루기 위해 선정된 도서와 필자 사이에 이해 충돌이 발생하는 경우,
     주석에서 이를 밝히는 것을 원칙으로 합니다.

3   단행본, 소설집, 시집, 논문집은 겹낫표 『 』, 신문, 잡지, 음반, 전시는 겹화살괄호 《 》, 단편소설,
     논문, 신문 기사는 홑낫표 「 」, 영화, 음악, 팟캐스트, 미술 작품은 홑화살괄호 〈 〉로 묶어
     표기했습니다.

4   아직 한국에 번역·출간되지 않은 도서를 다룰 경우에는 한국어로 번역한 가제와 원서 제목을
     병기했습니다.

지방과 지역 사이

서울
리뷰 오브
북스

성심당의 도시, 대전이 만들어진 이유

노잼도시가 늘어 가는 동안, 서울은 인스타그래머블한 위세를 떨친다. 모든 지방 도시는 서울이 되고 싶고, 서울 아닌 도시에는 꼬리표와 등급이 붙는다. 한국의 지방 도시들은 어쩌다 노잼이 됐을까?

BOOK
JOURNALISM

대전은 왜 노잼도시가 되었나

주혜진

『대전은 왜 노잼도시가 되었나』
주혜진 지음
스리체어스, 2023

당신의 블로그를 파헤쳐 납작한 대전을 만나다

심채경

성심당 없었으면 어쩔 뻔했어

주말 오후. 열차를 타고 서울역에 도착했다. 종착역임을 알리는 안내 방송이 나왔다. 내리는 사람들로 통로가 붐벼 좌석에 앉은 채로 조금 기다리는 동안 한 번 더 방송이 나왔다.

선반 위에 성심당 등 두고 내리는 물건이 없는지 확인하시기 바랍니다.

아니나 다를까, 객실 선반 위에는 대전의 유명 빵집 성심당의 로고가 새겨진 종이 가방이 두어 개 올려져 있었다. 그렇다. 이 열차는 한 시간여 전, 성심당의 도시 대전을 경유했던 것이다. 그날 그 선반 위 성심당 종이 가방들이 주인과 함께 열차에서 무사히 내렸기를 바란다. 대전에서 지내다 주말을 보내러 서울에 가는 사람들, 대전에 놀러 왔다가 서울로 돌아가는 사람들. 아무튼 대전역에서 열차를 기다리는 사람들 중에는 성심당 종이 가방을 든 이를 심심찮게 볼 수 있다. 서울에서 누구를 만나든 성심당 빵을 내놓으면 반응이 좋아 잠시 뿌듯함을 느낄 수 있다. 무언가 더 맛있는 음식, 더 힙하고 핫한 것은 서울에 더 많다. 대전에서 사 갈 만한 것, 서울 사람들의 인정을 받을 만한 것은 역시 성심당뿐인가 싶다. 대전은 어쩌다가 성심당의 도시가 된 것일까?

질문을 바꿔 보자. 성심당 덕분에 대전은 더 핫한 장소가 되는 것일까? '노잼도시'라고 놀리며 대전을 밈(meme)화 하고, "거봐, 성심당 말고는 없잖아"라고 말할 때, 기차를 타고 대전에 와서 성심당에 들렀다 돌아갈 때, 대전은 노잼도시로 브랜딩하는 데에 성공하는 것일까? 『대전은 왜 노잼도시가 되었나』를 쓴 사회학자 주혜진은 그렇지 않다고 말한다. 무엇 하나만으로 대표되는 도시의 정체성은 납작하기 때문이다. 대전이라는 도시의 역사와 지리적·문화적 특성에 대한 다양한 지식과 감정을 만들어 내고, 더 많은 호기심과 소통 욕구를 불러일으켜 친밀한 관계를 맺게 하기에는 역부족이다.

대전은 언제부터, 왜 노잼도시였나? 저자는 한 권의 책을 통해 이 질문에 답하고자 한다. 자신이 대전 사람임을 때때로 숨기고 싶어 하는 감정의 실체를 찾기 위해 소셜미디어에 사람들이 풀어놓은 수많은 이야기를 활용한다. 여행·관광 정보 소개, 카페나 식당 방문 후기 등 소셜 미디어에 게시된 대전에 관한 이야기를 모아 형태소별로 분류하고 분석하는 텍스트 마이닝(text mining)을 통해 대전이라는 장소와 사람들이 맺고 있는 관계를 살펴보고, 그 안에서 지역을 변화시킬 힘을 발견하려는 것이다. 이것은 대전만의 이야기가 아니다. 노잼도시라는 타이틀이라도 노리고 있는 울산, 광주, 춘천, 청주…… 서울이 아닌 모든 지역에 대한 것이기도 하다.

2019년 '노잼도시' 블로그 텍스트 주요 단어 클라우드.(출처: 『대전은 왜 노잼도시가 되었나』, 76쪽, 스리체어스 제공)

대전, 그 장소성의 크기

저자는 우선 대전이 노잼도시라 불리게 된 시작점을 찾기 위해 2015년부터 2021년 8월까지 블로그 게시글에 표출된 텍스트를 분석했다. 그 결과에 따르면, 재미가 없다는 뜻의 키워드 '노잼'이 게임, 사람, 영화가 아니라 대전과 직결되기 시작한 것은 2019년부터다. 아이러니하게도 2019년은 대전시가 출범 70주년과 광역시 승격 30주년을 기념해 대전 방문의 해로 지정한 해다. 대전을 홍보하고 방문을 독려하자 '이렇게 노잼인데 놀러 오라는 것이냐'는 일종의 조롱이 되돌아왔다. 그나마 다행인 것은 가벼운 조롱이 혐오나 무관심이 아닌 놀림거리이자 유머 코드로 승화되며 밈으로 확산됐다는 것이다.

　계속된 텍스트 마이닝이 말해 준 것은 대전이라는 도시의 정체성이 무척 납작하다는 사실이다. 대전의 관광지 혹은 관광·문화 콘텐츠가 대전이라는 핵심어와 맺는 관계를 살펴보면, 다층적이고 복합적인 관계망을 형성한다기보다는 대전과 성심당, 대전과 수목원처럼 단편적인 일대일 관계에 그치는 양상을 보였다. 사람들은 대전에 와서 여러 장소를 둘러보며 다양하고 복합적인 경험을 하지 않는다. 그곳의 특성을 살펴보고 분위기를 느끼고 내면의 감정을 끌어올리지 않는다. 단편적으로 한두 곳만 '찍고', 그곳에서 SNS에 올릴 사진을 '찍고' 떠난다. 그렇게 함으로써 노잼도시 대전 방문이라는 밈을 실천하면 대전 방문의 목적이 달성된다.

저자는 이런 단편적인 방문 경험이 오히려 대전과의 거리감을 키울 뿐이라고 지적한다. 성심당을 향해 돌진하는 사람들은 대전의 구석구석을 탐험하지 않고, 오래된 도시가 품고 있는 역사를 탐색하지도 않는다. 새로운 장소에서 자신만의 재미를 찾거나 다르게 보이는 공간의 사연을 묻지 않는다. 그래서 대전은 재미도 없고 의미도 없다. 공간이 지닌 기억과 감정, 그 속의 물질과 사람들의 특성, 그 모두를 복합적으로 느끼는 총체적인 경험을 장소성('sense of place' 또는 'placeness')이라 할 때,(52쪽) 성심당과 코레일이 약간의 돈을 버는 동안 대전은 장소성을 잃었다.

장소성의 크기라는 측면에서 볼 때, 대전은 작고 서울은 크다. 서울이 실제로 더 커서 그런가? 면적을 따져 보면 대전은 약 540제곱킬로미터, 서울은 약 605제곱킬로미터로 과연 서울이 크기는 하다.* 그런데 대전이 노잼이고 서울은 유잼인 이유를 65제곱킬로미터의 면적 차이에서 찾을 수 있을까? 저자는 도시의 크기란 지리적 크기가 아니라 다양한 매체와 방법을 통해 전달되는 그 도시에 대한 지식과 정보의 양,(23쪽) 그 도시를 다채롭게 인식하게 하고 입체적으로 기억하게 하는 기회의 양이라고 재정의한다. 예를 들어, 춘천은 서울보다 두 배 남짓 넓지만 춘천 하면 떠오르는 단어는 닭갈

---

* 2022년 기준, 국가통계포털(KOSIS).

비가 압도적인 1위를 차지한다.* 반면 서울 하면 떠오르는 단어는 너무나 많고 어느 하나가 압도적으로 두드러지지 않는다.

　　서울을 더욱 '크게' 만드는 데에는 인구 집중이 한몫한다. 최근 20년간 서울과 수도권으로의 인구 집중 현상이 지속됐다. 이들의 생활이 서울을 경제, 금융, 소비, 문화는 물론 맛집과 인스타그래머블(instagramable)한 카페를 서울로 더욱 집결시켰고 발전시켰다. 서울의 장소성이 계속해서 커지는 동안 지방도시는 쪼그라든다. 서울의 정체성, 인구 밀도, 다른 지역 사람에게 인상적으로 보일 수 있는 매력은 증가하고 지방도시는 반대로 감소한다. 그리하여 지방도시의 세수가 줄고 타 지역에서 들어오는 수입도 줄어들면 지방자치단체(이하 지자체)의 재정 자립도가 떨어지고 중앙 정부에 대한 의존도가 높아진다. "그래서 지방의 도시들은 더욱더 매력적인 투자처가 되기 위해, 가성비 높은 투자 대상이 되기 위해"(34쪽) 도시 마케팅, 도시 브랜딩에 힘쓴다. 다른 지방도시들과의 경쟁에서 하루빨리 우위를 점하는 상품이 되어야 한다. '노잼도시'라는 타이틀이라도 갖고 싶어 하는 다른 도시들에 비하면, 노잼도시와 성심당의 도시, 별명을 두 개나 갖고 있는 대전은 좀 나은 것일까?

소제동=대전의 익선동?

키워드 분석에서 대전과 함께 중요하고 의미 있게 등장하는 단어는 카페였다. 맛있는 디저트가 있고 예쁘고 분위기 좋은 카페. 사람들이 대전에 와서 찾는 곳은 자연이나 유적지, 문화·예술 공간이 아니라 사진 찍어 SNS에 올리기 좋은 카페가 많은 동네다. 카페만큼이나 중요한 관련어는 서울. 대전의 힙플레이스, 핫플레이스

---

* 서진영, 『로컬 씨, 어디에 사세요?』(온다프레스, 2023), 77쪽.

2016-2022년 '대전 힙·핫플레이스' 블로그 텍스트 주요 단어 클라우드.(출처: 『대전은 왜 노잼도시가 되었나』, 94쪽, 스리체어스 제공)

는 시대에 따라 봉명동에서 둔산동으로, 또 소제동으로 바뀌어 왔다. 대전역 인근에 있는 소제동은 대전의 대표적인 구도심으로, 일제강점기에 철도 노동자를 위한 관사촌으로 번성했던 흔적이 아직도 남아 있을 만큼 오래된 풍경이 펼쳐지는 곳이다. 수십 년간 아무도 돌보지 않은 듯 무너진 벽 사이로 잡초와 넝쿨식물이 무성한데, 또 어떤 건물은 내부를 근사하게 리모델링하되 담장과 문패는 그대로 두어 레트로 감성의 카페, 식당으로 변신했다. 100여 년의 시간이 한데 공존하는 듯한 이 동네에는 별명이 있다. 제2의 익선동. 오래된 한옥 마을이었다가 힙한 카페 거리로 변모한 서울의 익선동과 분위기가 비슷해서다. 경부선과 호남선이 분기하는 철도 요충지인 대전, 적산 가옥이 들어찼다가 전쟁 폭격으로 일부만 남았던 역사, 빈집이 절반 가까이 되도록 황폐해져 갔던 수십 년의 이야기가 '익선동'이라는 세 글자로 납작해진다. 소제동뿐인가? 봉명동은 대전의 홍대, 둔산동은 대전의 강남으로 불린다. 그러면 핫한 지역이라는 뜻이다.

　　지리적 위치에 상관없이, 블로그 게시물이 대전의 어느 지역을 힙하고 핫하다고 평가하는 것은 서울에서 유행했던 가게의 지점이 새로 들어서거나 분위기 있는 카페가 많이 생겨 서울의 어느 멋진 동네를 연상시킬 때라는 점에 저자는 주목한다. 지방도시의 매력은 서울을 기준으로 평가된다. 그래서 지방도시는 빠르고 확실한, 실패 없는 성공을 위해 지역 고유의 특성 대신 서울과의 유사성에 천착하기도 한다. 서울의 경리단길 같은 성공 사례는 신속히 복사, 붙여넣기 되어 전국 각지에 '○리단길'이 조성된다.*

지역의 정체성에 입체감을 불어넣는 것은 누구의 몫인가?

『대전은 왜 노잼도시가 되었나』는 저자가 한국사회학회에서 발표한 몇 개의 관련 연구를 모아 재편한 것으로, 사회학자의 연구 노트를 살짝 열어 보여 주는 듯한 느낌을 준다. 전문 학술서는 아니기에 근간이 되는 논문에 비하면 상당히 축약되어 있기는 하지만, 단순히 블로그상에서 자주 나타나는 단어의 빈도 측정을 넘어 단어의 무게감을 정량화하고 점유율을 추산하는 방법, 핵심어 주위로 흩어진 단어에 숨겨진 주제를 찾아내는 토픽 모델링(topic modeling), 그 단어들의 관계망을 도출하는 기법 등을 소개한다. 학술적인 내용을 대중의 언어로 풀어내면서도 사회학에서 쓰이는 연구 기법과 학자적 의견의 무게를 유지함으로써, 일종의 밈이자 놀림거리일 정도로 대중에게 무척 친근한 소재였던 노잼도시 대전을 새로운 시선으로 바라보게 한다.

　　대전 사람인 저자는 스스로를 지방 출신임을 부인하고 싶어 하는 '디나이얼(denial) 지방 출신'을 잘 이해하는 듯하다. 서울의 세련되고 근사함과 비(非)서울의 촌스럽고 하찮음에 주눅 드는 이들

---

* 같은 책, 7쪽.

에게 그가 제안하는 것은 도시를 알고 즐기는 자신만의 방법론을 개발하라는 것이다. 도시에 직접 살면서 자신만의 감정을 느끼고 구석구석을 적극적으로 탐색하고, 그걸 글과 사진과 영화와 그 외의 다양한 방법으로 기록하고 공유함으로써 도시의 장소성을 입체적이고 풍성하게 만들어 보라는 것이다. 전반부에서 인구의 수도권 집중화, 지방 자치 제도가 오히려 중앙 정부에의 의존성을 높이는 역설, 도시 브랜딩의 방향성과 같이 구조적이고 제도적이고 정치적인 면을 짚어 낸 것과는 조금 방향이 달라 보인다. 다양한 개인들의 창의적인 방법론을 통해 달랠 수 있는 것은 그 개인이 자신의 도시와 맺는 관계다. 저자는 그 관계를 새롭고 다정하게 재정립함으로써 지방 사람이면서 지방 사람이고 싶지 않은 내면의 불편함을 달래고 스스로와 화해해 보라고 제안한다.

그러나 지방도시가 존폐의 기로에까지 내몰리기도 하는 문제적 상황에서 개인 차원의 활동이 유효한 변화를 일으킬 수 있으리라 기대하기는 어렵다. 어쩌면 저자는 지방도시가 마주한 문제적 상황을 저항 없이 수용하는 태도를 취하고 있는지 모른다. 어쩌다가 이렇게 되었는지 분석한 끝에 이미 돌이킬 수 없는 지점을 넘어섰다고 판단했을 수 있다. 그래서 각자의 방법으로 스스로의 마음이 다치지 않게 하고 도시에 대한 긍지를 가지도록 노력하자고 제안하는 것일지 모른다. 그러나 개인이나 단체 차원의 도시 기록 활동이 아니라 도시 차원에서의 실천의 방향성을 제시해 주었더라면, 도시에 '○리단길'을 만드는 대신 도시의 정체성을 다양하게 탐구하는 개인 혹은 단체의 활동을 인정하고 지지하며 때로는 서로 협력하는 구조를 형성하게끔 촉구하는 방법론에 대해서도 다루었더라면 하는 아쉬움이 남는다. 서울이 아닌 지역의 도시들 사이를 직접 연결하는 교통망, 대기업이나 대학의 유치, 민관 협력과 공공 재정의 투자, 도서관이나 대형 병원과 같은 앵커 기관(anchor institution)의 존재, 우수한 치안 상태 등* 도시의 존립에는 개인의 노력 이상으로 필요한 것이 많다. 개인적인 도시 탐색 활동 역시 그럴 만한 공간이 있어야 한다. 폐건물이나 재개발 대상 지역뿐 아니라, 공원과 놀이터, 보행자의 감각을 자극하는 독특한 길, 잘 짜여진 동선을 따라 움직이면 매력적인 탐험 대상이 계속해서 이어지는 도시 공간, 세련된 모양으로 눈길을 끄는 가로등은 지자체가 고심 끝에 제공하는 것이다. 새로운 아이디어를 제시하는 스타트업들이 서로 협력하며 지속적으로 활동할 수 있는, 다양한 관심사와 배경을 가진 여러 연령대의 시민들이 네트워킹하고 자아를 실현할 수 있도록 돕는 체계 또한 어느 개인이나 기업, 단체가 할 수 있는 범위를 넘어선다.

텍스트 마이닝이 보여 주는 것 너머에서 만날 것들

대전을 '꿀잼도시'로 만드는 것에는 두 가지 측면이 있다. 타 지역 사람들에게 꿀잼으로 평가받는 것, 그리고 대전에 살거나 살았던 이들이 스스로를 대전 사람이라고 밝히는 데 덜 망설이는 것이다. 지역을 발전시키는 데에 민간 혹은 개인이 공적 체계보다 더 효과적인 일을 해낼 수도 있다. 소제동의 사례를 들여다보면, 사실 이 동네의 부활을 이끈 것은 지자체가 아니라 민간이었다. 익선동에서 도시재생 프로젝트를 시작했던 그 기업이 다음 프로젝트 대상 지역으로 소제동을 낙점했다. 빈집 여러 채를 구입해 근사한 카페와 식당으로 리모델링함으로써 동네 재생의 단초를 놓는 일이 익선동에서 일어났고 소제동에서 재현되었다. 소제동의 부활이 대

---

* 이언 골딘·톰 리-데블린, 『번영하는 도시, 몰락하는 도시』(어크로스, 2023), 94-96쪽.

전 사람 개인에게는 어떤 의미일까? 대전이 조금 더 멋진 도시가 되어 조금 더 자랑스럽거나 조금 덜 부끄러울까? 저자가 찾아낸 사실에 의하면, 소제동의 역할은 유사 익선동인 것으로 보인다. 수탈의 거점 혹은 철도 요충지로서의 지역 역사를 입체적으로 이해하게 만들거나, 대전의 다른 지역도 방문하게 하는 연결고리 역할을 조금은 할지도 모르지만, SNS에서 찾아본 대전 관련 텍스트 분석에서는 명시적으로 드러나지 않았다.

저자는 재개발을 앞두고 황폐한 거리에서 음악을 연주하는 일, 도심 한 켠에 방치된 폐건물의 내부를 탐색하고 기록으로 남기는 일, 길을 걷다 만나는 다양한 대상을 통해 도시의 장소성을 감각하는 행위를 통해 도시의 정체성을 느끼는 '나만의 방법론'을 찾아보라고 권한다. 현재의 대전을 있는 그대로 인식하고 수용하되, 노잼도시라는 납작한 수식어의 커튼 뒤에 가려진 수많은 이야기를 다면적으로, 다층적으로 탐색함으로써 각자의 내면에 대전에 대한 입체적인 정체성을 형성해 보라는 것이다. 물론 대전 출신 개인의 마음속 변화가 타 지역 사람들의 마음속 대전의 이미지를 꿀잼도시로 바꾸는 데 즉효약은 아닐 것이다. 노잼도시 대전은, 그리고 노잼도시라는 타이틀이라도 노리고 있는 다른 도시들은, 서울은 점차 비대해지고 지역은 자꾸만 줄어들어 소멸에 다다를 듯해 보이는 근미래를 위해 어떤 새로운 청사진을 그려야 할까? 이제 텍스트 마이닝 분석과 개인적 지역 탐색의 기록 너머에 있는 무엇인가를 찾아 들여다볼 차례다. 서리북

심채경
본지 편집위원. 태양계 천체를 연구하는 행성과학자. 현재 한국천문연구원에 재직하며 달 탐사 프로젝트에 참여하고 있다. 지은 책으로 『천문학자는 별을 보지 않는다』, 옮긴 책으로 『우아한 우주』 등이 있다.

📖 거주지로서의 춘천은 어떠한 도시인가를 주제로
삼아 춘천을 발로 걷고 뛰며 그곳에서의 삶에 대해 던진
수많은 질문을 현장감 있게 전달하는 책. 닭갈비와
소양댐, 이주여성과 빈집 프로젝트, 그리고 '로컬'에 대해
이야기한다.

"로컬이 잠재력, 가능성이 내포된 '시장'으로 인식되기
시작한 것 또한 로컬의 '긍정적인' 요소다. 반면 실질적인
변화가 무엇인지는 잘 가늠되지 않는다. 수치로 나타나는
성과 말고 로컬이 정말 '살고 싶은' '살기 좋은' 동네가
되었는지, 여러 세대에 걸친 인구가 두루 건강한 생활권을
형성하고 있는지라는 '삶'의 관점에서 말이다." — 책 속에서

『로컬 씨, 어디에 사세요?』
서진영 지음
온다프레스, 2023

📖 메가시티의 확장과 쇠락하는 도시에 대해 통찰하는 책.
인구 밀집과 산업·경제의 변화뿐 아니라 전염병, 기후 재난
등의 측면에서 도시가 맞닥뜨리는 운명에 관해 이야기한다.

"결국 침체된 도시의 운명을 반전시키기 위해 필요한 것은
정부에 더해서 기업과 지역사회 전반이 참여하는 수십
년에 걸친 전체적이고 통합된 노력이다. (……) 도시 전체가
번영해야 할뿐더러 특권을 가진 소수만이 아니라 시민
모두에게 기회를 주어야 한다." — 책 속에서

『번영하는 도시,
몰락하는 도시』
이언 골딘·톰 리-데블린 지음
김영선 옮김
어크로스, 2023

지역과 계급이라는 이중차별,
누구나 알지만 아무도 모르는 호남의 이야기

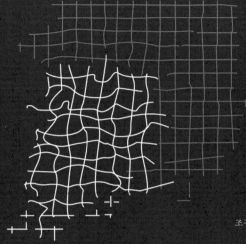

조귀동 지음

전라디언의
굴레

생각의힘

『전라디언의 굴레』
조귀동 지음
생각의힘, 2021

전라도와 함께 지역 문제를 이해하고 극복하기

박경섭

광주로 돌아오는 길

몇 주 전 자동차를 운전해서 충주에 갔다가 광주로 돌아오는 길이었다. 대전을 지나서 논산을 가로지르는 해 질 녘의 고속도로 오른편으로 호남평야가 펼쳐졌다. 드넓은 호남평야의 논들은 모가 자라나 푸르렀고 대어진 물들로 반짝였다. 인간의 노동이 자연을 빌려 그린 아름다운 그림이다. 내가 농부의 아들이기에 느낄 수 있는 감상이고, 내 아이들은 유월의 논을 보고 감동할 리 없을 것이라고 생각하니 조금은 슬퍼졌다. 호남고속도로를 따라 장성을 지나 못재터널을 넘어서면 얼마 지나지 않아 성벽 같은 고층 아파트군을 발견하게 된다. 광주에 가까워졌음을 직감한다. 농업을 근간으로 하는 전라도의 중심 도시인 광주는 주거 측면에서 한국에서 가장 모던한 도시 중 하나일지 모른다. 광주를 성벽처럼 에워싸고 있는 고층 아파트는 『전라디언의 굴레』를 쓴 조귀동 작가가 표현한 저발전의 악순환에 갇혀 있는 도시의 역설적 상징이다.

이 책은 광주를 중심으로 호남 문제를 차별의 실태,(1장) 저발전 경제 구조의 특징,(2장) 지역 패권 정당의 메커니즘,(3장) 지역의 경제와 정치가 맞물리는 구조적 부패(4장)로 나누어 살펴본다. 글쓴이는 이러한 호남 문제의 핵심에 있는 지방의 지배 체제가 흔들리고 있음을 지적하고,(5장) 경제와 정치 차원에서 호남 차별을 극복하기 위한 대안을 검토한다.(6장) 이 책에서 글쓴이가 강조하는 것은 호남의 문제는 다른 지역 또한 겪고 있는 문제이며, 이러한 문제를 극복하기 위해서는 지역 발전을 가로막는 지배 체제의 해체와 내생적 발전 역량 확보가 필요하다는 것이다. 이 책은 그런 호남 문제를 설명하기 위해서 광주와 관련된 자료를 집중적으로 사용하면서도, 통계 자료뿐만 아니라 다양한 분야의 광주 사람들을 직접 인터뷰한 내용을 활용해 현장감을 살렸다.

　　글쓴이는 호남 문제를 어떤 관점에서 이야기하고 있을까? 글쓴이가 호남 문제를 내부의 시각에서 이해하고자 했기에 '전라디언'*의 시각에서 글을 썼다고 볼 수 있을까? 『전라디언의 굴레』의 특성은 글쓴이가 전라도 출신으로 서울에서 대학을 나오고 10년 넘게 회사원으로 일하고 있기 때문에 갖게 되는, 내부자이면서 외부자인 위치에서 비롯된다. 책에서 제시되는 통계와 수치는 외부자적 관점에서 비교를 목적으로 작성한 기호이고, 비교를 통한 측정은 서열화를 가능하게 한다. 서열은 경쟁의 결과이자 동력이다. 인류학자 아르준 아파두라이(Arjun Appadurai)는 『고삐 풀린 현대성』(1996)**에서 어떤 지역성은 다른 지역과의 관계를 통해서 생산된다고 주장한다. 글쓴이는 경제의 측면에서 영남을 호남의 주요 비교 대상으로 삼고 정치의 측면에서는 정당 정치의 중심부인 수도권 정치 세력과 호남의 그것을 비교한다. 즉, 『전라디언의 굴레』

---

* 전라도에 사는 사람과 다른 지역의 전라도 출신을 일컫는 말로 인터넷상에서는 주로 전라도 사람에 대한 비하 표현으로 사용된다.
** 아르준 아파두라이, 차원현·채호석·배개화 옮김, 『고삐 풀린 현대성』(현실문화, 2004).

는 지역과 계급이라는 이중 차별을 호남과 영남의 비교, 호남 정
치와 중앙 정치의 관계라는 이중의 비교를 통해 드러낸다. 하지
만 이러한 비교를 할 때 항상 염두에 두어야 하는 것은 어떤 범주
에서는 지역과 지역의 차이보다 지역 내부의 차이가 클 수도 있다
는 점이다.

　이 글은 책의 이해를 돕기 위해 전라도에 대한 차별의 의미를
부연해서 설명하고, 글쓴이가 호남 문제의 원인으로 설명한 지역 경
제와 정치가 맞물리는 지배 체제의 속성을 라이프 스타일의 변화라
는 측면에서 살펴본다. 그리고 책이 출간된 2021년 이후 광주의
변화를 복합 쇼핑몰 이슈를 통해 들여다보고, 글쓴이의 지역 문
제 해법에 대해 다른 상상을 돕는 몇 가지 이야기를 추가하고자
한다.

전라디언은 누구이고, 굴레는 무엇인가?

2024년 4월 30일 한 메타버스 게임 플랫폼에 5·18 민주화운동(이
하 5·18)을 왜곡하고 폄훼하는 '그날의 광주'라는 게임이 있다는 사
실이 이용자들의 제보로 언론에 보도되면서 지역사회에 충격을 주었
다. 이 사건은 글쓴이가 강조한 것처럼 호남 차별에서 핵심적인 5·18에
대한 왜곡과 폄훼가 현재 진행형임을 보여 준다. 정치적 이익을 목
적으로 호남을 차별하고 5·18을 모욕하는 양상은 줄었지만 여전히
돈벌이를 이유로 동영상 조회 수를 올리고 후원을 조직하기 위한
차별 행위는 지속되고 있다. '그날의 광주' 게임 사건이 이러한 정
치적·경제적 목적을 띤 차별과 다른 것은 5·18과 관련된 혐오와 왜
곡이 놀이와 유희의 형태로 재생산되었다는 점이다. 유희와 놀이
가 되어 버린 차별은 뚜렷한 목적성을 결여하고 있다. 지난해 내가
강의하는 도시 문화와 관련된 수업에서 5·18과 광주의 정체성을

주제로 토의할 때, 한 학생이 지역 차별의 경험에 대해서 이야기했다. 그는 군대에서 광주 출신이라는 이유로 '홍어'*나 '7시 통수'** 라는 말을 들었는데, 그것이 차별 표현인 줄 알면서도 대응하지 못했다고 말했다. 그는 그 이유가 동기나 선임들이 어떤 악의가 없이 그런 말을 한다는 것을 알고 있었기 때문이라고 했다.

『전라디언의 굴레』는 이러한 호남 차별의 원인을 개발 독재에 의한 한국의 산업화 과정에서 찾는다. 글쓴이는 어떤 문제의 원인을 파악한다면 그 해법도 찾을 수 있다는 상식에 근거해 경제와 정치 상황 속에서 호남에 대한 구조적 차별을 설명한다. 이러한 논법에 따르면, 호남 차별의 원인을 제거하면 현재 진행형인 차별의 극복 혹은 완화를 기대할 수 있다. 하지만 이미 유희가 되어 버린 차별 표현들은 구조적 원인의 제거를 통해 극복할 수 없을지도 모른다. 유희로서 호남 차별, 5·18에 대한 폄훼는 특정 집단의 문화에 내재해 있다. 호남 차별은 역사적이고 구조적인 문제인 동시에 혐오를 밈(meme)으로 즐기는 언어 생활과 습관의 문제이기도 하다.

글쓴이는 호남 차별이 인종주의에 가깝다고 말하며 호남 출신에 대한 푸대접을 정치·경제 분야에서의 TK(대구·경북)의 득세와 비교한다. 호남 출신이 역사적으로 중앙 정부 부처와 영남 출신이 설립한 대기업에서 실질적으로 승진에 불이익을 받아 온 일 또한 현재 진행형이다. 고등학교 동기인 내 친구는 지역의 대학을 졸업

---

* 전라도의 특산품 중 하나인 홍어는 그 독특한 풍미로 인해 열광의 대상이면서 기피의 대상이기도 하다. 이러한 홍어는 전라도 출신에 대한 차별 표현으로 가장 흔하게 사용된다.

** 주로 온라인 게임에서 적의 방향을 가리키기 위한 표현으로, 시침의 7시 방향은 전라도 지역을 가리킨다. 통수는 뒤통수의 줄임말로 전라도 사람은 믿을 수 없다는 뜻으로 사용된다.

하고 대기업의 계열사에 입사해 전라도에서 근무했다. 입사한 지 몇 해가 지나 만난 친구는 내게 서울의 본사에 다녀왔던 이야기를 해주었다. 그 친구에 따르면 본사에서는 두 가지 말만 들리는데, 서울말과 경상도말이라는 것이다. 평소에 사투리를 맛깔나게 쓰던 친구는 본사에서 전라도말을 하는 사람이 없어서 위축되었다고 했다. 다시 몇 해가 지나 만났을 때 친구는 본사에서 일하는 전라도 출신 선배와 술자리를 가졌는데, 서울에서 대학을 나와 입사한 그 선배는 회사에서 출신 지역을 감추고 생활한다며 분개했다. 전라도 출신으로 지역 대학을 졸업했다는 이유로 차별받았던 친구는 결혼 후 아이를 낳았고, 자식은 꼭 서울대를 보내겠다고 다짐했다. 자신을 차별하는 회사에 대한 충성심과 자식 교육에 대한 열의 때문에 나와 자주 말다툼을 했던 그 친구는 그렇게 전라디언의 굴레를 쓰게 되었다. 어쩌면 전라디언은 태어나는 것이 아니라 굴레 씌우기를 통해, 의도적 혐오와 무의식적 차별로 인해 만들어지는 것은 아닐까? 내 친구는 그러한 굴레를 실적으로 극복하려 했고, 서울의 전라디언들이 그러했듯 자식은 명문대를 보내 차별을 대물림하지 않겠다는 전략을 세웠다. 오랫동안 만나지 못한 친구는 굴레에서 벗어났을까?

자동차, 아파트, 대형 마트의 삼각형

글쓴이에 따르면 전라도의 소외나 낙후는 단순히 경제 지표가 나쁜 수준이 아니다. 글쓴이는 한국의 산업화의 주변에 머물면서 지역 경제의 구조가 비틀려 저발전이 계속되는 악순환에 빠져 있는 상태라고 파악한다. 영남과 비교하기 힘들 정도로 제대로 된 산업 자본이 거의 존재하지 않으며, 지역 경제의 미래를 가늠할 수 있는 연구개발 역량도 처참한 수준이라고 진단한다. 이 책이 출간되고 3년이 지난 현시점에도 이러한 저발전의 악순환은 개선될 여지가 보이지 않는 것 같다. 책에 따르면 제조업 기반이 허약한 광주 경제는 토건업의 비중이 지나치게 높다. 글쓴이도 저발전의 악순환과 관련하여 정치의 역할을 암시했듯이, 광주에서 주거의 미래를 앗아 가는 무분별한 고층 아파트 단지의 건립과 건설업의 성장은 도시 계획의 수립과 실행이라는 정치적 행위와 맞물려 있었다.

1980년대 도시 계획의 수립과 1990년대 실행 과정에서 구도심 인구 과밀과 주택 문제를 해소하기 위해 시 외곽 곳곳에 택지지구가 개발되기 시작했다. 이 과정에서 고층 아파트가 대규모로 건축되었고, 호남 기반 건설사들은 급격히 성장해서 전국구 건설사가 되었다. 성장한 지역 건설사들 대부분은 지역 시민사회 단체의 우려에도 불구하고 지역 언론사의 사주가 되었다. 2021년 6월 학동 참사*가 자본, 언론, 권력의 결탁, 즉 부패 구조에서 기인한다는 책의 내용은 뼈아프다. 그리고 2022년 1월, 학동 참사의 아픔이 가시기도 전에 발생한 화정동 아이파크 붕괴 사고는 아파트의 도시 광주의 민낯을 고스란히 보여 줬다.

광주는 2000년을 전후해 아파트와 자동차의 도시로 급속하게 변모했다. 글쓴이가 밝혔듯이 광주는 계획도시인 세종시를 제외하면 주택에서 아파트가 차지하는 비중이 가장 높은 도시다.** 광주가 아파트의 도시로 변화하면서 달라진 것은 건설업의 성장

---

* 2,300세대 규모의 무등산 아이파크 2차 재개발 사업 현장에서 철거 중이던 건물이 무너지면서 정차 중인 버스를 덮쳐 아홉 명이 죽고 여덟 명이 중상을 입은 사건이다.
** 책에 따르면 2019년 기준으로 광주의 주택에서 아파트가 차지하는 비중은 79.7퍼센트였다. 2022년 실시된 인구주택총조사 결과를 살펴보면 광주의 아파트 비중은 81.3퍼센트였고, 세종시는 86.9퍼센트, 전국 평균은 64퍼센트였다.

금당산에서 바라본 광주의 아파트 단지.(출처: 위키피디아)

과 부패 구조의 강화만이 아니다. 주거지인 아파트 단지와 일터로
의 이동을 위해 승용차 중심으로 도로 교통이 구성되었으며, 생필
품의 조달은 전통 시장보다 대형 마트가 담당하게 되었다. 아파트,
승용차, 대형 마트의 삼각 동맹이 광주의 새로운 생활양식으로 자
리 잡은 것이다.

　　광주의 특징을 알려 주는 또 다른 지표는 국가통계포털(KOSIS)
의 '대중교통과 승용차 속도 비교' 항목이다. 광주에서는 출근길에
10킬로미터를 이동하는 데 승용차로 24분, 버스로는 56분으로 가
장 오랜 시간이 걸린다(2022년 7월 1일 검색). 광주를 자동차의 도시라
고 부를 수 있다면 그 이유는 기아의 광주공장, 광주글로벌모터스,
금호타이어 공장이 있기 때문만이 아니라 도로 포장률이 높고 승
용차로 이동하는 것이 실제로 편리하기 때문이다. 대형 마트는

2010년대 중반 이후로 쇠락하기 시작했지만 광주에서 아파트에 사는 사람들은 계속해서 늘어났다. 이 시기에 광주·전남 지역 소매업에서 지속적으로 성장한 분야는 로컬푸드 직매장이었다. 광주 사람들이 승용차로 원정 쇼핑을 떠난 곳은 타 지역의 복합 쇼핑몰뿐만 아니라 광주 인근의 로컬푸드 매장들이었다. 농협 지역 본부에 따르면 광주에 23곳, 전남에 114곳의 로컬푸드 직매장이 운영 중이다. 2019년 605억 원에 머물던 매출액은 이듬해인 2020년 811억 원, 2021년 913억 원, 2022년 953억 원으로 늘었다.*

노잼도시에서 꿀잼도시로?

2013년에서 2014년에는 광주 지역 언론들에서 대형 마트의 과밀과 골목 상권 붕괴를 우려하는 기사들이 쏟아져 나왔다. 2021년에는 대형 마트의 천국이었던 광주에 복합 쇼핑몰을 유치하자는 주장이 있었고, 2022년에는 국민의힘 윤석열 후보의 대선 공약으로 등장했다. 윤석열 후보가 대통령으로 당선되고 노잼도시가 아니라 '펀(fun)'한 도시를 내세운 강기정 후보가 광주광역시장으로 당선되면서 복합 쇼핑몰 유치는 급물살을 탔다. 2024년 현재 '더현대 광주'가 2027년, '그랜드 스타필드 광주'가 2030년 개장을 목표로 준비하고 있다. 광주신세계(신세계백화점 광주점)는 기존의 세 배 규모로 2028년 준공을 추진 중이다. 여론을 등에 업은 광주의 정치권과 복합 쇼핑몰을 운영하는 거대 자본의 이해관계가 맞아떨어진 것이다. 광주는 10년 만에 대형 마트 천국에서 복합 쇼핑몰 3종 세트 도시로 전환을 앞두고 있다.

---

* 장선욱, 「광주·전남 로컬푸드 직매장 '전성시대'」,《국민일보》, 2024년 1월 2일자, https://kmib.co.kr/article/view.asp?arcid=0924337610.

　　일제강점기와 해방 이후 1960년대까지 광주의 가장 큰 공장이자 가장 많은 노동자들이 일했던 전남방직과 일신방직이 자리했던 방직 공장 부지에는 화력발전소와 고가수조 등 다수의 근대 산업 유산이 존재하고 있다. 광주의 시민사회 단체는 광주의 역사가 담겨 있는 산업 유산의 공적 가치에 근거해 시민 문화 시설과 산업 박물관이 건립되어야 한다고 주장했다. 하지만 신속한 행정 속에 대형 쇼핑몰 건립에 대한 자영업자와 소상공인의 우려의 목소리는 묻혔고, 광주의 도시사와 산업사에서 중요한 위치에 있는 방직 공장의 공공성은 뒷전으로 밀려났다. 지금도 심각한 교통 체증을 유발하는 유스퀘어(광주종합버스터미널)와 더현대 광주가 들어설 방직 공장 부지는 불과 1킬로미터도 떨어져 있지 않은데, 이로 인해 발생할 수밖에 없는 교통 문제 역시 숙제로 남겨졌다. 글쓴이는 민주당의 지지 기반을 흔드는 복합 쇼핑몰 이슈를 지역 지배 체제의 균열로 파악했지만 광주시의 발 빠른 유치 작전을 보면 이러한 체제가 흔들릴 것 같지는 않다.

　　『전라디언의 굴레』가 호남 문제의 경제적·정치적 측면을 강조하고 있으면서도 간과하고 있는 것은 소비에 국한되지 않는 지역 문화의 문제이다. 광주를 '꿀잼도시'로 만들어 줄 복합 쇼핑몰이 감추고 있는 것은 '노잼도시'라는 자조적 표현을 통해 지역 문화를 쇼핑의 즐거움으로 한정하는 사고방식과 태도이다. 국립아시아문화전당의 중요한 역할 중 하나는 지역 문화와 아시아의 다양한 문화 사이의 소통과 교류이다. 하지만 국립아시아문화전당은 이러한 소통과 교류를 통해 시민들이 다양한 문화와 예술을 생성하고 즐기는 데 많은 기여를 하지 못하고 있다.

　　복합 쇼핑몰 유치와 관련된 또 다른 문제는 일자리의 질이다. 글쓴이 또한 복합 쇼핑몰이 제공하는 일자리 다수가 저임금, 미숙

련 노동이라고 이야기한다. 그렇다면 광주시와 지역사회는 신세계와 현대에 청년을 위한 좋은 일자리, 지역의 로컬푸드·소상공인과 상생하는 일자리를 만들자고 제안할 수는 없을까? 이미 광주는 2019년 광주글로벌모터스를 설립하면서 '광주형 일자리' 모델을 적용한 바 있다. 글쓴이는 광주형 일자리에 대해 부정적으로 전망하지만 광주형 일자리가 지역 내 임금 격차를 해소하고 복지 서비스를 통해 임금을 보전해 주는 방향이 잘못된 것은 아닐 것이다. 광주글로벌모터스의 사업 전망이 불투명하고 현대자동차에 의존적이기에 지속성을 염려하지만, 어떤 사업과 실험이 모두 장밋빛 미래로 연결되는 것은 아니다. 광주형 일자리의 답습이 아니라 질 좋은 상생형 일자리에 대한 두 번째, 세 번째 실험이 필요하다. 더군다나 글쓴이가 지적한 저발전의 악순환을 극복하고자 하는 내부의 노력, 거버넌스의 결실 중 하나가 광주형 일자리다.

굴레를 벗기 위해서

『전라디언의 굴레』는 호남이 저발전의 악순환과 특정 정치 세력의 지배 체제에서 벗어나기 위한 해법을 두 가지 범주로 제시한다. 먼저 정치적으로는 정치 구조와 거버넌스의 개혁이다. 정당법과 선거법을 개정해서 일본과 유럽에 존재하는 '지역정당'* 제도를 도입하고 정당 간 경쟁의 활성화를 위해 지방의회의 비례대표 비율을 높여 소수 정당에게 기회를 제공하자는 것이다.

---

* 윤현식의 『지역정당』(산지니, 2023)에 따르면 지역정당은 활동 범위를 정당이 소재하고 있는 지역으로 한정하고 지역 문제 해결 및 지역 주민의 의사 형성에 기여하며 해당 지역의 선거에 참여하는 것을 주된 활동으로 하는 정당을 뜻한다. 『지역정당』에 대해서는 《서울리뷰오브북스》 13호에 실린 장석준의 서평 「양대 정당 독점 정치를 아래로부터 무너뜨리는 법」을 참고하라.

문제는 광주 지역의 소수 정당이나 민주당 독점 체제에 비판적인 시민사회 구성원들이 이러한 요구와 제안을 하고 있지만 더불어민주당과 국민의힘은 여전히 수용할 의사가 없다는 것이다. 정치 구조의 개혁은 지역 정치인만의 노력으로는 불가능하다. 글쓴이는 진보적 시민 단체가 더불어민주당의 우군이라고 이야기했지만 실상은 그렇지 않다. 근래의 무등산 케이블카 설치, 광주 도시철도 2호선 건설, 방직 공장 부지를 활용한 복합 쇼핑몰 건립 등과 관련해서도 민주당의 광주시와 비판적 시민사회의 입장은 달랐다. 지역 정치의 중요한 문제는 비판적 시민사회가 활동가들의 민주당 입당과 시 의원 출마, 시의 지원을 받는 다양한 중간 지원 조직의 운영, 전반적인 회원 수와 후원 감소 등으로 인해 약화되고 있다는 것이다.

『전라디언의 굴레』가 제시하는 다른 범주의 해법은 자생적인 발전 역량을 갖추는 일이다. 호남이 하나의 경제 권역으로 충분한 경쟁력을 키워야 중앙의 예속에서 벗어날 수 있다는 것이다. 지역의 자원과 역량으로 독자적인 발전이 가능할까? 아시아문화중심도시 사업의 실패 혹은 부정적 전망의 원인에는 광주시의 빈약한 재정이 자리하고 있다. 「아시아문화중심도시 조성 종합계획」에는 국립아시아문화전당 건립과 운영뿐만 아니라 5대 문화권 사업을 포함한 문화적 도시 환경 조성 사업, 문화 산업 육성 사업 등이 포함되어 있다. 중요한 것은 전액 국비로 건립되고 운영되는 국립아시아문화전당을 제외한 나머지 사업들이 국비와 시비의 균형 투여로 진행된다는 점이다. 광주시의 재정으로는 문화 도시 사업을 감당하기 힘든 것이 현실이다. 광주시는 현재 시비가 투여되는 문화 산업에 대한 지원보다 다시금 자동차, 인공지능, 배터리 관련 국책 사업에 관심을 쏟고 있다.

광주 경전선 도심 구간 폐선 부지를 도시공원으로 만든 푸른길 공원.(출처: (사)푸른길 제공)

글쓴이는 "민주화 운동의 주요한 상징인 5·18을 현재에 맞춰서 재해석하거나, 광주를 비롯한 지역 주민이 그 유산을 어떻게 발전적으로 계승할 것인지에 대해서는 아무도 관심이 없다"(23쪽)고 했지만 이는 사실과 다르다. 광주시의 「5·18 기념사업 마스터플랜」(2021)에는 5·18의 발전적 계승 전략이 상세하게 담겨 있다. 광주시는 2018년부터 5·18 사적지인 옛 광주교도소 부지에 국제 인권 학습 시설을 포함한 민주인권기념파크를 건립하려 했지만 현재 이 사업은 표류 상태다. 여러 이유가 있지만 부지 소유주인 기획재정부가 부지 일부에 민간 개발 방식으로 아파트를 지어 재정 부담을 줄이려 했고, 재정적 여력이 없는 광주시는 교도소 부지의 무상 양여와 사업의 국비 추진을 요구했기 때문이다.

호남의 근본 문제가 지역과 중앙의 문제에서 기원한다는 글쓴이의 문제의식에 따른다면, 호남 문제는 호남 스스로 해결하기 힘들다는 결론에 도달해도 이상할 것이 없다. 물론 글쓴이는 각 지역이 자생적 발전 역량을 구축하는 동시에 정치 개혁을 위한 지역 간 연대가 필요하다고 이야기한다.『전라디언의 굴레』는 지역 차별, 호남 문제이자 모든 지역의 문제인 지역 경제의 저발전 구조, 특정 정당의 지배적 정치 체제와 관련된 중요한 질문들을 담고 있다. 아마도 반쯤은 내부자일 글쓴이는 지역이 자신만의 언어와 논리로 자생적 발전 전략을 수립해야 한다고 강조한다. 하지만『전라디언의 굴레』에서 글쓴이는 내부자의 언어보다는 외부자와 관리자의 시점에서 경제 성장과 경쟁이라는 언어에 의존하고 있다. 그리고『전라디언의 굴레』는 전라디언을 산업화의 희생양으로 묘사하면서 내부의 다양성과 역동성을 간과하고 있다.

  물론 구조를 강조하면서도 행위자의 능동성을 이야기하는 것은 언제나 쉽지 않다. 서울의 경의선 숲길에 앞서, 광주의 시민사회는 2000년 무렵 개발을 기획했던 시와 건설 자본에 맞서 도심 철도 폐선 구간을 총연장 7.9킬로미터의 보도 공원(일명 '푸른길' 공원)으로 만들어서 가꾸고 있다. 글쓴이는 책의 말미에서 지역 거버넌스의 개혁 과제로 도시 개발의 중요한 현안을 다루는 도시계획위원회의 의사결정 과정 공개를 언급했다. 2023년 광주의 시민사회가 지속적으로 요구했던 도시계획심의위원회의 회의록 공개 의무를 담은 조례가 진통 끝에 전국 최초로 제정되었다.

  지역 문제를 해결하기 위해서는 정치 측면에서 지배 체제를 해체하고 경제 측면에서 내생적 발전 역량을 확보해야 한다는 글쓴이의 일반론적 해법은 지금도 유효한 제안이다. 하지만 이러한 해법을 모색하기에는 책에서 설명하는 지배 체제와 저발전의 구조가 가진 힘이 너무 강해 보이고, 지역이 가지고 있는 다양성과 역량은 잘 드러나지 않는다. 하지만 상생형 일자리를 만들고, 도심 한복판에 도보 공원을 가꾸고, 도시계획심의위원회 회의록을 공개하게 만든 힘들은 경제 성장에 매달린 지역 발전의 방향과는 다른 언어와 작은 실천에서 시작되었던 것은 아닐까? 서리북

박경섭
5·18기념재단 5·18국제연구원의 연구위원으로 일하며 전남대학교 문화인류고고학과에서 강의하고 있다. 그리고 지역의 활동가들과 연구자들의 공공 정책 개발을 위해 설립한 (사)지역공공정책플랫폼 광주로의 비상근 연구소장으로 일하고 있다. 『오월 일기』를 펴냈고 『근현대 광주 사람들』, 『포스트 5·18』, 『5·18민주화운동의 기억과 재현』 등의 공저가 있다.

📖 1997년 석사 논문을 쓰면서 광주의 도시 정치를 연구하기 시작한 신혜란은 광주비엔날레와 안티비엔날레, 5·18의 상품화와 기억 공간 만들기, 아시아문화중심도시와 미디어아트창의도시 사업, 광주형 일자리에 이르기까지 오랜 시간 사람들을 만나고 연구한 광주의 문화 정치를 역동적으로 그려 낸다.

"중요한 혁신은 성장한 행위자의 출현이다. 기록을 남기고 역사적 장소를 보존하는 일이 중요하다는 인식이 퍼지면서 새로운 전문가와 성장한 시민이 주요 행위자로 등장했다. 광주의 시민사회의 구조와 엘리트가 지배하는 권력 구조가 개혁되는 데 그치는 대신, 기억 공간을 만드는 문화가 퍼지고 경험이 쌓이면서 전문가가 성장했다. 이런 변화는 광주에 머물지 않았다." — 책 속에서

『누가 도시를 통치하는가』
신혜란 지음
이매진, 2022

📖 광주에서 5·18과 관련하여 다양한 활동과 연구를 펼치고 있는 20-30대의 문화 기획자, 예술가, 시민사회 활동가, 교사, 연구자의 5·18에 대한 솔직한 생각과 고민을 담고 있다.

"5·18은 광주를 넘어선 말이며 경험한 이들의 몫도 아니다. 배워서 알게 되는 5·18에 대한 지식이 현재의 질문과 상상과 만나지 않는다면 자신과 세계를 변화시킬 수 없다. '포스트 5·18'은 5·18이 항쟁 당시의 10일로 끝난 사건이 아니라 현재 진행형이며 새로운 상상력에 열려 있기를 바라는 마음의 다른 표현이다. 5·18은 지금의 질문이자 나와 세상을 바꾸는 말이다." — 책 속에서

『포스트 5·18』
김꽃비·김지현·이하영·박은현
김동규·김유빈·백성동·박경섭
이지영·서다솜 지음
문학들, 2021

울산 디스토피아,
제조업 강국의
불안한 미래

양승훈 지음

쇠락하는 산업도시와
한국 경제에 켜진 경고등

ULSAN
DYSTOPIA

"이 도시를 보라!"

《중공업 가족의 유토피아》양승훈 신작
울산의 과거와 오늘에서 한국 경제의 미래를 조망한다

부·키

『울산 디스토피아, 제조업 강국의 불안한 미래』
양승훈 지음
부키, 2024

산업 수도 울산의 위기와 활로

김주훈

산업 수도 울산이 쇠락하게 된 구조적 배경

5년 전『중공업 가족의 유토피아』를 통해, 건조한 통계와 단편적 뉴스로만 접했던 조선업의 내부를, 심지어는 종사자들의 심정까지도 속속들이, 극사실적으로 보여 주었던 조선소 출신 산업 사회학자 양승훈이 후속작을 세상에 내어놓았다. 각종 산업 통계와 현장 인터뷰 등을 통해 객관적 사실에 기초하여 울산의 쇠락하는 모습을 담은『울산 디스토피아, 제조업 강국의 불안한 미래』가 그것이다. 이 책에서 그는 산업화 시대의 상징이었던 울산이 제조업의 중심지로서 한국 경제를 떠받칠 정도로 경제 발전의 주축을 이루었으나 외환 위기 이후 고용 안정이 보장되지 않고 생산 하청기지로 몰락하여 청년들이 떠나는 도시로 전락했으므로(실제로 2015년 이후 울산의 인구는 계속 감소 중이다) 미래를 기약하기 어려운 처지가 되었다고 말한다. 이대로 간다면 산업 수도 울산에는 노동자 중산층이 허물어져 제조업 도시로서 기반을 상실하게 될 것이라는 진단이다.

　　저자는 울산 경제를 되살리기 위해 시중에 거론되는 대안들이 있으나, 실현성이 낮다고 주장한다. 일각에서는 제조업이 한계에 도달했으므로 서비스 산업으로 전환하자고 하지만 미국 피츠버그의 사례에서 보듯이 고용이 축소되는 문제가 있다. 또 다른 대안인 혁신 도시화는 울산과학기술원(UNIST)이 지역 산업과 동떨어져 기여도가 낮고 또 다른 혁신의 주축인 울산대학교도 학생 수가 줄고 있어 공허한 제안이다. 속칭 부·울·경(부산·울산·경남) 통합 메가시티론도 부산으로의 빨대 효과가 작동할 것이라서 울산으로서는 동의하기 어렵다. 울산 지역에서 제기하는 수소 경제 및 전기차로의 산업 전환도 기존 내연기관 위주의 산업 생태계와 맞지 않다. 기후변화로 조선 산업의 일감이 늘 수는 있겠으나 저임금 구조에서 인력 조달이 여의치 않다. 한마디로 신산업 구조로 이행한다고 해도 성장의 기회가 주어질 것이라고 보기 어렵다는 것이 저자의 주장이다.

그렇다면 저자가 제시하는 울산 경제를 되살릴 해법은 무엇인가? 바로 "고진로 전략(high-road strategy)이다. 노동자는 높은 임금과 복리후생을 보장받고, 기업은 생산성과 혁신 역량을 보장받는 사회적 합의에 기반을 둔 산업 전략"(371쪽)을 저자는 제시한다. 한 사람이라도 임금을 더 받을 수 있다면 좋은 일이지만 그것이 생산성의 향상으로 이어지리라는 보장이 있을지는 의문이 든다. 전후 일본 경제가 이 같은 선순환 구조를 이룬 적이 있다. 그리고 그 후 잃어버린 30년을 겪으면서도 여전히 고용 안정이 철칙으로 지켜지고 있지만, 그것이 일본 경제를 살리는 구원 투수가 되고 있다는 소식은 듣지 못했다.

울산은 다른 지역들과 다른 유일한 대기업의 도시
그러면 울산이 쇠락하게 된 원인은 무엇일까? 저자는 울산이 "제조업 발전의 중심"으로서 한국 경제를 대표하는 산업 수도였으나 "말단 생산기지로 추락"한 것이 울산 경제를 나락으로 떨어뜨린 원인이라고 보고 있다.(89쪽) 그러나 산업 구조에 대한 통계는 이런 진단에 의문을 제기한다. 통계청의 「광업 제조업 조사」에 의하면 제조업 중 중소기업의 비중(고용 기준)은 전국 평균 73.5퍼센트 (2019년)이다. 수도권을 대표하는 경기도는 77.3퍼센트로서 전국 평균보다 높으며 다른 지역들도 비슷한 수준이다. 그러나 울산만 동떨어지게 46.4퍼센트에 불과하여 대기업 종사자들의 비중이 압도적으로 높다. 울산은 한국을 대표하는 산업 구조가 아닌 것이다.

　이 문제를 지적하는 이유는 열악한 중소기업들이 득실대는 수도권이라면 산업 발전에서 뒤처져야 하는데 실제 결과는 그와 반대이기 때문이다. 1990년대에 들어 중국과 교역이 시작되면서 섬유 산업을 비롯한 산업 구조조정의 직격탄을 가장 먼저 그리고 가장 심하게 맞은 곳은 경기도를 포함한 수도권이었다. 그러나 수도권의 피나는 노력 끝에 수도권의 산업 구조는 고도화되었고 인력과 투자를 빨아들이는 블랙홀이 되고 있다.

울산 청년들이 울산을 떠나는 이유

울산 경제의 앞날에 암운을 드리우는 문제로서 연구소와 청년들이 수도권으로 빨려 들어가고 있음이 지적되고 있다. 저자는 이와 관련해서 흥미로운 자료를 제시했는데, 울산의 구인 및 구직자 통계에 따르면 울산에서는 2010년까지 구인에 비해 구직이 더 많아 일자리가 부족했으나 2013년 이후 구인이 더 많아 일자리가 채워지지 못하고 있다(〈표 1〉).

　저자는 이 같은 현상이 일어난 원인을 일자리의 구조적 미스매치(mismatch, 수급 불일치) 때문이라고 설명한다. 저자는 같은 시기에

기본 지표		2000년	2005년	2010년	2013년
서울	구인 규모(A, 건)	301,393	168,713	376,099	372,457
	구직 규모(B, 건)	592,806	374,749	721,074	832,249
	일자리 부족량(A-B, 건)	-291,413	-206,036	-344,975	-459,792
울산	구인 규모(A, 건)	30,269	20,102	48,278	77,822
	구직 규모(B, 건)	59,731	33,839	73,168	67,701
	일자리 부족량(A-B, 건)	-29,462	-13,737	-24,980	+10,121

〈표 1〉 서울과 울산 노동 시장의 미스매치 관련 기본 지표와 실업률(2000-2013).(출처: 『울산 디스토피아, 제조업 강국의 불안한 미래』, 228쪽, 일부 발췌)

일자리 부족량		2000년	2005년	2010년	2013년
서울	합계	-291,413	-206,036	-344,975	-459,792
	사무·관리·전문직	-108,701	-122,057	-202,583	-271,744
	생산 관련 기능직	-40,361	-41,226	-32,810	-68,096
울산	합계	-29,462	-13,737	-24,890	+10,121
	사무·관리·전문직	-7,147	-6,386	-19,236	-10,557
	생산 관련 기능직	-4,482	-2,642	1,082	17,134

〈표 2〉 서울과 울산의 직업군별 일자리 부족량(2000-2013).(출처: 『울산 디스토피아, 제조업 강국의 불안한 미래』, 229쪽, 일부 발췌)

화이트칼라 일자리인 사무·관리·전문직의 일자리가 부족한 반면 생산 관련 기능직의 일자리는 남아돌고 있음을 제시한다〈표 2〉. 이를 이 책의 전체적 논지와 연결시켜 다시 해석하자면, 고용 안정이 저해되고 고용 조건이 악화되면서 위험하고 힘들며 저임금인 생산직이 기피되고, 이것이 울산에서의 인력 유출을 유발하여 일자리가 남아돌게 되었다는 것이다.

이 같은 해석이 맞다면 당혹스러움을 느끼게 된다. 이 같은 현상이 발생한 2013년은 외환 위기로 인한 노동 시장 유연화 조치로부터 15년이나 지난 시점이기 때문이다. 놀라운 것은 울산 청년들은 일자리가 남아돌고 있음에도 이를 마다하고 일자리 부족이 급격하게 심해지고 있는 서울·수도권으로 가고 있다는 점이다. 더욱이 두 지역의 생산직을 비교해 보더라도 울산에서는 일자리가 남고, 서울에서는 청년들이 선호하는 사무·관리·전문직뿐 아니라 생산직에서조차 일자리가 급격히 부족해졌다. 그럼에도 유출은 계속되어 급기야 2015년 이후부터는 울산의 인구가 감소하고 있다. 이 책에서 밝혀지지 않은 어떤 중대한 설명 변수가 누락되어 있지 않을까 하는 생각이 들게 된다. 청년들을 울산에서는 밀어내고 수도권에서는 끌어당기고 있는 요인은 과연 무엇일까?

수출 전진 기지 울산은 대외 환경의 변화에 직접 닿아 있어

불과 몇 년 전까지만 해도 울산은 1인당 소득에서 서울을 제치고 전국 최고였다. 그리고 이 시기는 대략 중국과 교역이 활성화된, 이른바 중국 특수 시기와 일치한다. 그러니까 울산 경제의 호황은 중국의 산업화와 연결되어 있었던 것이다. 중국이 개발도상국 수준이던 시절에는 산업화에 필요한 부품·소재·장비를 해외 수입에 의존할 수밖에 없었고, 선진국에 비해 가성비가 좋았던 한국은 그 특수를 톡톡히 누렸다. 그중에서도 주력 산업의 비중이 높았던 울산이 가장 큰 혜택을 누렸다. 그러나 글로벌 금융 위기 이후 2010년대에 들어 중국과 미국 간 갈등이 첨예해지기 시작하고, 그와 함께 중국의 산업 기술이 축적되어 수입에 의존하던 부품·소재·장비를 자체 조달하는 비중이 계속 높아지기 시작했다. 울산 경제가 침체되기 시작한 첫 번째 원인이라고 볼 수 있다.

　불행은 한꺼번에 온다는 속언처럼, 2010년대부터 세계적으로 경제의 디지털화가 진행되었다. 인공지능이 개발되어 거대 용량의 데이터를 순식간에 처리할 수 있게 되었고, 이를 구현해 주는 반도체의 성능이 비약적으로 발전했으며, 스마트폰은 온라인과 오프라인을 항시 연결시켜 세상을 온라인 공간으로 만들었다. 그에 따라 서비스업은 물론 제조업에서도 디지털 융합이 일어났다. 생산 라인의 자동화가 확대되어 생산성이 증대되고 품질은 더욱 안정되었다. 이를 통해 생산 비용이 비약적으로 낮아지고 있으므로 중국 등 해외로 나갔던 생산 공장이 선진국 본국으로 다시 회귀하는 리쇼링(reshoring)이 일어나고 있다. 이 같은 디지털화의 돌풍은 한국에도 불어닥쳤다. 그런데 불행히도 지역 간에 불균등하게 효과가 나타났다.

산업화 시대에 조성되었던 지역 균형 발전 논리에 따라 수도권에는 공장 설립이 엄격히 제한되었고 그 빈자리를 서비스업의 일종인 소프트웨어 등 IT 서비스업이 들어섰다. 현재 소프트웨어 산업의 수도권 비중은 80퍼센트(고용 기준)로, 비수도권은 사실상 IT 서비스가 무방비 상태에 처해 있다. 그 결과 수도권에서는 경제의 디지털화로 IT 서비스업 자체가 고성장을 할 뿐만 아니라 이웃한 제조 공장의 디지털 전환으로 파급될 수 있었다. 그에 따라 한동안 수도권과 비수도권 간 균형을 이루어 오던 지역내총생산(GRDP) 비중이 2015년 이후 수도권으로 급속히 기울어졌다(〈그림〉).

비록 울산이 제조업에 치중해 있지만 어느 정도의 IT·서비스업이 존재하여 기존 제조업과 융합을 통해 생산성을 높이면서 신산업으로 파생되어 가는 미래 지향적 모습을 보였더라면, 울산의 청년들이 정든 고향을 떠나지는 않았을지도 모른다. 그러면 울산에 IT서비스업이 존재할 수 있기 위해서는 10여 년 전에 무엇을 해야 했을까? 혹은 지금 무엇을 해야 할까?

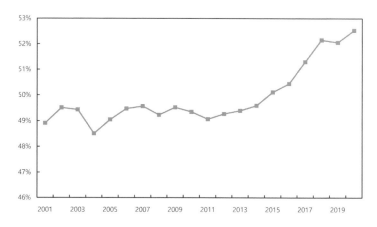

〈그림〉 수도권의 GRDP 비중.(2022년 3월 24일 기준).(출처: 통계청)

울산이 혁신과 지식 기반의 산업 도시로 거듭나기를 바라며

청년들에게는 현재 소득보다 장래에 실현될 평생 소득의 합계가 더욱 소중하다. 그동안 울산 경제의 근간을 이루던 주력 산업이 기울고 있고, 국제 정세상 회생 가능성이 희박해 보이는데 새로운 산업 구조로 탈바꿈하려는 조짐은 보이지 않자 울산의 청년들이 울산에 대한 미련을 버리게 된 것이라고 여겨진다. 그 대신 그들은 디지털화가 활발히 진행되고 있는 수도권에서 기회를 찾고자 했을 것이다.

부산 청년들을 대상으로 한 설문조사에서 응답자의 70퍼센트 이상이 직업과 주거가 마련된다면 부산에서 계속 살고 싶다고 답한 것을 본 적이 있다. 또 수도권으로 이주한 어떤 청년이 마치 이민을 온 것 같다고 고통을 호소하던 것이 기억난다.

저자가 노동자에 대한 처우 개선을 통해 회사에 대한 소속감을 높여 생산성 향상과 혁신 창출에 기여하게 하자는 주장에는 공감이 간다. 그러나 특정 노동자 계층만이 이를 주도할 수 있다는 주장은 수긍하기 어렵다. 지역의 혁신에는 지역사회 구성원 모두가 참여하고 협의하며 이해관계를 조율하는 총체적 노력이 필요하기 때문이다.

　저자가 각고의 노력을 다해 쓴 『울산 디스토피아, 제조업 강국의 불안한 미래』에 대해 시각의 차이를 드러내는 여러 이설을 늘어놓아 미안한 마음이 들기도 한다. 다양한 의견이 가감 없이 표출되고 울산의 주민, 기업, 대학, 행정 당국 등과 활발한 토의가 이루어져 울산의 미래를 그리는 실효성 높은 설계가 도출되기를 기원한다. **서리북**

김주훈
한국개발연구원(KDI) 초빙연구위원, 전 부원장. 저서로 『사업서비스의 글로벌화 전략과 규제장애의 실태』(편저), 『동아시아의 글로벌 생산네트워크와 한국의 혁신정책 방향』, 『중소기업의 구조조정과 지식집약화』 등이 있다.

📖 국가 단위의 대량 생산에 기반을 둔 산업화가 완성되고 난 후 생산 활동은 비용이 적게 드는 해외 생산으로 옮겨 가면서 자국의 경제 구조는 비교 우위가 있는 지식 정보화로 편중되고 있다. 그에 따라 지식 정보를 생산하는 계층과 단순 육체노동에 종사하는 계층이 분열되고 전자의 경제적 지위는 크게 향상되는 반면에 후자의 지위는 열악해지고 있다. 그로 인한 양 계층 간 대립과 갈등이 첨예화되고 동일한 국가 구성원으로서의 정체성은 점차 소멸되고 있음을 일찍부터 경고하고 그 과정을 설득력 있게 제시했다.

『국가의 일』
로버트 B. 라이시 지음
남경우 외 옮김
까치, 1994

"21세기에는 어느 한 국가에 한정한 상품, 기술, 기업, 산업이란 것은 존재하지 않는다. 그때에는 최소한 우리가 지금까지 이해하고 있는 개념의 국가 경제가 더 이상 존재하지 않게 될 것이다. (……) 국경의 개념이 무의미해지자 세계 경제에서 경쟁력을 갖춘 사람들은 '애국'이라는 굴레에서 벗어나서 무능한 동포와의 유대 관계를 원치 않게 된다." ― 책 속에서

📖 혁신은 인적 자본에 의해 이루어지므로 재능을 갖춘 인재들에 대한 교육이 절대적으로 필요하다. 세계 경제의 혁신을 선도하는 미국은 대학 경쟁력이 압도적으로 높다. 그런데 중국, 인도 등 다른 나라의 인재들이 왜 미국으로 몰릴까? 왜 기업들이 인재가 많은 이 국가들로 가지 않는 것일까? 설사 이 나라들에 가더라도 왜 거기서는 저임금 노동력만을 사용하는 것일까? 인적 자본을 흡수하기 위해서는 여러 요인으로 구성된 지역 경제가 조성되어 있어야 하기 때문이라고 지적하며 인재 양성은 필요조건의 하나라고 지적한 책이다.

『직업의 지리학』
엔리코 모레티 지음
송철복 옮김
김영사, 2014

"기업들은 절대적으로 최악의 장소에 자리를 잡은 것처럼 보이는데 대단히 비싼 지역들(보스턴, 샌프란시스코, 뉴욕 같은 곳들)을 골랐다. 임금과 사무실 임차료가 엄청나게 높은 이들 지역은 미국에서 사업하는 데 가장 많은 비용이 드는 장소들에 속한다. (……) 혁신적 기업들은 왜 이처럼 비싼 장소들에 서로 가까이 몰려 있는 것일까?" ― 책 속에서

전기,

글 김영희

밀양 서울

밀양 탈송전탑 탈핵운동의 이야기

교육공동체벗

『전기, 밀양-서울』
김영희 지음
교육공동체 벗, 2024

곳곳이 밀양, 그래도 희망을 버리지 않는 이유는?

하승수

오랫동안 은폐돼 왔던 부조리한 시스템의 문제점이 어느 시점, 어느 장소에서 적나라하게 드러나는 경우가 있다. 밀양 송전탑이 그랬다.

산업화와 도시화가 진행되면서 큰 공장들이 들어서고 대형 건물들이 지어졌다. 전기는 점점 더 많이 필요해졌다. 바닷가에 원전과 석탄화력발전소들이 들어섰고, 그 전기를 공장과 대도시로 보내기 위해 곳곳에 송전탑이 들어섰다. 송전선의 전압도 올라가서 76만 5천 볼트라는 초고압 송전선까지 나왔다.

거대한 송전탑들이 산과 농지에 세워졌고, 송전선이 농촌·어촌·산촌 주변을 지나갔다. 몇몇 지역에서는 주민들이 송전탑 건설에 반대하다가 감옥에 갔다는 얘기들이 들려왔다. 환경 단체가 주민들과 같이 송전탑 반대 운동을 하기도 했지만, 사회적으로 큰 주목을 받지는 못했다. 도시 사람들은 "내가 쓰는 전기를 실어 나르는 송전선으로 주변에 살고 있는 사람들이 누구인지, 매일같이 송전탑 아래에서 웅웅거리는 소음과 번쩍거리는 거대한 불빛을 마주하고 살아가는 사람이 누구인지"(19쪽)도 모르고 살아가고 있었다.

그러던 중 2012년 1월 16일 경남 밀양에서 '이치우'라는 70대 농민이 송전탑 건설에 반대하다가 분신했다. 이 사건은 우리 사회에 큰 충격을 주었다. 이를 계기로 밀양 송전탑 반대 운동에 대한 관심이 높아졌고, 수많은 연대자들이 밀양을 찾게 되었다.

주민들과 연대자들의 저항은 끈질겼다. 공사는 중단됐다. 그러나 2013년 10월 박근혜 정권은 엄청난 경찰 병력을 동원해서 송전탑 공사를 다시 강행했다. 2014년 6월 11일에는 주민들의 천막 농성장을 행정대집행으로 철거했다. 아마도 권력을 가진 사람들은 그렇게 짓밟으면 싸움이 끝날 것이라고 믿었을 것이다. 그러나 밀양 송전탑 반대 운동은 끝나지 않았다. 탈송전탑 운동, 탈핵 운동은 계속 이어지고 있다.

1993년부터 밀양의 깊은 산골에 사는 사람들의 얘기를 듣는 작업을 해왔던 저자는 2014년 가을 밀양으로 가서 탈송전탑·탈핵 운동의 얘기를 듣기 시작했다.(8쪽) 그리고 이야기를 들은 지 10년이 다 되어 가는 시점에 책을 냈다. '이야기를 들은 자'가 갖게 된 '이야기를 할 의무'를 이행하게 된 것이다.

도시를 위해 희생당하는 농촌

이 책의 이야기는 밀양에서 일어난 탈송전탑 운동과 탈핵 운동에 대한 것이다. 이야기는 '도시로 가는 전기'에서부터 시작한다. 밀양에 들어선 거대한 송전탑들의 출발점은 동해안의 신고리 원전 단지였다. 거기에서 출발한 76만 5천 볼트 송전선은 밀양 북쪽의 산골 마을들을 지나서 경남 창녕에 있는 북경남 변전소로 연결될 예정이었다. 애초부터 송전탑은 밀양 주민들이 쓰는 전기와는 무관한 것이었다. 원전의 전기를 도시로 보내기 위한 것이었기 때문이다. 그것을 위해 시골 주민들에게 희생을 감수하라는 얘기였다.

지난 5월, 모내기를 마친 논 한 가운데 있는 송전탑.(출처: 밀양765㎸송전탑반대대책위원회 제공)

　　그래서 밀양의 이야기는 밀양에만 해당하는 이야기가 아니다. "농촌이나 어촌의 시골 마을들은 도시 중심의 개발과 산업화 정책의 뒷면에서 오래도록 수탈의 장소가 되어 왔다."(47쪽) 그래서 전국 곳곳이 밀양인 상황이다.

　　도시로 전기를 보내기 위한 발전소와 송전선이 농촌·어촌·산촌 곳곳에 들어서고 있다. 태양광과 풍력 발전도 농촌·어촌·산촌으로 밀려들고 있다. 발전원은 바뀌어도, 도시와 공장으로 전기를 보내기 위해 시골 사람들은 희생을 감수하라는 것은 똑같다. 도시로 보내는 것은 전기만이 아니다. 도시에서 벌어지는 각종 공사에 필요한 토석을 채취하는 곳도 농촌이다. 그로 인해 주민들은 수십 년간 소음, 진동, 분진에 시달려 왔다. 공장과 도시에서 배출되는 산업 폐기물 처리 시설이 밀려드는 곳도 농촌이다. 전기는 도시로 보내주고, 쓰레기는 농촌이 받아들이라는 식이다.

　　그리고 '시골'에 사는 사람들은 정치적으로 존중받지 못해 왔다.(47쪽) 인구가 적고 고령화되었다는 이유로 무시당해 왔다. 주민들이 난개발과 환경 오염 시설에 반대하면 '님비(Not In My BackYard, NIMBY)'로 몰아붙인다.

　　그러나 '밀양 할매'로 상징되는 송전탑 반대 주민들은 끈질기게 저항했다. 2011년부터 공사가 본격적으로 시작되자 주민들은 벌목 작업을 막기 위해 산에 올랐다. 용역들은 "지켜보는 눈이 없는 곳에서, 그 춥고 고립된 산속에서 (……) 할머니들을 짓밟고 조롱하고 팔을 비틀었다."(232쪽) 고령의 주민들에게 욕을 하는 건 예사였다. 그래도 주민들은 나무를 끌어안고 버텼다. 땅을 파는 포크레인 아래에 밀양 할매들은 몸을 묻었고, 죽음을 불사하겠다는 각오로 몸에 쇠사슬을 걸었다.(49쪽)

　　한국전력(이하 한전)이라는 거대 공기업이 감당하기 어려울 정도로 저항은 거셌다. 아마 한전도 처음 겪는 일이었을 것이다. 밀양시라는 지방자치단체도 한전 편에 가세했지만, 그래도 주민들의 저항은 그칠 줄 몰랐다. 그러자 국가가 등장했다. 2013년 10월 1일 박근혜 정권은 수천 명의 경찰을 동원해서 한동안 중단되었던 송전탑 공사를 다시 시작했다. 동원된 경찰의 수는 하루 평균 2,600명에 달했다. 경찰들의 역할은 공사를 막으려고 필사적으로 애쓰는 주민들을 고립시키고 끌어내는 것이었다. 국가는 주민들의 질문에 대답하고 소통하는 것이 아니라 공권력을 동원하기에 급급했다. 그리고 주민들을 기소했다. 2012년부터 2015년까지 기소된 주민이 44명에 달했고, 그중 60대가 14명, 70대가 11명, 80대가 3명이었다.(193쪽)

돈으로 마을 공동체를 파괴하는 행태

이런 상황이 되면 늘 돈이 등장한다. 한전은 '송전탑이 반드시 필요한가, 다른 방법은 없는가, 송전탑 건설로 예상되는 피해는 무엇인가'를 설명하는 것이 아니라 '동의하면 얼마의 돈을 받을 수 있다'는 제안만을 들고 주민들을 찾아 나섰다.(75쪽, 78쪽) 돈으로 주민들을 분열시키는 것이다.

　　한전에게는 매뉴얼이 있었다. 수십 년 동안 숱한 시골 지역에서 송전탑 건설을 밀어붙이면서 만들어진 매뉴얼이었다. 그것은 주민들을 돈으로 회유하고 분열시켜서 마을 공동체를 파괴하는 매뉴얼이었다. 한전 직원들은 일관된 지급 기준조차 없이 개인별, 마을별로 다른 금액을 제시했다. 불투명하기 짝이 없는 돈이 지급됐고, 소문만 무성했다. 주민들이 서로를 불신하게 만들었다. '합의하지 않으면 보상을 받을 수 없다'는 얘기로 주민들을 압박했다. 마을 공동체는 깨졌다. 사촌간에 말도 하지 않는 사이가 되고, 길가다 마주쳐도 서로 눈도 한번 흘깃 안 하고 지나가는 사이가 되어 버렸다.(139쪽)

　　정부는 밀양시에 송전탑 건설의 조건으로 태양광 밸리 사업 등을 주겠다고 했다. 밀양시장은 그런 떡고물을 받고 공무원들을 동원해서 주민들을 핍박하고 분열시켰다. 밀양시 공무원들은 앞다투어 주민들의 집에 방문하여 합의서를 내밀며 도장을 찍을 것을 종용했다.(57쪽)

　　마을 이장들도 밀양시와 함께 주민들을 회유하려고 나섰다. 농촌에서는 이장의 도움 없이는 관공서에서 농민들에게 제공하는 복지의 혜택도 알기 어려운 실정이다. 그런 이장으로부터 압박과 회유가 들어왔다. 송전탑 반대 운동에 참여한 이들은 네트워크로부터 배제되어 갔다.(62쪽) 주민 한 사람 한 사람의 성향까지 분석해

가면서 송전탑 반대 운동을 와해하려는 각개전투식 고사 작전이 곳곳에서 펼쳐졌다.

결국 밀양에는 합의서에 도장을 찍은 사람과 찍지 않은 사람, 합의에 이른 마을과 그렇지 않은 마을만이 존재하게 되었다.(89쪽) 마을을 '함락'시키기 위해 속임수와 거짓말이 활용되었다. 마을마다 전혀 다른 보상금을 받았고, 보상금 지급 기준과 체계는 베일에 싸여 있다.(93쪽) 지금까지 마을에서 받은 보상금이 정확하게 얼마인지 모르는 주민들도 많다.(95쪽) 한전의 "무원칙적이고 비윤리적인 '보상' 방식 탓에 마을 공동체의 공적 시스템이나 민주적인 논의 절차가 파괴되고 문화적 관습과 전통이 훼손되었다".(103쪽)

한전은 마을의 민주주의까지 훼손했다. 한전이 동장(이장) 선거에 개입했다는 주민들의 얘기까지 나올 정도이다. 일부 동장(이장)들은 가까운 사람들만 모아 놓고 마을 회의를 개최하여 합의를 이끌어 냈다고 공표하는 일도 있었다.

'나랏일'임을 내세우는 공권력과 돈의 위력 앞에서 송전탑 반대 주민들은 점점 더 힘들어졌다. 반대 운동에 참여했던 주민 중에서도 입장을 바꾸는 사람들이 나왔다. 입장을 바꾼 주민 중에는 반대 주민들을 적극적으로 공격한 이들도 적지 않았다.(146쪽) "주민들은 어쩔 수 없이 서로를 의심하게 되었고 누군가를 믿는다는 것이 얼마나 큰 위험 부담을 끌어안는 일인지 실감하게 되었다."(151쪽) 반대하는 주민들은 점점 소수가 되었다.

송전탑은 마을의 풍경을 살벌하게 바꿔 버렸다. "마을회관은 찬성과 반대 입장을 밝힌 주민들이 마주칠 때마다 하루에도 몇 번씩 갈등이 벌어지는 장소가 되었다."(185쪽) "모이기만 하면 싸우니 사람들은 더 이상 모이지 않게 되었고 모여 살지 못하면 일상이 어려운 노인들은 생활이 더욱 고단해졌다."(160쪽) 어느새 한전은 뒤로 빠지고 주민들 간의 갈등은 커졌다. 주민 간에 고소·고발이 이뤄졌다.

　　정치는 주민들의 고통을 해결하기는커녕 고통을 가중시켰다. 2013년 6월 밀양 송전탑 때문에 제정됐다는 '송·변전설비 주변지역의 보상 및 지원에 관한 법률'(흔히 '송주법'이라 부른다)은 송전탑 건설로 인한 피해 측정과 그에 대한 보상을 제대로 검토해서 만들어진 법이 아니었다. 전문가들의 의견과 주민들의 요청이 제대로 반영된 법률도 아니었다.(290쪽) 2017년 문재인 전 대통령이 취임했을 때 밀양 할매들은 기대를 가졌으나, 그 기대는 깨졌다. 신고리 5, 6호기 공론화 과정에서도 밀양 할매들은 배제됐다. 게다가 지금 윤석열 대통령은 원전 건설을 밀어붙이고 있다.

농촌 곳곳이 '밀양', 연대의 힘이 필요

이런 어려움 속에서도 송전탑 반대 주민들이 버틸 수 있었던 것은 '연대'의 힘 덕분이었다. '연대가 돈보다 좋다'는 주민도 있었다.(106쪽) 2012년 봄부터 전국 각지에서 '밀양 희망버스'가 밀양으로 왔다. 버스에 탑승했던 사람들을 통해 밀양 할매들의 이야기가 전국으로 전파됐다. 어른, 아이부터 학생들, 인근 지역 생협 조합원들, 노동자들, 시민사회 단체 구성원들과 활동가들에 이르기까지 다양한 사람들이 찾아와서 농성 천막 안 밀양 할매들의 곁을 지켰다. 농성 천막은 '즐거운 나의 집'이 되었다. 연대자들은 밀양 주민들이 만들어 준 밥을 먹고 그들과 함께 이야기를 나누고 바느질을 하면서 연대를 이어 갔다.(348쪽)

　　밀양 할매들은 일방적으로 도움만 받은 것도 아니었다. 밀양 할매들도 고통받고 있는 다른 사람들과 연대하기 위해 전국을 돌았다. "다른 싸움의 현장에 가서 자신과 비슷한 상황에 처한 이들과 연대를 하는 경험이 축적되면서 '나라가 하는 일'을 바라보는

지난 6월 8일, 행정대집행 10년을 맞아 열린 결의대회에 참석한 주민들과 연대자들의 모습.
(출처: 밀양765㎸송전탑반대대책위원회 제공, 사진: 박민석)

주민들의 시선은 조금씩 달라지게 되었다."(67쪽) 세월호, 제주 강정마을 등 여러 현장들을 다니면서 주민들은 "'나랏일'이어서 반드시 따라야 하고 '나랏일'이어서 기필코 완수되어야 하는 것이 아니라, '나랏일'이라고 내세우는 일들을 더 깊이 의심해야"(71쪽) 한다는 것을 알게 되었다. 나랏일이라는 명분 뒤에 감춰진 부조리와 폭력이 있음을 알게 되는 과정이었다.

송전탑은 들어섰지만, 밀양의 탈송전탑 운동과 탈핵 운동은 끝나지 않았다. 무엇보다도 밀양 할매들이 포기하지 않았다. 밀양 할매들은 "원래 저 산과 땅은 모두 소나무와 진달래와 산새와 나비의 것인데 송전탑이 들어서서 모두가 살 수 없게 된 것"이라면서 "어서 빨리 송전탑을 뽑아내고 그 산과 땅의 원래 주인들에게 생명의 토대를 돌려주어야 한다"고 이야기한다.(368쪽)

밀양 할매들만 이런 생각을 하는 것은 아니다. 난개발과 환경 오염 시설에 반대하며 싸우는 농촌 주민들은 '이 땅과 물과 공기가 모두의 것이고, 현세대가 잠시 빌려 쓰는 것'임을 안다. 힘 있는 자들과 자본은 '보상금 더 받으려고 그런다'고 반대 주민들을 매도하지만, 그런 말은 스스로의 바닥을 드러내는 것일 뿐이다. '돈 안 받고 떳떳하게 사람답게 사는 게 낫다'는 사람도 있음을 모르는 것은 인간에 대한 이해의 천박함을 드러낼 뿐이다.

그러나 전국 곳곳에 있는 밀양 할매들은 어렵고 외롭다. 동해안의 신울진 원전 단지에서 출발하는 50만 볼트 초고압 송전선 때문에 강원도와 경북 일대에서도 밀양 같은 상황들이 발생하고 있다. 한전은 주민들을 분열시키고 갈등을 조장하는 매뉴얼을 들고 이 지역을 휘젓고 있다. 그들은 "우리가 밀양에서 다 해본 일들이다. 밀양을 봐라. 거긴 그렇게 심하게 반대했는데 결국 우리가 송전탑 세웠다. 우리가 못 할 것 같냐. 싸워봤자 어르신만 힘들 뿐이다"(135쪽)라고 얘기한다.

단지 송전선 사업만 있는 것도 아니다. 농촌 지역 곳곳이 난개발과 환경 오염 시설들로 고통받고 있다. 그리고 그에 저항하는 주민들이 있다. 시골 주민들은 대한민국에서 소수자 중의 소수자다. 지역에 제대로 된 언론도 없고, 시민·환경 단체도 없는 곳들이 수두룩하다. 도시에 있는 언론과 시민·환경 단체도 농촌 주민들의 투쟁에 대해서는 관심이 부족하다. 이런 와중에 업체 편에 선 일부 지방자치단체장과 공무원들, 이윤만 바라보고 마을 공동체를 분열과 갈등으로 몰아넣는 업체들이 곳곳을 '밀양'으로 만들고 있다.

이야기의 연대가 확산되어야

그래서 시골 도로를 달리다 보면 흔히 볼 수 있는 '결사반대' 현수막에 더 많은 관심이 필요하다. 연대가 절실하다. 연대는 '이야기의 연대'가 되어야 한다. 이야기를 듣고, 그 이야기를 다른 사람에게 말하는 연대가 필요하다. 저자는 이 책이 '이야기를 듣고 말하는 연대'의 계기를 만들어 주기를 희망한다.

　　전국 곳곳이 '밀양'이니, 들을 이야기는 숱하게 많다. 요즘 농촌으로 밀려들고 있는 산업 단지와 산업 폐기물 때문에 고통받는 주민들이 곳곳에 있다. 민간 기업이 하는 사업인데도 기업에게 토지 강제 수용권까지 주어진다. 그래서 살던 마을에서 쫓겨나고, 농지를 빼앗기고 있다. 농촌의 산과 들에 산업 폐기물을 묻고 태우고 있다. 일부 기업들은 돈으로 마을 공동체를 분열과 갈등으로 몰아넣고 있다. 곳곳에 분노와 한탄과 저항이 있다.

　　그런 점에서 이 책은 밀양의 이야기를 담고 있지만, 단지 밀양만의 이야기가 아니다. 도시에 살면서도 농촌과 연대할 수 있는 실천 중 하나가 이야기를 듣고 퍼뜨리는 일일 것이다. 그런 이야기의 연대가 동심원처럼 퍼져 나가기를 바란다. **서리북**

하승수
변호사. 공익법률센터 농본 대표, 세금도둑잡아라 공동대표. 쓴 책으로 『지역, 지방자치, 그리고 민주주의』, 『착한 전기는 가능하다』, 『배를 돌려라: 대한민국 대전환』 등이 있다.

밀양 송전탑 반대 운동이 진행 중이던 2013년 12월 밀양구술프로젝트 팀이 구성되어 열일곱 밀양 주민들의 이야기를 기록했다. 주민들의 이야기는 변방의 시골에서 살아온 생생한 삶을 담고 있다. 그리고 왜 송전탑 반대 운동을 할 수밖에 없는지, 반대 운동의 과정에서 어떤 부당한 일들을 겪고 있는지에 대한 생생한 증언이었다.

"진정한 국책사업이면 힘 있는 사람이 오히려 아, 우리 땅으로 세워라, 우리 동네 세워라 (……) 그래야 따라 가지 (……) 나는 아이다(안 된다). 그게 무슨 국책사업입니까."
— 책 속에서

『밀양을 살다』
밀양구술프로젝트 지음
오월의봄, 2014

밀양에 송전탑이 세워진 후 주민들은 잘못된 전력 정책의 현장을 눈으로 확인하기 위해 원정을 떠난다. 원전으로 인해 피해를 입고 있는 지역 주민들의 얘기를 듣고, 초고압 송전선이 건설된 현장도 가본다. 밀양 할매 할배들은 이 원정길에서 대한민국 전력 정책의 본질을 확인하고, "나는 남은 세월 동안 탈핵을 실천하고 싶다"고 마음먹는다.

"나는 전기를 많이 쓰지 않는다. 여덟 시면 졸려서 텔레비전을 더 볼 수도 없다. 한 달에 전기요금 만 원도 안 쓰는 내가 전력 대란의 주범으로 한때 보수언론을 수놓았다." — 책 속에서

『탈핵 탈송전탑 원정대』
밀양 할매 할배들 지음
이계삼 기록
이헌석 감수·해설
한티재, 2015

글 · 한인정

『어딘가에는 싸우는 이주여성이 있다』
한인정 지음
포도밭출판사, 2022

타인의 목소리가 나의 목소리가 될 때: 연대는 어떻게 저항이 되는가

채효정

우리 곁에 있는 사람들의 이야기

처음 시작은 '농촌 총각 결혼시키기' 프로젝트였던 것 같다. 한국 여자들은 아무도 농촌에 시집오려 하지 않는다며 사회적 성토가 시작되었다. 1990년대 후반, 내가 '결혼 적령기'에 접어들 즈음이었다. 결혼 이주여성들이 처음 한국 사회에 등장하던 시기, 고향집에 내려가던 길 버스 창 밖으로 보았던 플래카드를 기억한다. '베트남 처녀, 온순하고 효도 보장, 재혼 노혼 환영……' 인신매매나 다를 바 없는 업체의 노골적인 인간 상품화 광고가 누렇게 익은 벼가 넘실거리는 논을 배경으로 소나무에 매달려 있었다. 왜 여성들이 농촌으로 오지 않으려 하는지, 왜 농촌은 점점 살기 힘들어지고 여성에게는 더 힘든지, 농촌과 농민의 현실에 대해서는 외면한 채 당시 언론은 '눈 높은 한국 여자'들을 탓하고, 외국에는 한국에 오려는 여자들이 줄을 섰다고 했다. 오래된 기억인데 생생하다.

그때의 기억을 다시 떠올린 건 『어딘가에는 싸우는 이주여성이 있다』를 읽으면서다. 수많은 이주여성들이 한국에 왔는데, 그들은 어디서 어떻게 살아가고 있을까. 대부분 사람들이 아는 것은

'다문화 가정'을 소재로 하는 TV 프로그램 같은 것을 통해 단편적으로 접하는 것뿐이다. 그동안 이주여성에 대한 서사가 대개 대상으로서 피해자를 바라보는 관점에서 구성되었다면 이 책은 차별당하지만 동시에 그에 맞서 '싸우는 이주여성'의 자기 목소리를 담았다. 차별이 있다면 저항이 없을 수 없다. '없지 않고 있었던' 그 여성들을 만나고 싶어졌다. 그들은 어디에 있었는가. 『어딘가에는 싸우는 이주여성이 있다』는 옥천에 살고 있는 이주여성, 바다, 나무, 새벽, 봄, 여름의 육성을, 《옥천신문》 기자인 한인정이 쓰고, 옥천 지역 출판사인 포도밭출판사에서 펴낸 책이다.

　　처음 책 제목을 봤을 때 나는 기록 노동자 희정이 성소수자들의 노동을 추적한 르포인 『퀴어는 당신 옆에서 일하고 있다』(오월의봄, 2019)를 떠올렸다. 바로 옆에서 일하는 퀴어를 보지 못하는 건 당사자들이 커밍아웃을 못하기 때문이기도 하지만 주변에서 그들을 '당연히 없는(또는 퀴어가 아닌)' 존재로 치부하기 때문이다. 조금 다른 맥락이기는 하지만 나는 우리 옆에서 일하는 이주여성이 잘 보이지 않는 이유도 비슷하다고 생각한다. 직장 동료, 학교의 교사나 학부모, 옆집 사람 등 시민들의 평범한 일상 속에서 마주치는 '평범하고 정상적인' 관계로 만나지지 않기 때문이다. 수많은 이주노동자들이 도시를 지탱하고 있지만 대부분 한정된 특수 직종에 종사하며 보이지 않는 곳에서 보이지 않는 존재로 일하고 있다. 지방 소도시나 농촌 지역도 사정은 크게 다르지 않지만 그래도 서울이나 수도권에 비해서는 훨씬 더 잘 보인다. 아마도 그것은 삶에 더 깊숙이 들어와 있기 때문일 것이다. 농촌 지역에서는 이주 배경 학생이 없으면 학교가 유지되기 힘든 지역도 상당하다. 이처럼 이주에 대한 감각은 지역에 따라서 달라진다.

　　물론 수치나 외형으로 드러난다고 해도 그 여성들의 삶이 그

자전거를 타고 논 사이 농로를 지나는 부티탄화 옥천군결혼이주여성협의회 회장의 모습.
(출처: 『어딘가에는 싸우는 이주여성이 있다』, 54쪽, 포도밭출판사 제공, 사진: 서재현)

대로 드러나는 것은 아니다. '어딘가에 있는' 여성들이 '옥천'이라
는 장소를 통해 드러날 수 있었던 것은 이주여성들의 목소리에 귀
를 기울이고, 그 목소리를 기록하고 출판하고자 하는 신문사와 출
판사, 그리고 지역사회가 있었기 때문이다. 내 친구의 어머니, 내
친구나 형제의 배우자, 내 친구의 친구, 내 직장의 동료, 이웃에서
함께 살아가고 있는 주민으로 만나지 않았다면 '이주여성'은 어떤
추상적인 집단이 아닌 구체적인 얼굴로 그려지고 다가오지 못했
을 것이다. 글 속에서, 옥천이 고향인 작가는 그들을 '언니'라고 부
르며 그 '고향 언니들'의 싸움을 보며 함께 성장해 간다. '어딘가에
는'으로 시작하는 말은 대체로 슬픈 의미로 연결되는 경우가 많지
만, 이 책에서는 옥천이라는 장소의 구체성과 그 장소에서 만들어

지는 새로운 관계성이 그 말을 통해 '다른 어딘가에도'를 상상하게 한다. 그리고 이 책을 통해 나는 어딘가에 있는 그들이 옥천만이 아니라 다른 곳에서도 있었고, 있고, 있을 것임을 알게 되었다.

불평등이 만드는 이주, 이주가 만드는 불평등

이제 앞에서 본 그런 플래카드는 사라졌지만, 이주여성들이 당면하고 있는 현실은 그때나 지금이나 크게 바뀌지 않았다고, 이 책은 가르쳐 준다. 그 시절 '농촌 살리기'의 논리는 '중소기업 살리기'에서도 나타났다. 농촌을 기피하는 젊은 여성들을 비난하는 것과 똑같이, 힘든 일을 기피하는 '요즘 젊은이들의 높아진 눈'을 탓하며 기업의 구인난을 걱정하고 나라 경제를 위해 외국인 노동자를 '수입'해야 한다는 여론을 조성했다. 인력 외주화의 논리는 지금도 여전하다. 개인에게 돌봄의 짐을 지우고 국가와 사회가 돌봄을 돌보지 않은 탓에, 이제 돌볼 사람도 없고 돌봄 비용도 감당할 수 없는 지경이 되니 '비싼 도우미 비용'을 탓하며 '(값싼) 외국인 가사도우미 수입'을 해법이라고 내놓는 것도 그때와 하나도 다르지 않다. 사람들이 오도 가도 못하고 발이 묶여 돌봄 대란을 치러야 했던 팬데믹을 겪고도 반성이 없다. 이주의 시대가 한 세대를 지나고, 한국은 농촌도, 산업도, 돌봄도, 이주노동자와 이주여성들이 없이는 지탱할 수 없는 곳이 되었지만 한국 사회는 그들을 그만큼 고마운 존재로 대접하지 않는다. 문제가 생겼으니 다문화 가족 정책도 생겼을 테지만 무엇보다 한국 노동자들에게 시킬 수 없는 일을 외국인 노동자들에게는 시켜도 되는 것인지, 한국 여자들이 기피하는 삶을 외국 여자들에게는 강요해도 되는지, 근본적 질문은 제대로 물어지지 않았다. '국민'은 평등해야 하지만 '비국민'은 차별해도 되는 것인가. 『어딘가에는 싸우는 이주여성이 있다』는 그 질문에 직면하게 한다.

　'이주의 시대'는 '세계화의 시대'라고 불리며 왔다. 누군가에게 세계를 이동할 자유는 '여행 자유화'로 기억되지만, 누군가에게는 일자리를 찾아, 살기 위해, 고향을 떠나 낯선 땅을 떠돌아야 하는 시대의 서막이었다. 자본과 물자, 그리고 많은 사람들이 전례 없는 이동을 하기 시작했다. 경제 규모와 환율의 격차가 부국과 빈국 간의 엄청난 임금 격차를 만들어 내고 자유로운 금융의 이동이 해외 직접 투자와 송금을 가능하게 만들었던 시기, 기회와 가능성을 찾아 끊임없이 움직이고 모험을 감행하라는 것은 거부할 수 없는 시대정신처럼 사회 구성원들에게 불어넣어졌다. 자본의 이동과 노동의 이동이 엄연히 다름에도, 마치 자본과 노동자들이 똑같이 이동의 기회를 가진 것처럼, 노동자를 선택할 수 있는 기업의 권리와 회사를 선택할 수 있는 노동자의 권리가 동등한 것처럼, 직업과 직장의 다양성과 선택의 자유를 부추기던 신자유주의의 속삭임에 많은 이들이 속아 넘어갔다.

　이주여성, 이주노동자란 용어는 모두 그런 시기를 거쳐 생겨난 것이다. 예전에도 국제결혼은 있었지만 이주여성이라 부르지는 않았고, 지금도 모든 국제결혼여성을 이주여성이라고 부르지는 않는다. 이주여성이라는 호명에는 '이주여성'으로 범주화되는 특정한 이주의 경로가 내재해 있다. 어쩔 수 없이 하게 된 이주, 자발적이기보다 비자발적인 이주, 빈국에서 부국으로, 남반구에서 북반구로의 이주 경로가 '이주'라는 말에 담겨 있다. 이 경로는 곧 차별과 불평등의 경로이기도 하다. 유럽의 이주노동자는 동유럽과 북아프리카에서 오고, 미국의 이주노동자는 남아메리카에서 오며, 한국의 이주노동자는 주로 중국과 동남아시아, 중앙아시아 일대에서 온다. 외국인이라도 미국이나 유럽에서 왔으면 대우가 달라지고, 이주노동자라도 몸집이 크고 외모가 유럽인에 가까운 러시아나 중앙아시아 출신은 함부로 대하지 못한다. 책을 읽으면서 나는 한국인들의 보편 의식으로 깊이 새겨져 있는 식민주의와 인종주의의 민낯을 마주한다. 일제강점기에는 일본의 식민지로, 해방 후에는 미국에 종속된 나라로, 인종주의적 차별과 폭력을 끔찍하게 경험한 곳임에도, 왜 우리는 그 차별의 기억을 차별하는 자의 우월감으로 극복하고 있는 것일까. 가해자의 위치에서 차별당한 피해자의 목소리를 듣는 책의 전반부는 부끄러움과 슬픔으로 점철된다.

어느 날 남편과 싸우던 베트남 여성에게 "베트남 사람은 쓰레기통이고 미국 사람은 좋은 사람"(46쪽)이라는 소리가 돌아온다. '그럼 한국 사람은 뭔데?' 속으로 반문하던 나는 종종 "일본 사람은 깨끗하고, 조선 사람은 더럽다"는 말을 하시던 할머니가 문득 떠오른다. 할머니는 티끌 하나 없이 온 집을 쓸고 닦고 정리했다. 어려서는 그런 말을 하는 할머니가 싫었지만 나중에 나이가 좀 들어서는 '대체 어떤 차별을 당했던 것일까' 생각해 보게 되었다. 프란츠 파농의 『검은 피부, 하얀 가면』이 우리 할머니 이야기였다.

인종주의는 내부 식민지에서도 작동한다. 농촌에 사는 나는 종종 밭일 차림 그대로 우체국에 농산물을 부치러 갈 때나 장을 보러 갈 때가 있는데, 그럴 때 '위에서 아래로 보는' 시선을 느낀다. 롭 닉슨의 『느린 폭력과 빈자의 환경주의』에는 그 식민주의적 '시선'에 대한 이야기가 나온다. 남아프리카공화국의 작가인 은자불로 은데벨레는 아파르트헤이트가 철폐된 후 백인들만 들어갈 수 있었던 '에코 빌리지'에 들어갈 수 있게 되지만 보는 존재(인간)와 보이는 존재(동물)로 구획하는 사파리의 공간성 안에서 자신이 여전히 (백인에게) '보이는 자'로 존재함을 깨닫는다.

이 시선은 제임스 볼드윈의 에세이 「마을의 이방인」 속 새하얀 스위스의 시골 마을에서 흑인인 작가가 언제나 '보이는 자'(구경거리)로 재현될 때의 시선과 유사하다.* '보는 자'와 '보이는 자'를 가로지르는 차별의 선은 내가 언제 '보이는 자'가 되는지 알려 준다. 도시의 관광객들이 밭에서 일하는 나를 '강원도의 풍경'으로 바라볼 때, 나는 '보이는 자'가 된다. 지역민들에게도 종종 나는 '보이는 자'가 되기도 한다. 나도 뭔가 다른 느낌을 풍기는, 다른 곳에서 흘러온 이주여성이기 때문이다. 그러나 이 시선의 관계를 폭로하고 전복할 수 있는 존재는 보는 자가 아니라 보이는 자다. 21세기의 '보여지는 자들'을 이어 줄 이방인 문학이 필요하다면, 어쩌면 이 책,『어딘가에는 싸우는 이주여성이 있다』도 그 한 장을 쓰고 있는 것이 아닐까.

한국어 쓰기를 강요당하며 모국어를 금지당하는 여성들의 이야기는 처음 서울에 올라와 사투리로 놀림받고 열심히 표준어를 쓰려고 노력했던 내 모습이 겹쳐진다. 택시에서 여성들이 당하는 봉변은 만국 공통의 경험인 것 같다. 택시 기사는 여자에게는 쉽게 반말을 한다. 그럴 때 어떻게 대응할 것인가, 고민한 적이 있다. 사회의 구조적 차별이 지금 나한테서 일어나는 거라면 각 잡고 따지자, 마음먹고 있지만 매번 실행하지는 못한다. 어떤 때는 귀찮아서, 어떤 때는 무서워서. 이주여성들이 당한 차별의 이야기에 내가 겪은 차별이 겹쳐질 때마다 점점 '그게 어떤 경험이었는지' 납득하며 다가가게 되고, 책이 절반쯤 지날 때면, '나와 다른 사람들의 이야기'는 어느새 '나와 비슷한 사람들의 이야기'가 되어 간다.

---

* 롭 닉슨, 김홍옥 옮김,『느린 폭력과 빈자의 환경주의』(에코리브르, 2020), 297-338쪽 참고.

피해자에서 저항자로

이주여성으로서 겪는 차별에는 역사적이고 사회적이며 구조적인 불평등이 중첩되어 있다. 농촌이, 가난이, 여성이 당하는 차별, 그리고 여기에 출신 국가가 지워 주는 차별까지. 내가 겪은 차별도 마찬가지, 불평등한 사회적 관계와 권력의 차이에서 발생하는 차별이다. 그래서 책 속의 여성들은 〈다문화 고부 열전〉 같은 솔루션 프로그램을 싫어한다. 사회적 차별을 가족 문제로 가두고 고부 갈등이나 부부 갈등으로 치환하기 때문이다. '싸우는 이주여성'들은 먼저 그 편견과 싸워 나간다. 이주노동자에게 '착한 고용주'를 만나는 게 답이 아니듯, 이주여성이 차별받지 않고 살아가는 데도 '좋은 남편, 좋은 시어머니'가 답이 될 수 없다. 남편이 착한 사람이고 내 결혼에는 아무 문제가 없어도, 아는 사람 모르는 사람 가리지 않고 누구나 불쑥, 얼마 받고 결혼했냐, 고향집에 돈 얼마씩 보내냐는 소리를 대놓고 물어도 되는 존재가 되기 때문이다. 문제가 구조적인데 해결이 개인적으로 이루어질 수는 없음을 또박또박 말하는 이주여성들의 증언과 폭로는 '가장 개인적인 것을 가장 정치적인 것으로' 만들어 내는 과정이다.

　　개인적인 경험이 개인적인 것으로 남지 않도록, 이주여성들은 자신이 살고 있는 지역, 옥천에서 결혼이주여성협의회를 만들고 옥천군에 다문화 지원 센터와 별도의 '이주민 지원 조례 및 센터 설립'을 요구한다. 이미 다문화 지원 센터가 있는데 왜 별도로 이주여성 지원 센터가 필요한가? 이주민 문제를 가족의 문제로 바라보면 근본적 한계에 부딪칠 수밖에 없다. 다문화 가족 지원이란 이주여성들의 입장에서 보자면 어떤 것인가. "저를 누군가의 며느리, 부인, 엄마일 때만 지원하는 거잖아요. 제가 만약 그 위치를 벗어나면요. 저는 아무것도 지원받을 수 없어요."(93-95쪽) 행정의 관

점에서 바라보는 대상이 아닌 당사자의 관점에서 문제를 바라보
고 해결해 나가는 주체가 되기 위해서도 이주여성 지원 센터는 필
요했다. 내가 사는 인제에서도 이주여성 상담소나 지원 센터가 있
는지 물으면 항상 '다문화 지원 제도'가 있다는 말이 돌아왔다. 석
연치 않았지만 그런가 보다 하고 넘어갔는데, 이제 차이가 무엇인
지 분명히 알았다.

　　책은 후반부로 가면서 차별당한 피해 여성의 이야기에서 차
별에 맞서 싸우는 여성의 이야기로 전환되어 간다. 책의 주인공들
은 이주여성들이 한국의 출산율 증가에 기여하기 때문에 지원해
야 한다는 정치인의 말에 '출산율 때문에 지원해야 한다면 출산
하지 않는 여성은 지원하지 않아도 된다는 말인가'라고 반문하고,
'한국 여성에 대해서도 공개적인 자리에서 이렇게 대놓고 출산율
을 이야기할 수 있냐'고 따져 묻는다. 다문화 자녀들이 우수한 인
재로 이어지기 때문에 지원해야 한다는 말에는 "권리를 투자 개념
으로 바라보는 문제적 발언이라고"(110쪽) 따끔하게 꼬집는다. 다
문화 가족 지원의 중요성을 말하며 "가족 잘 살아야 옥천 잘 산다"
는 정치인에게 "내가 잘 살아야 가족도 잘 살아요"(113쪽)라고 돌려
주는 장면은 "옳소! 옳소!" 하고 외치고 싶을 만큼 시원하고 통쾌
하다.

　　처음에 미안하고 부끄러웠던 마음은 함께 싸워 나갈 마음으
로 바뀌었고, 그와 함께 이주여성을 바라보는 나의 시선도 '나와
다른 존재'를 바라보는 감정에서 점점 '나와 같은 존재'를 향한 마
음으로 변해 갔다. "장애, 여성, 성소수자 단체 등이 함께 싸워줬던
걸 보면서, 우리도 그렇게 싸우고 싶"다(117쪽) 생각했다는 여성들,
'그렇게 싸우는 이주여성들을 보면서 나도 그렇게 싸우고 싶다'
는 생각이 들었다. 차별의 시정은 보호의 문제가 아니라 권리의 문

2022년 5월 21일 이주민 지원정책 공약촉구 기자회견에서 손팻말을 들고 서 있는 옥천군결혼이주여성협의회 회원들.(출처: 『어딘가에는 싸우는 이주여성이 있다』, 154쪽, 포도밭출판사 제공, 사진: 서재현)

제이며 그렇기에 우리의 요구도 보호의 요구가 아니라 권리의 요구라고 말하는 이들은 그렇기 때문에 '이주여성협의회'를 만들고, '이주노동자, 계절노동자, 이주여성을 위한 공간, 실무자, 활동비'를 요구하며, 그것을 제도적으로 보장할 수 있는 '조례의 제정'을 요구했던 것이다. 권리에 대한 그 요구가 너무나 당당해서 나도 함께 당당해진다.

목소리의 목소리가 되는 것

나는 이 이주여성들의 경험이 이주민의 경험인 동시에 '계급의 경험'으로서 공통성을 갖는다고 생각한다. 국가 간 이주, 국제 이동뿐만 아니라 최근에는 국가들 안에서 내부 이주 양상도 점점 심각해지고 있다. 나는 강원도 인제에 살면서 최근 몇 년간 내부 이주의 양상을 주의 깊게 보고 있다. 농촌에서 살 수 없어 도시로 일자리를 찾으러 가지만 제대로 된 일자리를 구하지 못하고, 도시 생활의 비용을 감당하지 못해 다시 고향으로 돌아오지만 지역 소멸의 위기에 처한 고향도 별 뾰족한 수가 없어 다시 다른 곳으로 떠나고, 다시 돌아오는 이 행로를 반복하는 '핑퐁 이주'가 해가 갈수록 점점 더 많이 늘고 있다. 신자유주의화가 불러온 노동계급의 파편화, 고립화, 내부 난민화는 국내 노동자의 상황을 이주노동자와 점점 유사하게 만들었다. 임노동 체제의 바깥으로 내밀어진 비정규직 불안정 노동은 오랫동안 무가치화되고 비가시화되었던 여성 노동의 형태와 점점 유사해졌다. 이런 양상을 두고 북반구 산업 선진 국가 내부의 노동 형태가 남반구 노동과 유사해지고 있다고 표현하기도 한다. 국내 노동자들도 이주노동자화되고 있다는 의미다.

이렇게 젠더와 국경을 가로질러 증대되는 이주와 노동의 취약성은 그 취약성을 공유하는 이들의 공통성이 되기도 한다. 파편화되고 고립된 삶에 맞서 커뮤니티를 만들어 내고, 서로의 취약성에 공감하고 필요한 요구의 공통성을 확인하며 연대하며 싸워 나갔던 이주여성들의 이야기가 지금 파편화되고 고립되어 있는 수많은 노동자 민중들에게 필요한 영감과 용기를 불어넣어 주었으면 좋겠다. "나중엔 이주노동자들도 돕는 공간이 되고 싶어요. 처음엔 우리 힘든 것만 보였는데"(143쪽)라고 부티탄화 옥천군결혼이주여성협의회 회장은 말했다. 그 말은 자신이 겪은 차별에 저항하는 싸움을 자신으로부터 시작해야 한다는 것과 동시에 그 싸움이 자신의 것만이 아님을 깨달아 가는 사람의 말이었다.

"당신들이 제시하는 '옥천의 밝은 미래'에 우리들의 삶은 있습니까? 우리 없이도 좋은 옥천 가능하시겠습니까?"(100쪽)라는 물음은 '옥천'을 '한국'으로 바꾸어도 무방하다. 책에 담긴 이주여성들의 목소리는 '이주'가 차별의 조건이 되는 모든 이들의 현실과 요구를 담고 있다. 그래서 이 책은 이주여성의 목소리를 넘어서, 차별당하는 모든 노동자, 모든 존재의 목소리로 퍼져 나갈 수 있는 것이다. 나는 종종 약자들의 투쟁을 '목소리의 목소리가 되는 것'이라고 말하는데, '목소리의 목소리가 되는 일'이 구체적으로 어떻게 일어나는지, 이 책을 통해 생생하게 경험할 수 있었다. 타인의 신발을 신어 보고 싶은 이들에게, 책은 그 신발이 되어 줄 수 있을 것 같다. 어떻게 타인의 목소리가 나의 목소리가 되는지 알고 싶은 이들에게, 『어딘가에는 싸우는 이주여성이 있다』를 권한다.

서리북

채효정
정치학자, 여성 농민, 기후정의동맹 활동가, 《오늘의 교육》 편집위원장. 경희대학교 후마니타스칼리지 해고강사. 《경향신문》에 '정동칼럼', 월간 《워커스》에 '워커스 사전'을 연재했고 쓴 책으로 『대학은 누구의 것인가』, 『먼지의 말』 등이 있다. 강원도 인제에서 살고 있다.

📖 처음 읽을 때는 영국 신자유주의화 과정에서 일어난
하층 노동계급 몰락에 대한 르포라고 생각했는데, 조금 다른
지평에서 차별과 불평등에 맞서 싸우는 또 다른 이주여성의
이야기로 읽을 수도 있겠다. 제목은 무시무시하지만 켄 로치
감독의 영화 「나의 올드 오크」(2023) 같은 느낌으로
볼 수 있는 책.

"사회가 진짜 변한다는 것은 밑바닥이 변하는 것이다.
땅바닥에 발을 딛고 사는 사람들이 일상에서 외국인과 만나
두려워도 하고, 접촉하거나 충돌하고, 서로 품어주면서
공생에 익숙해지는 것이다."
"하나의 커뮤니티에서 담담하게 시작되는 게 변혁이다.
여기에 다른 지름길은 없다."
— 책 속에서

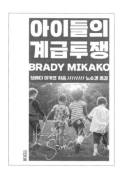

『아이들의 계급투쟁』
브레디 미카코 지음
노수경 옮김
사계절, 2019

📖 이주 문제를 좀 더 현재적이고 거시적인 관점에서
이해하고 싶다면 추천. 기후위기와 이주 담론이 어떻게
인종주의라는 공통 형식으로 구성되는지 보여 준다. 이주가
점점 더 보편적 조건이 되어 가는 기후위기 시대에 우리가
걱정해야 할 것은 지역 소멸보다 장소 상실이다.

"인종적으로 특징적인 이주민에 대한 두려움은
곧 기후학적으로 통제 불가능하다고 인식되는 행성에 대한
두려움이다. 기후학적으로 날뛰는 행성에 대한 두려움은
인종적 침략에 대한 두려움이다." — 책 속에서

『표류하는 삶』
앤드류 볼드윈·
조반니 베티니 편저
최지연 옮김
앨피, 2024

마을 만들기
환상

지역재생은
왜 이렇게까지
실패하는가

기노시타 히토시 지음

윤정구·조희정 옮김

외지인, 무모한 도전자,
청년만 지역을 바꿀 수 있다는
거짓말!

———

함께하자는 헛된 망상에 사로잡힌 군중,
악덕 경영자, 하이에나 컨설턴트, 예산에
목매는 지자체!

400가지 실제 사례와 통계로
밝혀내는, 누구도 말하지 않은
불합리한 진실!

일본 아마존
지방분권 분야
지방자치 분야 **1위**
지방발전 분야 기록

더가능연구소
THE POSSIBILITY LAB

마을 만들기 환상』
기노시타 히토시 지음, 윤정구·조희정 옮김
더가능연구소, 2022

알고도 못 막는 환상:
"모든 것이 이제 다 무너지고 있어도"

윤주선

지역재생은 최선을 다해 지는 게임이다. 인구 급감이 확정된 상황에서 지역의 활력을 예전처럼 다시(再) 살린다(生)는 건 불가능하다. 패전 마무리 역인 전문가, 활동가는 최선을 다해 지역재생에 도전하지만 대부분 실패로 귀결된다. 성공 확률이 극도로 낮은 이 게임에서 외부 컨설턴트는 주로 두 방향으로 움직인다. 특정 지역에서만 유효하거나 운이 덧대진 소수의 성공 사례를 신화화해 전국으로 확산시키거나, 검증이 어려운 실패 이유를 사이다 발언으로 꼬집는 것이다. 도시는 변수의 통제가 불가능하므로 성공의 요인도, 실패의 요인도 쉽사리 판단하기 어렵다. 새로 지은 도시가 아닌 이미 작동하고 있는 도시에 개입하는 지역재생은 성공과 실패의 요인을 잘 발라 내기가 한층 더 힘들다. 그렇기 때문에 소수의 성공 신화는 엄정한 연구 대상에서 벗어나 쉽게 부풀려지고, 다수의 실패 사례는 잘잘못이 뭉개져 전방위로 마녀사냥을 당한다. 지역재생을 다루는 여러 책과 각종 교육 프로그램 역시 이 메시아식 환상 심기와 마녀사냥식 모두 까기라는 틀에서 크게 벗어나지 않는다.

　『마을 만들기 환상』은 진단과 처방으로 구성돼 있다. 책의 전반부는 주로 마녀사냥류의 진단이다. 관계인구, 지방창생, 외지인·청년·괴짜론, 지방이주 턴(turn)족, 인바운드 관광 등 현재 일본에서 활발히 펼쳐지고 있는 대부분의 지역재생 시도에 딴지를 건다.* 시작이 지는 게임인 지역재생 비판은 과녁이 넓은지라 어디에 쏴도 웬만큼 맞아떨어진다. 악플은 강도가 높을수록 효과적이므로 각 소제목 역시 '어그로'를 끄는 자극적 표현이 많다. 천하의 역적인 지역재생 실패 사례에 누군가 속 시원히 침 뱉어 주기를 기다리는 사람들은 "맞아 맞아! 내 말이!" 하고 박수를 치며 카타르시스를 느낄 것이다. 고약한 톤으로 강하게 비판을 하는 부분도 많아 역자는 "모든 주장이 그러하듯이 자세히 살펴보면 논쟁의 여지는 있다. 강한 주장일수록 강한 반동이 있을 수도 있다"(196쪽)고 역자 후기에 적어 뒀다.

　이 책에서 흥미를 끄는 부분은 진단보다는 처방이다. 저자의 주장은 한마디로 '메시아는 없다'는 것이다. 저자는 메시아를 기다리는 대신 사고방식을 전환하는 방법을 제안한다. 지역재생 방법론은 지역마다 제각각이다. 방법론은 각기 마을과 참여 주체들의 특징을 반영해 맞춤형으로 발전하는 것이 옳다. 프랜차이즈처럼 전국에 동일한 방식으로 적용할 마법 같은 정책이나 방법론은 결코 존재할 수 없다. 대신 지역재생에 대한 사고방식을 어떻게 바

---

* 책의 제목 중 일본의 '마을 만들기(まちづくり, 마치즈쿠리)'는 한국의 마을 만들기보다 훨씬 넓은 개념이다. 동네 쓰레기 줍기 행사부터 롯폰기힐스 재생까지 모두 마치즈쿠리로 표현한다. 엘리트 정치인, 행정가, 도시계획가, 건축가의 밀실 의사결정이 아닌 주민이 참여하는 모든 도시 활동을 마을 만들기라 칭한다. '관계인구'는 도시에 팬심을 갖고 반복해 방문하거나 온라인 구매를 하는 외지인을 말한다. '지방창생'은 도시재생에서 일, 사람, 일자리를 강조한 일본의 정책명이다. '외지인·청년·괴짜론'은 도시재생을 위해 지역 유지, '고인 물' 주민 이외에 외지인, 청년, 괴짜가 필요하다는 주장이다. '지방이주 턴족'은 지방에서 태어나 대도시에서 학교나 직장을 다니다 다시 고향 혹은 그 주변 지방 도시로 이주하는 사람들을 말한다. '인바운드 관광'은 외국인들을 유치하는 관광이다.

꿀지는 지역에 무관하게 적용할 수 있다. 각 주제들에 대해 저자가 어떤 사고방식의 방향성을 제안하는지를 살펴보고 그에 대한 나의 경험을 덧붙이는 식으로 책에 대한 감상을 써보려 한다.

바란다면 슈퍼맨이 아닌 슈퍼 공무원을

저자가 처음으로 짚는 환상은 대기업이 지역을 구원하리라 믿는 것이다.(21쪽) 여전히 대기업 유치와 대규모 개발을 지역재생의 메시아로 보는 지역 정치가와 행정가들이 선거철마다 고개를 든다. 하지만 위기에 빠진 지방도시를 한 방에 구원하는 슈퍼맨 같은 영웅은 존재하지 않는다. 대기업 본사를 서울에 둔 상태에서 지방도시에 공장을 낸다 해도 법인세는 서울로 흘러가게 되며, 더 좋은 인센티브, 더 저렴한 인건비의 도시로 사업지 이전이 결정되면 지역은 걷잡을 수 없이 쇠퇴하기도 한다. 2018년 GM대우와 현대조선소가 폐쇄되며 '산업위기대응특별지역'과 '고용위기지역'으로 동시에 선정되어 원룸의 70퍼센트가 공실이 되어 버린 군산 오식도동의 사례가 대표적이다.* 2022년 현대중공업 군산 조선소가 다시 문을 열었지만 연간 100억 원 이상의 지방자치단체(이하 지자체) 지원금을 쏟아붓고 있음에도 고용 인력은 폐쇄 시점의 5분의 1 수준이다. 현대중공업이 돌아왔다는 상징성은 있으나 실리적으로 보면 고용 효과보다 세금 투입이 더 많다. 군산을 대기업 유치(실질적으로는 조립 하청 업체 유치)로 재생하려는 전략은 더 이상 경쟁력이 없다. 2015년부터 10여 년간 군산 지역재생에 관여한 경험을 토대로 상상해 본다면, 군산에 폭넓게 등장하고 있는 창조적 소상인과 소공인이

---

* '산업위기대응특별지역'은 '지역 산업위기 대응 및 지역경제 회복을 위한 특별법'에 의해 산업의 침체로 지역 경제 여건이 현저하게 악화된 지역을, '고용위기지역'은 '고용정책 기본법'에 의해 고용 사정이 급격히 악화된 지역을 말한다.

만드는 흥미로운 제조업·관광 생태계와 이를 바탕으로 성장하는 라이프스타일 스타트업 유치를 대안으로 생각해 볼 수 있겠다.

　벚꽃 피는 순서대로 대학이 망한다는 속설이 있다. 지역사회에 도움이 되지 못하면 존재 가치가 사라지는 것은 비단 대학만이 아니다. 2장 중 '지자체의 인재 쟁탈전, 공무원 전국시대'(61쪽)에서는 공무원의 변화를 촉구한다. 앞으로는 변화를 만들어 내는 지자체와 그렇지 않은 지자체 간 차이가 커질 것이라 예상한다. 관성적으로 일을 하는 공무원들과 그런 공무원들을 방치하는 지자체는 존재 가치가 사라질 것이다.

　이 문장을 읽으니 유바리시가 떠올랐다. 2007년 일본 유바리시의 파산은 일본 공무원 사회에 큰 충격을 주었다. 지자체의 방만 경영으로 사실상 파산에 이른 유바리시는 지자체 과장급 이상 공무원 55명 중 52명이 퇴직하고, 남은 공무원들은 연봉이 40퍼센트 삭감됐다. 시청이 경비 절감을 위해 겨울철에도 오후 5시가 넘으면 난방을 끊는 탓에, 실내 온도가 영하 5도에 이르러 스키복을 입고 근무한다. 7개였던 초등학교와 4개였던 중학교는 각 1개로 통합됐다. 시 의원도 절반 이상 퇴직해야 했고 임기도 절반으로 줄었다.

　이런 상황이 발생하자 일본의 젊은 공무원들은 복지부동하던 상태에서 일어나 스스로 혁신을 만들어 갔다. 소위 '슈퍼 공무원'이 출현한 것이다. 자발적으로 프로젝트를 기획하는 공무원, 먼저 민간을 찾아와 사업을 제안하는 공무원, 적극적으로 제도와 법률을 해석하는 슈퍼 공무원들이 지방도시 곳곳에서 나타났다. 지역재생을 진두지휘하는 일본 공무원들의 활약상은 〈나폴레옹의 마을〉, 〈한계취락주식회사〉 등 공중파 드라마 주인공으로 드러나기도 했다. 한국의 공무원들이 지역재생을 위한 방법을 몰라서 시도하지 않는 것은 아닐 것이다. "도전해서 칭찬받기보다 안 하고 욕

안 먹는 편이 낫다"는 속설처럼 아직은 위기의식이 없는 탓이다. 하지만 머지않아 한국에서도 복지부동 공무원들이 설 자리는 좁아질 것이다.

　　슈퍼 공무원은 매일 관청 밖으로 나가 지역 내 민간 주체들을 만나고 이들과 지역의 매력을 끌어올릴 작당을 한다. 민관 협력(Public-Private Partnership, PPP)의 기획자가 되는 것이다. 민관 협력은 문법과 작동 원리가 극명히 다른 공공과 민간의 이인삼각이므로 아무리 치밀하게 기획하더라도 수많은 빈틈이 생길 수밖에 없다. 관청 밖으로 나간 공무원이 매일 지역에 얼굴을 비치고 적극적으로 마을 일을 만들려 할 때 그 우정 자본이 쌓여 "당신이 한다면 도와줄게요"라고 하는 사람이 나타나고, 매일매일 쌓아 온 공무원의 '얼굴'에 의해 모두가 움직이게 된다.(170-171쪽) 민관 협력 과정의 수많은 빈틈은 이렇게 쌓은 우정 자본으로 메워진다. 우정 자본은 민관 협력 프로젝트를 진행하며 만든 말이다. 잘 짜인 오케스트라가 아닌 변수 가득한 재즈 같은 민관 협력은 모든 주체 간 우정 자본을 든든하게 쌓는 일이 중요하다.

　　일본은 지자체의 실무진뿐만 아니라 시장, 부시장 등의 의사결정권자 역시 연공서열에 의한 '늘공(늘 공무원)'이 아닌 민간의 젊은 혁신가들의 '어공(어쩌다 공무원)'으로 대체되고 있고, 이 역시 머지않아 한국의 미래가 될 것이다. 오사카의 시죠나와테시는 2017년 여성 부시장을 공모했고《스모매거진》전(前) 편집장 하야시 유리가 채용돼 대활약했다.(61쪽) 점차 시간이 흐르면 공무원이 지자체 의사결정자가 되는 시대가 끝나고 외부 실력자와 경쟁하는 시대가 도래할 것이다. 한국의 공무원들도 이제 외부 주체에게 밀리지 않기 위해서는 적극적으로 새로운 정책을 만들고 지역 내 민간 주체들과 의기투합해 성과를 만드는 연습을 해야 한다.

재주는 넘었는데 돈은 누구 손에?

투자와 투자자에 대한 이야기도 흥미롭다. 최근 지방도시에서 벤처 캐피털(Venture Capital, VC)들이 큰 활약을 하고 있다. 자본과 네트워크가 부족한 청년층이 지방도시에 물보라를 일으키려면 예산이 필요하다. 사업을 일으키기 위한 큰 규모의 예산은 공공의 보조금, 민간의 투자금이 주요 출처가 된다. 지역 사업의 성과가 지역 내로 돌아오는 순환 경제가 되기 위해서는 역외수지가 마이너스가 되면 안 된다. 지역 사업에서 소득은 크게 노동소득(월급)과 자본소득(부동산 투자, 배당, 임대료 등)으로 구분된다. 공공사업은 지역 일자리를 만들어 노동소득을 올리는 데 치중해 왔다. 하지만 자본소득을 끌어올리는 방안은 아직 논의된 바가 없다.

"가능하면 지역자본을 기초로 생산하여 적절하게 자본소득도 얻을 수 있으면 최상의 상태이다. (……) 지역 외 자본을 끌어와 생산하는 방식이 되어 버리면 결국 역외수지는 악화하고 만다."(125쪽) 이는 지역에서 부가 점점 대도시로 유출되어 쇠퇴한다는 것을 의미한다. 지역 외 VC들의 투자로 지역 회사가 성장하더라도 지역 입장에서 기쁘게만 볼 수는 없다는 이야기다. 지역이 재생되어도 그 열매는 다른 지역의 투자자들 손에 올라가 있기 때문이다. "하와이 주민들은 관광 산업에서 세탁 일만 하는데 부동산은 폭등하여 홈리스 문제 등 사회 격차 문제가 심각하다. 오키나와도 도쿄 자본과 외자에 의한 개발이 진행되는 관광 산업은 성장하지만 주민 평균 소득은 그다지 늘지 않았다"(126쪽)는 책 내용처럼 사람들이 지역에 많이 오게 하는 것이 목적이 아닌 자본소득이 지역에 쌓일 수 있는 구조를 만드는 것이 중요하다. 같은 이유로 한국에서 성공 사례로 유명한 다케오 도서관 등의 츠타야 도서관 프로젝트에 대한 유치 반대 운동이 일본 지방에서 심심치 않게 벌어진다.

관광객은 늘지만 지역에 남는 것은 쓰레기, 주차 문제, 소음뿐인 큰 규모의 '벽화 마을'로 읽히는 것이다.

　　지방도시마다 손꼽히는 유지들이 있다. 이들이 지역에서 돈을 벌어 지역 내에 투자하지 않고 돈을 모아 놓기만 하면 그 지역은 위기에 빠진다는 얘기도 울림이 있다. "지역에서 나름의 신용과 투자력이 있는 회사인데 투자를 하지 않고 지지리 궁상떠는 일도 있다. 돈을 모아 놓기만 하고 무위도식하는 지주가 있는 마을은 망한다."(107쪽) 지역을 대표하는 기업들의 사회적 역할이 지역민 고용 확대나 봉사 활동에 그치면 안 되고, 지역 내의 잠재력 있는 소상공인, 예술가, 스타트업을 발굴하고 이들에게 적극적으로 투자하고 성장시켜 그 성과를 나눠 가져야 지역력이 단단해진다는 얘기다. 자본소득을 높이는 안으로 최근 중소벤처기업부가 도입한 민간투자 연계형 매칭융자(Licorn Incubator Program for Small brand, LIPS)는 바람직한 정책 방향으로 보인다. LIPS는 지역 내 주체들이 자본소득과 노동소득을 동시에 올릴 수 있도록 부동산 등 자산 취득 비용을 특정 조건하에서 장기 저리로 융자해 주는 프로그램이다.

잘난 사람을 부르지 말고 잘난 사람을 키우자

이 책의 백미는 4장 '환상에 기반한 외지인 의존, 그 종말'이다. 4장의 내용은 서문에 힌트가 나온다. 이 문장이 이 책의 가장 중요한 문장이다. "지역재생사업에서 자주 듣는 질문은 '뭘 하면 좋을까요?'이다. 이렇게 질문하는 이유는 어디엔가 '답'이 존재하고 소위 잘난 사람만 그 답을 알 것이라고 가정하기 때문이다. 이런 질문 자체가 잘못된 것이며 실패의 시작이다."(12쪽)

　　"뭘 하면 좋을까요?" 나 역시 지역재생 컨설팅을 하는 자리에 가면 가장 많이 듣는 질문 앞에 여전히 머리가 새하얘진다. 열정이 그득했던 현업 초기에는 그간의 경험과 학업에서 얻은 정보를 최대한 빠른 시간 안에 조합해 최선의 답을 쥐어짜고는 했다. 질문한 이들에게 '소위 잘난 사람'으로 기대받고 자리한 지역재생 박사학위자이자 '답'을 알고 있을 것 같은 환상의 존재로 자문비까지 받고 불려 왔기 때문이다. 부끄럽지만 컨설팅 경력이 어느 정도 쌓인 시기에는 확신에 가득 차 꾸짖듯 지자체를 몰아붙였던 때도 있었다. 수년 후 컨설팅의 결과가 내 예상과 정반대로 흘러간 사례를 몇 차례 지켜본 후 섣부른 컨설팅은 그만두었다.

　"절대로 하면 안 되는 것은 (……) 목적도 공유하지 않은 채 잘난 사람과 유명한 사람을 끌어오는 것이다."(90쪽) 답답해도 답은 지역 안에서 찾아야 한다. 지역재생에서 가장 중요한 것은 멋진 건물을 세우는 것도 화려한 콘텐츠를 만드는 것도 아닌 지역에 뿌리내린 인재를 육성하는 것이다. 지역에 뿌리내린 인재에게 기획과 운영을 할 수 있는 기회를 꾸준히 주는 일에 투자해야 한다. 모든 결정을 '잘난' 혹은 '잘나 보이는' 외지 유명 인사, 유력 업체에게 맡기는 일이 반복되면 지역재생은 불가능해진다. 당장은 외지 업체에 비해 부족해 보여도 계속 기회를 주어 지역 팀을 성장시키는 것이 지역재생에 가장 중요한 중심점이다.

　대전의 충남대학교로 자리를 옮긴 지 2년이 됐다. 인구 144만 명의 광역시임에도 지역의 미래를 결정하는 중요한 연구 용역을 외지 업체에게 맡기는 일이 습관이 된 지자체의 의사결정을 자주 본다. 안타까운 일이다. "모두 외주를 주고 시킨다면 지역은 아무것도 알지 못하는 사람만 남게 되고 외지인과의 소통조차 불가능해지고 만다.(137쪽)

　책에 따르면 2017년 조사 결과 지방창생 계획을 수립한 일본의 1,342개 지자체 중 80퍼센트가 지역 외 컨설팅 업체에 계획 수립 외주를 줬다.(121쪽) 대도시 집중을 완화하려 지방도시에 세금을 내려보냈지만 지방도시에서는 자발적으로 그 돈을 다시 대도시 컨설턴트에게 돌려주는 격이다. 한국의 지역재생 계획 외주 현황도 이와 다르지 않다. 보다 심각한 것은 지방도시의 인재들이 성장할 기회가 차단된다는 것이다. 자기 도시의 미래를 결정할 수 있는 기회를 스스로 포기하는 것이다. "외주를 주니 아무것도 알지 못하게 되어 (……) 결과물의 장단점을 판단하는 능력도 사라진다. (……) 정작 중요할 때 '그렇다면 우리가 알아서 할게요'라고 말할 수조차 없게 된다. (……) 상담을 들어주던 기업도 '돈이 없으면 일을 할 수 없습니다'라며 사라져 버린다. (……) 답은 외주보다 (지역) 인재에 투자하는 것이다."(139-140쪽)

　　저자는 그럼에도 외지인에게 외주를 줄 경우에는 지역 내에서 5인 내외의 소수 정예팀으로 10여 년 걸리는 민관 협력 지역재생 프로젝트를 한 사이클 돈 다음 실행하기를 권한다. 외지인은 지역의 리스크를 공유하고 자기 자본을 투자할 정도의 진심이 있는 경우에 한해 받아들이기를 추천하기도 한다.

환상 속의 그대들

이 책에서는 지역의 다섯 활동 주체로 공공의 의사결정권자, 민간의 의사결정권자, 공공의 구성원, 민간의 구성원, 외부인을 꼽는다. 여기서 빠져 있는 지방도시의 가장 주요한 주체는 지방 대학이다. 가장 전문성이 있는 지역 인재인 교수들과 지역 인재 발굴, 교육, 육성에 투자할 수 있는 가장 훌륭한 플랫폼인 지방 대학에 주목할 필요가 있다. 지방 대학이 상아탑 안에 머물지 않고 지역과 적극적으로 연계해서 지방 문제를 해결하려 힘을 기울이고, 지방 대학 졸업생들이 수도권으로 올라가지 않고 지방도시에 머물 수 있는 생

2024년 충남대학교 건축학과 계절학기 동네 건축가들의 자발적 공개공지(Privately Owned Public Space, POPS) 만들기 수업.(출처: 윤주선 제공)

태계를 만드는 것이 인구 감소 시기에 대응하는 대학의 새로운 비전일 것이다. 일본의 애니메이션 감독 "미야자키 하야오는 '중요한 것은 대체로 귀찮다'라는 명언을 남겼다. 지역 역시 마찬가지다"(188쪽)라는 말처럼 누구보다 귀찮기 싫어하는 교수와 대학을 움직이는 일은 쉽지 않겠지만 지역의 자본소득에 투자할 수 있고 야간 대학원 과정을 통해 슈퍼 공무원을 기를 수 있고 지역 인재를 교육할 수 있는 지방 대학의 역할은 무엇보다 중요하다.

2022년 미국 포틀랜드 출장길에 포틀랜드 주립대학의 지역 연계 교육(Place-Based Leaning, PBL) 담당자를 만나고 온 적이 있다. 지금은 창조적 소상공인의 성지인 포틀랜드의 창조 인력을 다수 배출하는 포틀랜드 주립대학이지만 1990년대 말 포틀랜드 주립대학도 지금 한국의 지방 대학처럼 인구 감소, 재정 악화로 위기를 맞이한 적이 있다 한다. 이때 대학이 선택한 방법이 지역 연계 강화, 즉 지역과 대학의 동반 성장을 통한 위기 극복이다. 지금 한국의 지역 혁신중심 대학지원체계(Regional Innovation System & Education, RISE)와 같은 맥락이다. 포틀랜드 주립대학은 이후 '우리 대학에서 배운 지식으로 우리 지역을 이롭게 하라(Let Knowledge Serve The City)'라는 슬로건하에 모든 학과에 지역 연계 교육을 전공 필수로 만들었다.

대전의 충남대학교 건축학과에 2022년 9월 부임하며 최근 졸업생들 중 대전에 취업한 학생의 비율이 5퍼센트 내외라는 점이 놀라웠다. 당분간의 교육 목표를 '충남대학교를 졸업한 후 대전에 머물기 위하여'로 잡았다. 지역 연계 교육 비중을 늘려 학생들이 지역에 관심을 갖게 유도했다. 지난달 여름방학에는 '동네 건축가' 개념을 고안해 계절 학기를 개설했다. 건축가라는 개념이 처음 발명된 근대 초기에는 인구 급증과 도시화로 짧은 시간 안에 많은 건물을 지어야 했으므로 건축설계업이 역사상 처음 전문 영역으로 독립돼 나왔다. 신축 건물 수요가 적은 지방도시에 필요한 동네 건축가는 이미 지어진 건물과 도시를 매력 있게 만들 수 있는 조사-기획-콘텐츠-브랜딩-설계-시공-운영 일체형 건축가를 말한다. 현재 지방도시에는 다방면에서 재능을 발휘하는 르네상스형 건축가가 필요하다. 지방도시에서 건축가는 건축 설계만으로 생계를 유지하고 어렵고, 건물주는 기획, 설계, 시공, 운영 과정의 전문가를 각각 고용할 재정 상황이 안 된다. 그렇기 때문에 건축 설계에 특화되어 전 세계를 무대로 활동하는 근대 건축가 모델이 아닌, 모든 분야를 아우르는 대신 활동 범위를 동네로 한정하는 동네 건축가 모델이 지방도시에 적합할 수 있다. 활동 범위를 대전으로 한정한다면 지역의 정보, 역사, 콘텐츠 제작자 네트워크, 시공업체 정보 등이 누적되고 지역민의 정서에 가까워지므로 외지인 컨설턴트에 대한 경쟁력을 갖출 수 있다.

책을 읽으며 서태지와 아이들의 〈환상 속의 그대〉(1992)의 노랫말들이 떠올랐다.

2020년 지역 청년들과 빈 공공 건물 옥상에 팝업 스케이트 파크를 만든 군산 'Grand DIT Festa'.
(출처: 윤주선 제공)

"결코 시간이 멈추어질 순 없다 Yo!(인구 감소의 시계는 멈출 수 없는 정해진 미래이다.) 무엇을 망설이냐? 되는 것은 단지 하나뿐인데.(방법론이 아닌 사고방식을 바꿔야 한다.) 바로 지금이 그대에게 유일한 순간이며 바로 여기가 단지 그대에게 유일한 장소이다.(골든타임은 바로 지금이며 외부의 메시아를 기다리지 말고 각자의 동네 안에서 승부를 내야 한다.) 그대는 새로워야 한다. 아름다운 모습으로 바꾸고 새롭게 도전하자.(할 수 있죠?) 환상 속엔 그대가 있다. 모든 것이 이제 다 무너지고 있어도.(지방도시의 부귀영화가 무너지고 있어도 아직 환상 속에 빠져 있는 지역 유지, 공무원, 연구자) 사람들은 그대의 머리 위로 뛰어다니고 그대는 방 한구석에 앉아 쉽게 인생을 얘기하려 한다.(Stop Talking, Start Making)" 서리북

윤주선
충남대학교 건축학과 조교수, 팀 우당탕탕 파트너, 전 건축공간연구원(auri) 마을재생 센터장.
슬램덩크의 선'수 겸 코치인 '김수겸'처럼 연구자(Researcher) 겸 활동가(Doer)의 삶을 추구한다.
매력 있는 현장 플레이어들을 '주선'하는 역할도 즐겨 하고 있다. 연구 테마는 DIT(Do It Together)
리노베이션, 민관 협력 공공 건축 재생, 워커블 시티(Walkable City), 지역 관리 회사(Area
Management)이다.

고인 물들이 지배하는 지방도시의 혁신을 위해서는 외지인, 청년, 괴짜를 잘 활용해야 한다는 '외지인·청년·괴짜론'을 만든 책이다. 10년 전 책이지만 여전히 흥미롭고 깊이 있는 내용이 많다. 이 책의 유일한 단점은 한국어판의 낭만적인 제목이다. 실제 내용은 낭만적인 뜬구름 잡는 얘기가 아닌 지독히 현실적인 조언들이다. 원제는 '후쿠이 모델: 미래는 지방에서 시작된다'이다.

"결국 지역의 과제는 문제에 직면한 지역에서 해결할 수밖에 없다. 국가적 정책은 지역에서 효과를 내기 어렵다. '지역주의'가 효과를 발휘하는 까닭이 여기에 있다."
— 책 속에서

『이토록 멋진 마을』
후지요시 마사하루 지음
김범수 옮김
황소자리, 2016

군산 한길문고 상주작가 배지영의 낭만적인 에세이다. 배지영 작가, 한길문고와는 2021년 군산 시민문화회관 재생 프로젝트로 협업한 적이 있다. 책에 나오는 '엉덩이로 책 읽기 대회'였다. 놀랄 만큼 성공적이었다. 지방도시에 얼마나 다채롭고 심지 깊은 인재들이 많은지 궁금하다면 이 책을 꼭 읽어 보기를 권한다.

"어청도 분교 아이들이 태어나서 처음으로 작가를 만난 곳은 군산 한길문고다. 지금 한길문고에는 상주작가가 있다."
— 책 속에서

『환상의 동네서점』
배지영 지음
새움, 2020

『지방도시 살생부』
마강래 지음
개마고원, 2017

더 매력적인 지방도시들을 찾아서

양동신

얼마 전 서울의 '나인원 한남'이라는 아파트가 역대 최고가인 200억 원에 거래됐다. 지방에 거주하는 이들이 이런 뉴스를 들으면 정말 다른 세계의 이야기처럼 느낄 것이다. 그리고 과도하게 양극화된 지역별 부동산 가격에 한탄할 수도 있을 것이다. 하지만 세금이라는 측면에서 보자면, 역설적으로 서울의 고가 주택들이 많아지면 많아질수록 지방의 재정에는 훨씬 도움이 될 수 있다. 고가 부동산에 부과되는 종합부동산세(이하 종부세)는 전액 지방교부세 재원으로 사용되기 때문이다.

역사적으로 종부세가 가장 많이 부과되었던 2021년 통계를 보면, 총 4.4조 원 중 수도권이 차지하는 비율은 3.5조 원으로 약 80퍼센트였다. 국가에서 지방자치단체(이하 지자체)에 지출되는 예산은 두 가지로 구분할 수 있는데, '지방교부세'와 '국고보조금'이 그것이다. 국고보조금의 경우 지자체의 특정 사업을 지원하기는 하지만, 특정 목적 재원이기 때문에 중앙 부처에서 간섭을 많이 하게 된다. 하지만 지방교부세는 그야말로 지자체가 중앙 부처의 간섭 없이 독립적으로 재원을 사용할 수 있다.

주택의 수에 따라 다르겠지만, 저 200억 원짜리 '나인원 한남'의 소유자는 종부세를 매년 2-3억 원가량 납부할 것이다. 서울에서 매년 한 아파트 소유자에게 부과하는 2-3억 원의 세원이 지자체로 흘러 들어가 스스로 원하는 곳에 사용된다는 말이다. 문제는 이와 같은 형태의 수도권-지방 간의 관계가 언제까지 유지될 수 있느냐 하는 것이다. 계속해서 주택 가격이 높아지면 종부세 부담이 커지는 수도권 사람들도 기분이 나빠지고, 상대적 박탈감을 느끼는 지방 사람들도 기분이 나빠진다. 모두가 기분이 나쁜 상황은 더 심해지면 심해지지, 나아지지는 않을 것이다.

기분이 나쁜 정도의 문제라면 받아들일 수 있다. 하지만 이것이 국가 존폐의 문제로 이어지면 논의의 수준은 달라진다. 『지방도시 살생부』의 저자 마강래는 이 문제로 인해 2040년 즈음에 이르면 "파산 상태에 가까운 30퍼센트의 도시들로 인해 온 나라가 휘청거릴 것"(7쪽)이라고 주장한다. 도시계획학 박사인 저자는 오랜 기간 국토 공간의 사회경제적 형평성에 대해 연구한 학자다. 그런 그가 왜 이렇게 극단적인 예측을 내놓았을까. 어쩌면 이 책을 통해 문제점을 같이 인식하고 해결책을 찾을 수도 있겠다는 희망이 생겨 자연스럽게 읽기 시작했다.

골고루 나눠 갖지 말자고?

『지방도시 살생부』는 "골고루 나눠 갖지 말자!"(12쪽)라는 자극적인 문장으로 시작한다. 인구 통계 자료를 이용한 추세 분석에 따르면 2040년에 전국 지자체 중 30퍼센트가량은 기능을 상실할 수 있다고 한다. 예컨대 1966년 인구 23만 명에 달하던 전남 고흥군의 경우, 현재 인구가 6만 명 수준으로 줄어들었는데, 이 추세로 간다면 2040년에 이르러 0에 수렴한다는 말이다. 물론 인구가 정말 선

형적으로 0에 수렴하지는 않을 수 있지만, 그전에 지자체가 제 기
능을 하지 못하는 파산 상태에 이를 수 있다. 저자는 이와 같은 지
자체 파산을 미국의 디트로이트시, 일본의 유바리시를 예로 현실
감 있게 설명한다.

　저자는 인구 감소로 인한 지자체 예산 사용의 비효율성을 정
량적으로도 쉽게 설명한다. 예를 들어 10만 명이 살던 어느 도시의
인구가 반으로 준다고 하여 100억 원이던 도로 보수 비용을 똑같
이 반으로 줄일 수는 없다는 것이다. 도로만 그럴까. 대중교통, 상
하수도, 의료 시설, 사회복지 시설, 문화 시설, 체육 시설, 교육 시
설과 같은 공공 서비스는 인구가 줄어든다고 그 관리 비용이나
전문 인력을 비례적으로 줄일 수 없다. 실제로 이와 같은 관리가
제대로 되지 않아 지방 중소 도시의 수돗물 누수율은 서울의 열 배
가 넘기도 하고, 이를 보수하기 위해 3조 원이 넘는 국비를 투입할
것이라고 한다. 참고로 앞서 언급한 전남 고흥군의 경우, 재정 자립
도가 7퍼센트 수준이다. 군 예산이 연간 1조 원이라면 9,300억 원
은 국가에서 지원받고 있다는 말이다.

　다음으로 저자는 지역 경제를 살리기 위한 중앙 정부와 지방
정부의 헛발질에 대해 이야기한다. 지방 산업 단지, 지역 축제, 카
지노 등으로 지역 경제를 살리기 위해 노력했지만, 이는 오히려 지
방 정부 재정 건전성 악화, 예산 낭비, 도박 중독자 양산 등으로 귀
결되었다는 것이다. 저자는 여기서 한 발 더 나아가서 돈 먹는 하
마가 되고 있는 지방 중소 도시에 대해 설명한다. 2016년 기준 대
도시의 주민 1인당 평균 세출액은 161.9만 원 정도인데, 군 지역의
경우 482.2만 원에 이른다. 서울 원효초등학교 1인당 학생 교육비
는 186만 원인데, 전남 보성 문덕초등학교의 경우 959만 원에 달한
다. 413억 원을 들여 만든 익산예술의전당의 한 해 운영비는 50억

우주에서 바라본 한국의 야경.(출처: 미국 항공우주국 지구관측소)

원이 넘는데 수입은 3.5억 원에 불과하다. 저자는 언제까지 이러한 비효율성을 우리 사회가 감내할 수 있을 것인가에 대해 의문을 제기한다.

　　그리고 저자는 결국 선택과 집중을 제안한다. 중소 도시의 팽창은 재앙이므로, 원도심을 살려 이를 중심으로 집적화를 이뤄 내 지속가능한 생태계를 만들자는 말이다. 이를 학계 용어로 '스마트 축소(smart decline)' 전략이라고 한다. 빈집을 부수거나 다른 용도로 전환하고, 새로운 주택의 개발을 제한하며, 지역 특색에 맞는 일자리를 만들자는 것이 그것이다. 저자는 이를 우리나라 중소 도시에 대한 현실적인 대안으로 제시하는데, 그 내용을 종합해 보면, 첫째, 원도심 외곽 지역 개발을 억제하고, 둘째, 대형 마트와 체인점에 대한 규제를 하는 것이다.

지방도시 수요자의 관점에서 생각해 보자

분석이 탁월하다는 점은 이 책의 큰 장점이다. 일상을 살아가며 평소 인지하지 못했던 수도권과 지방도시 간의 불균형을 새삼 깨달을 수 있었다. 아울러 저자가 제시하는 미국이나 일본 등의 다양한 사례 역시 읽는 이로 하여금 많은 생각할 거리를 안겨 준다. 하지만 '인생은 실전'이라는 말과 같이, 저자가 제시한 책 말미의 제안은 고개를 갸웃하게 했다.

먼저 '원도심 외곽 지역 개발 제한'에 대한 논의를 살펴보자. 저자는 지난 수십 년간 지방 중소 도시의 외곽 개발로 주거지가 팽창하고 원도심이 텅텅 비어 가고 있다는 문제점을 지적한다. 그 해결책으로 외곽 구역 개발 사업에 '도시 재생 부담금'을 물리는 방안을 언급하며, 이 작업이 되지 않으면 "국민 세금으로 건설업자들의 배만 불리는 일이 계속 반복될 것"(222쪽)이라고 말한다. 이와 더불어 저자는 "쇠퇴한 도심의 기능을 살리기 위한 방식으로 대규모 전면 철거 방식은 지양하는 것이 바람직하다"(223쪽)는 주장을 한다. 도심에 임대 주택을 공급해 흩어진 인구를 모아야 한다고 하는데, 개인적으로 이 해결책들은 무언가 앞뒤가 맞지 않은 자가당착으로 느껴진다.

서울에서는 재개발 사업이 많이 이루어지는데 지방에서는 그렇지 않은 이유가 무엇일까? 재개발 사업은 대부분 민간에서 이루어지는데, 집값이 높은 서울에서는 사업성이 있지만 그렇지 않은 지방에서는 사업성이 없기 때문이다. 서울에서 신축 아파트의 수요가 많아져서 구축 아파트 대비 가격이 비싸진다는 말은, 해당 지역 토지 등 소유자의 동의를 얻기 수월하다는 말과 같다. 하지만 지방 중소 도시의 경우는 이러한 공식을 적용하기 어렵다. 집값이 낮으면 신축 아파트를 짓는다 하더라도 추가 수익을 기대하기 어렵고, 인구 고령화 및 낮은 지역내총생산으로 인해 추가 분담금을 부담하기도 어렵기 때문이다. 이 때문에 지방 정비 사업은 수년 전부터 시공사들의 참여가 적어 유찰이 계속되고 있는 상황이다.

이런 경우 개발업자들은 굳이 리스크를 감내하고 재개발 사업을 추진할 이유가 없다. 그래서 지방 중소 도시에서 대안으로 이루어지고 있는 것이 인근 신도시의 개발이다. 예를 들어 전남 순천의 신대지구, 목포의 남악신도시와 같은 것들이다. 그런데 이 같은 신도시들이 그저 개발업자의 배만 불린다고 볼 수는 없다. 이러한 중소 도시에 사는 이들 역시 신축 주택에 대한 수요는 존재하기 때문이다. 이곳에 거주하는 이들과 대화를 해보면 무언가 자부심이 느껴진다. 신축 아파트 구조도 서울과 다를 바 없고, 프렌차이즈 카페나 키즈 카페, 병원도 다 있어 굳이 서울에서 비싼 돈을 주고 살 필요가 없기 때문이다. 겉에서 봐도 이들 지방 신도시는 과천이나 송도, 광교 등 수도권의 '탑급' 신도시와 다를 바 없어 보였다.

사람은 누구나 오래된 재화보다 새로운 재화를 좋아하고, 제한된 내구연한이 존재하는 건축 구조물의 경우는 안전 측면에서 당연히 그래야만 한다. '헌 집 줄게 새 집 다오'의 논리는 동서고금을 막론하고 어제오늘의 생각이 아니다. 이런 중소 도시 주민들의 욕구는 뒤로한 채 원도심 재개발만 강요한다면 그 결과는 어떻게 될까. 게다가 저자는 원도심 재개발 방법으로 대규모 전면 철거 방식은 지양해야 한다고 하는데, 물리적으로 제한된 면적에 밀도를 높이는 방법이 용적률을 높이는 것 외에 무엇이 있는지 잘 납득이 되지 않는다. 현재 군산이나 목포와 같은 지방 중소 도시를 가보면 일제강점기에 만들어진 목조 적산 가옥들이 많이 남아 있는 것을 확인할 수 있다. 문화재나 관광재라는 관점으로 보면 매우 아름다운 광경이지만, 이것을 주거재의 관점에서 보자면 다소 위험할 수

밖에 없는 구조물이다. 더 많은 주민들이 원도심에 거주하기 위해
서는 이렇게 낡은 주택들은 재건축, 재개발 과정을 통해 수요에 대
응할 수 있어야 할 것이다.

　　저자는 나아가 "대규모 체인점의 입점을 제한할 필요가 있
다"(224쪽)고 하는데, 이쯤 되면 정말 지방 중소 도시 수요자 관점에
서는 생각할 의지가 없는지 의심스러워진다. 유통 기업 중 세계에
서 두 번째로 기업 가치가 높은 코스트코의 국내 매장을 살펴보자.
현재 우리나라에 코스트코 매장은 총 열여덟 개가 존재하는데, 수
도권에 열 개, 경상도에 다섯 개, 충청도에 세 개가 있다. 전라도에
도 입점할 기회가 수차례 있었으나, 지역 소상공인과 그에 편승한
정치인의 반대로 입점이 불발되었다. 그래서 전라도 주민들은 경
상도 주민들에 비해 행복해졌는가? 지역 일자리는 더 늘어났는가?
혹시 젊은 주민들에게 원정 쇼핑을 가야 하는 불편함만 주고 있는
것은 아닌가? 이러한 상황을 고려하여, 전남 광양시의 경우 젊은
층의 요구에 힘입어 2023년부터 부시장을 단장으로 한 TF팀을 신
설하여 코스트코 코리아와 투자 유치 협상을 진행하고 있다. 이게
현실화되면 광양 시민들은 더 이상 코스트코를 가기 위해 1년에
한두 번씩 대전이나 부산을 찾지 않아도 되는 것이다. 코스트코의
입점은 광양시를 살리는 일일까 죽이는 일일까.

산업과 일자리를 따라 이동하는 인구, 매력적인 지방도시의 출현

한편 저자는 "1년 동안 늘어난 반도체 고용 인원은 고작 650명"
(224-225쪽)이라 말하며, 대기업이 수조 원을 투자하더라도 늘어나
는 일자리는 매우 제한적이라고 역설한다. 그러나 2024년 기준 삼
성전자에 재직 중인 직원은 12.4만 명이고, 300인 이상 대기업 취
업자는 전년 대비 8.9만 명이 늘어난 308.7만 명이다. 여기에 협력

업체에 재직 중인 직원들까지 고려하면 투자 규모와 일자리 수는 무관하지 않다. 투자를 한다는 말은 그만큼 재료, 노무, 기계 장비에 돈을 쏟는다는 말이다. 노무는 비단 대기업이나 협력 업체 직원뿐만 아니라, 안전 관리나 품질 관리 보조, 신호수 등 다양한 단기 일자리를 포함한다. 최근 대규모 사업장에서 이들이 받는 급여를 생각해 보면, 이들의 구매력 역시 무시하기 힘들다. 단기간 소득을 창출하는 능력은 되려 대기업 정규직보다 더 높은 이들도 상당수다. 거기에 투자가 이루어지면 간접적으로 발생하는 일자리도 다양해진다. 고용 유발 계수가 높은 음식점 및 숙박 서비스, 건설업 등 파생 산업을 생각하면 지역내총생산 증가에 기여할 수밖에 없다.

현재 이와 같은 현상으로 인해 실제로 발전하고 있는 도시가 화성시, 평택시, 청주시와 같은 지방도시들이다. 1995년 인구 16만 명이던 화성시의 2024년 인구는 95만 명이고, 32만 명이던 평택시는 59만 명, 63만 명이던 청주시는 85만 명으로 늘어나고 있다. 이 도시들은 광역시가 아님에도 인구가 늘어나며 재정도 매우 튼튼해지고 있는데, 이들이 이처럼 발전할 수 있었던 이유는 삼성전자와 현대자동차, SK하이닉스, LG화학, 삼성SDI와 같은 각종 대기업 사업장, 그리고 지역 내 관련 중견, 중소기업들이 활발히 사업을 확장해 나갔기 때문이다.

나는 경기 남부부터 충청 북부까지 이어져 있는 반도체 벨트를 지방도시 문제의 해결책이라고 보고 있다. 현재 젊은 인구는 서울에서 이 반도체 벨트를 따라 남쪽으로 이동하고 있는데, 이는 억지로 인구 유도 정책을 해서 그런 것이 아니고 산업의 발전에 따라 일자리가 이동하면서 이루어진 자생적인 결과로 해석할 수 있다. 이 벨트를 따라 존재하는 광교, 동탄, 세종과 같은 신도시들을 가보면 정말 살아 보고 싶다는 매력이 존재한다. 굳이 서울에 가지 않아도 수변 공원을 즐길 수 있고, 의료 시설을 이용할 수 있고, 프랜차이즈 카페나 코스트코, 이케아, 스타필드와 같은 대규모 상업 시설은 물론 더 높은 질의 공공 서비스도 누릴 수 있다. 매력적인 지방도시들이 출현하고 있다는 말이다. 서울 중심의 인구 과밀화 문제를 해결하기 위해서는 이러한 방식의 자연스러운 접근이 필요한 것이지, 억지로 지방도시에 그린벨트를 묶고, 대기업 진출을 억제한다고 문제가 풀리지는 않을 것이다.

결국 해결책은 쉽지 않지만
나는 평생을 학문의 영역이 아닌 사업 개발의 영역에 있다 보니 이익이 추구되지 않는 곳에는 영속성이 없다고 생각하는 편이다. 정부 정책도 그러하다. 만약 지방도시 주민들의 이익을 생각하지 않는다면, 지방도시 개발업자나 기업의 이익을 생각하지 않는다면, 어떤 해결책이 나오더라도 영속적이지 않을 수 있다. 그렇다면 그 해결책은 단기적일 수밖에 없고, 어쩌면 다시 저자가 지적한 문제로 회귀할 수밖에 없을 것이다.

이 책은 분명 일상을 살아가는 시민들이 평소 생각해 보지 못한 지방도시의 문제점을 통렬하게 지적했다는 장점을 가지고 있다. 하지만 해결책에서는 아쉬운 부분들이 존재한다고 지적할 수밖에 없다. 어쩌면 저자도 자신의 해결책이 조금은 설익었다고 느꼈을지도 모른다. 하지만 완결이 필요한 대중서의 관점에서 억지로 해결책을 넣다 보니 엇박자가 발생했을 수 있다.

이 책이 출간된 해는 2017년, 지금으로부터 7년 전이다. 아마도 저자는 이처럼 도발적인 제목의 책을 세상에 내놓고 많은 피드백을 받았을 것이다. 그래서 이미 일부 주장은 변경되었을 수도 있다고 생각한다. 그럼에도 책 전반에 깔린 개발업자와 대기업에 대한 반감은 숨기기 어려운 저자의 고정관념이 아닐까 싶다. 지방도시의 문제점을 해결하려면 고정관념을 버리고, 보다 폭넓게 사정을 헤아리고 사고하는 자세가 필요하다.

이 책은 지방도시가 미래에 겪을 문제점을 적절히 짚어 낸 것만으로도 충분한 의의가 있다. 그 해결책을 마련하기 위해 우리 사회는 조금 더 노력해야 할 것이다. 확실한 것은, 현재의 상태는 평형이 아니라 불안정의 상태라는 점이다. 서울에서 근무하는 수도권 주민의 평균 출퇴근 시간은 140분이라는 통계가 있다. 하루의 10퍼센트 이상을 온전히 출퇴근에만 사용해야 하는 생활은 지속 가능하지 않다. 수도권 과밀화에 대한 해결책은 우리 사회에 필요한 과제이다. 이 문제를 해결하기 위해서는 더욱더 매력적인 지방도시들이 많아져야 할 것이다. **서리북**

양동신

『아파트가 어때서』, 『전지적 건설 엔지니어 시점』 저자. 국내외 대기업에서 18년째 교량, 발전소, 지하철, 신재생 에너지 등 인프라 사업 개발을 맡고 있다. 덴마크, 중동, 남아프리카공화국, 인도 등에서의 다양한 경험을 바탕으로 입체적인 시각에서 도시를 바라본다.

📖 지방 소멸이라는 사회적 현상을 먼저 접한 미국의
사례를 J. D. 밴스라는 훌륭한 체험자를 통해 생생하게 들을
수 있다. 제조업의 쇠락으로 기업과 일자리가 사라진 미국의
러스트벨트 사례를 읽다 보면, 『지방도시 살생부』에서
말하는 지자체 기능 상실이라는 것이 얼마나 무서운
현상인지 간접적으로 체감할 수 있다.

"시청에서는 더 이상 바닥에 벌어진 틈을 메우거나 농구장의
낡아빠진 골대를 갈지 않았다."
"그렇다면 지갑을 열어야 할 고객이 왜 사라졌을까? 바로
그런 고객들을 고용할 일자리가 충분치 않기 때문이다."
— 책 속에서

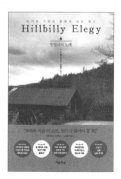

『힐빌리의 노래』
J. D. 밴스 지음
김보람 옮김
흐름출판, 2017

📖 저자는 세계 도시의 용적률 경쟁을 언급하며 서울의
재프로그래밍을 이야기한다. 조선 시대부터 이어져 온
서울의 도시 계획을 반추하며, 미래에 나아가야 할 방향에
대해 구체적이고 세밀하게 제안한다. 보존은 선, 개발은
악이라는 도식에서 벗어날 것을 말하는 저자의 말에
귀 기울여 봐야 할 것이다.

"구한말 한양은 건폐율과 용적률이 70퍼센트로 같았던 수평
도시였다. 2016년 서울의 평균 용적률은 145퍼센트이다.
지난 100년간 변화는 용적률을 70퍼센트에서
145퍼센트로 2배 올리는 과정이었다고 할 수 있다."
— 책 속에서

『서울 해법』
김성홍 지음
현암사, 2020

이마고 문디

디자인 리뷰

북 & 메이커

서울
리뷰 오브
북스

아키 카우리스마키의 영화 〈르 아브르〉(2011)의 마지막 컷. 정원에 핀 꽃나무.(출처: 찬란)

유머의 영성:
코엔 형제에서 아키 카우리스마키까지

김홍중

오 나의 랍비여!

코엔 형제(조엘 코엔과 에단 코엔)의 〈시리어스 맨〉(2010)은 1960년대 미국의 한 유대인 공동체에 사는 물리학 교수의 이야기를 그린다. 그의 이름은 래리 고프닉. 칠판 가득 수식을 채워 가며 양자역학을 강의하는 그는 선량하고 평범한 중년 남성이다. 제목이 암시하듯 무척 진지한 사람이기도 하다. 그런데 평온해 보이던 그의 일상이 갑자기 닥쳐온 문제들에 의해 마구 흔들리기 시작한다.

정년 보장 심사를 앞두고 자신을 음해하는 익명의 투서가 날아오는가 하면, 수업을 듣던 한국인 유학생은 성적을 올려 달라 떼를 쓰고, 뇌물용 돈봉투를 슬그머니 놓고 간다. 곧 유대교 성년식을 치를 아들은 마리화나에 손을 대고, 댄스홀에 다니는 딸은 반대를 무릅쓰고 코를 성형하겠다고 고집 피운다. 집에는 무직자 동생이 기숙하는데, 도박과 동성애로 경찰에 체포된다. 폭력적이고 신경질적인 이웃 남자는 래리의 정원에 함부로 침범하고, 안테나는 고장이 났고, 통장 잔액은 비었다. 설상가상, 아내는 래리의 친구와 사랑에 빠져 이혼을 요구해 온다. 결국 그는 집에서 쫓겨나 동네

허름한 모텔로 거처를 옮긴다. 래리는 지금 건강 검진을 받고 결과를 기다리는 중이기도 하다. 이 정신 없는 상황을 견디다 못한 그는 급기야 랍비들을 찾아간다.

주니어 랍비 스콧은 인식을 바꾸라고 조언한다. 세상을 보는 시각이 중요하다는 것이다. 래리는 항변한다. 자신이 세상을 비뚤어진 시선으로 보는 게 아니라 지금 너무 황당한 일들이 한꺼번에 일어나고 있지 않느냐고. 그러자 랍비는 그게 인생이라고, 받아들여야 한다고 충고한다. 그러고는 뜬금없이 사무실 밖의 주차장을 바라보라 권한다. 차들이 드문드문 오가는 저 평범한 주차장에도 신이 있다고. 우리가 사는 세상은 섭리로 가득하다고. 시각을 바꾸면 세상의 섭리를 깨닫게 된다고……. 래리는 내심 젊은 랍비가 아직 인생 경험이 없어 저런 원론적인 조언을 한다고 생각한다.

두 번째 랍비 나흐트너는 좀 더 고수다. 그는 자신이 예전에 상담했던 한 치과의사의 이야기를 들려준다. 그 의사는 우연히 환자의 앞니 안쪽에 이상한 글자들이 새겨져 있다는 사실을 발견했다. "도와주세요, 살려주세요"라는 히브리어 단어들이었다. 기이한 상황에 놀란 의사는 깊은 고민에 빠졌다. 밥도 못 먹고 잠도 설친다. 도대체 누구를, 왜, 어떻게 도우라는 것인가? 신은 자신에게 무엇을 이야기하고 있는가? 그는 랍비 나흐트너를 찾아와 글자들의 '의미'를 묻는다. 그런데, 바로 이 대목에서 랍비는 딴청을 피우기 시작한다. 조급해진 래리가 해답을 재촉했지만, 랍비는 매우 심드렁한 어조로 이렇게 대답한다. "그게 뭐 중요해요? 글자의 의미는 아무도 몰라요……. 하지만 남을 돕는 게 나쁠 건 없잖아요?"

그는 래리의 곤경을 인정하지만, 그 곤경에 신의 '뜻' 같은 것은 없다고, 만일 그런 것이 있다 한들 우리는 결코 그게 뭔지 알 수 없다 말한다. 그냥 잘 먹고 잘 자는 것이 중요하다는 것이다. 원하

〈시리어스 맨〉의 랍비 마샥.(출처: ㈜스폰지이엔티)

는 해답을 찾지 못했다고 느낀 래리는 드디어 공동체에서 존경받는 랍비 마샥을 찾아간다. 한데 그는 바쁘다는 핑계로 아예 래리를 만나 주지도 않는다(사실, 마샥은 성인들은 만나지 않고, 오직 아이들만을 면담하기로 방침을 정해 놓은 참이었다). 래리는 마샥을 만나지 못한 채 돌아온다.

　　마샥이 상담을 하는 장면은 영화 후반부에 살짝 등장한다. 성년식을 마친 래리의 아들과 만나는 것이다. 어두운 서재 깊숙한 곳에 랍비가 웅크린 채 앉아 있다. 소년은 쭈뼛거리며 다가간다. 랍비는 노쇠하고 느릿느릿한 목소리로 소년에게 말한다. "진실이 거짓으로 밝혀지고, 모든 희망이 사라져 버리면, 어떻게 해야 하는가?" 무슨 깊은 비의(秘義)을 담은 종교적 잠언인가? 토라(Torah)의 한 구절인가? 그런데, 래리의 아들은 뭔가 알아들은 듯한 표정으로 미소를 띠고 있다. 저 말은 사실, 사고뭉치 소년이 수업 시간에 압수당한 카세트테이프에서 돌아가던 제퍼슨 에어플레인의 노래 〈Somebody to Love〉의 가사였다. 마샥은 소년에게 카세트를 돌려주며 짧은 덕담을 하나 던진다. "착하게 살아라, 얘야."

그건 아무것도 아니야

〈시리어스 맨〉의 주인공은 래리가 아니라 그를 칭칭 휘감고 있는 문제들이다. 서사적 주권은 인간이 아닌 문제들에게 양도되어 있다. 문제가 인간을 삼키고, 인간의 행로를 결정하고, 인간에게 의미를 묻게 하고, 그를 미궁에 빠뜨리거나, 거꾸러뜨리거나, 성장시킨다. 영화가 그리는 문제들은 생물처럼 역동적이고, 복잡하고, 예측할 수 없다. 특정 문제는 다른 문제와 연결되어 증식, 공생, 소멸한다. 인간은 문제들이 이루는 생태계의 한 구성 요소에 불과하다. 문제라는 것의 정체는 심지어 양자역학에 정통한 물리학자도 파악하지 못한다. 왜 나에게 이런 문제가 발생했는가? 이 질문에 대한 해답도, 의미도 딱히 없다. 문제 스스로 소멸할 때까지 그것을 겪어 내는 수밖에는 없다.

실제로, 래리의 문제들은 거의 저절로 풀려 나간다. 아내와 연애하던 친구는 교통사고로 절명한다. 노심초사하던 정년 보장 심사는 잘 해결됐고, 아들도 무사히 성년식을 치렀다. 사고를 친 동생의 변호사 비용은 한국인 유학생이 던져 놓고 간 돈으로 충당한다. 거의 모든 문제가, 우연이나 섭리에 의한 것처럼, 슬그머니 해결되어 버린다. 영화가 이렇게 끝나 갈 무렵 코엔 형제의 카운터펀치가 날아든다. 허리케인이 다가오고 있었던 것이다.

학교에 비상벨이 울리고 대피 명령이 떨어져, 아이들이 어수선하게 교실 밖으로 몰려 나가고 있다. 그곳으로 하늘을 뒤덮고, 마치 세상을 모두 휩쓸어 가려는 듯이, 새까만 폭풍이 몰려온다. 이제까지의 문제들은 문제도 아니었으며, 비로소 진정한 문제가 시작된다는 듯. 바로 그 순간 래리도 병원에서 전화를 한 통 받는다. 건강 검진 결과가 나왔으니 내원해 달라는 메시지다. 뭔가 좋지 않은 것이 발견되었다는 암시와 함께. 말하자면, 래리의 문제들은 해결

〈시리어스 맨〉에서 허리케인이 몰려오는 장면.(출처: ㈜스폰지이엔티)

되고 있던 것이 아니라 다른 문제들로 대체되고 있었던 것이다(사실, 우리 삶의 많은 문제들은 '해결'된다기보다는 그것의 심각성을 사소한 것으로 보이게 만드는 더 큰 문제들이 닥쳐오면서 '망각'되는 경향이 있다).

바로 이 지점에서 코엔 형제는 자신들의 철학을 전면화한다. 즉, 문제는 우리를 영원히 떠나지 않으며, 어느 누구도 문제의 외부로 나갈 수 없다. 하지만 우리는 안다. 새로 다가오는 문제는 불길하고 무시무시해 보이지만, (이미 지나간 모든 문제들이 그러했듯) 언젠가 슬그머니 소멸할 것이라는 사실을. 〈시리어스 맨〉의 이념은 이것이다. 문제가 인간의 불가피한 존재 조건임을 깨닫고 나면, 좋은 삶을 사는 방법은 생각보다 간단하다는 것이다. 우리는 랍비들이 충고하듯 이렇게 생각해야 한다. "그건 아무것도 아니야. 너무 진지하게 생각하지 마. 인생은 문제들의 영겁 회귀야. 끝없이 밀려오는 문제들을 그냥 살아 내라고. 이 내재적 세계의, 생성의 영원함을 믿으라고."

〈시리어스 맨〉은 은밀한 방식으로 유대인들 특유의 역사 철학을 내비친다. 발터 벤야민에 의하면, "억압받는 자들의 전통은 우리가 그 속에서 살고 있는 '비상사태'가 상례임을 가르쳐 준다."* 패배자들과 약자들에게 파국은 예외가 아니라 일상이다. 파국 이후의 번영에 대한 믿음은 승자들의 안이한 시간 감각이다. 약자의 입장에서 보면, 파국 이후에는 또 다른 파국이 올 뿐이다. 그들이 반복되는 역사와 인생의 고난을 통해 배운 교훈은 이것이다.

그들은 문제 속에서 '성장'하는 것이 아니라 그저 '헐벗을' 뿐이다. 더 강해지거나 위대해지는 것이 아니라, 약해지고 부서지고 다치고 고장 난다. 약자들에게 문제는 기회가 아니라 순수한 위험이다. 생존의 위험, 파멸의 위험, 치유 불가능한 상처의 위험. 이런 위험들 속에 던져진 채 그들은 '구원 가능성'을 찾기 위해 사투를 벌인다. 구원 가능성은 밝은 미래에의 낙관이 아니라 그런 낙관이 불가능할 때 솟아나는 부조리한 희망의 다른 이름이다. 환각처럼 지금 눈앞을 휙 지나가는 순간적인 느낌. 웃음이라고 해야 할까? 깨달음이라고 해야 할까? 마음속에서 뭔가가 저절로 내려놓아질 때, 꽉 차 있던 존재에 텅 빈 자리가 만들어질 때, 그때 비로소 내려오는 빛이나 숨결 같은 것. 작고 미약한 힘.

하여 "그건 아무것도 아니야"는 낙관주의자가 아니라 파국주의자의 언어다. 파국주의자는 안다. 긍정적인 자들이 그리는 장밋빛 미래는 허구라는 것을. 언제나 행복한 종합으로 귀결되는 변증법은 가진 자들의 오만한 논리라는 사실을. 패자들, 약자들, 떠도는 자들은 안다. 삶은 그저 파국이며, 그 밖으로 가는 기적적 출구는 없음을. 이런 순수한 내재성을 긍정하는 자들만이 "그건 아무것도

* 발터 벤야민, 최성만 옮김, 「역사의 개념에 대하여」, 『역사의 개념에 대하여/폭력비판을 위하여/초현실주의 외』(도서출판 길, 2008), 336-337쪽.

아니야"라고 말할 수 있다. 슬픔과 웃음이라는 만날 수 없는 평행
선이 교차하는 불가사의한 공간. 유머는 그 공간에서 솟아 나온다.
유머란 무엇인가?

유머의 철학

앙드레 브르통(André Breton)이 1939년에 펴낸 『블랙유머 선집
(*Anthologie de l'humour noir*)』에는 유머의 본질을 보여 주는 일화가 하나
나온다. 시인이자 살인자였고 후일 초현실주의자들에게 재발견되
는 피에르 프랑수아 라스네르(Pierre-François Lacenaire)는 1836년 1월
9일에 참수되었는데, 단두대로 걸어 올라가면서 이렇게 말했다고
한다. "길을 잘못 들어 죽음에 이르는구먼. 계단을 걸어서 죽음까
지 올라가네."*

    이 말이 유머러스하게 느껴지는 까닭은 상황의 절박함과 대
비되는 사형수의 무사태평함 때문이다. 그는 자신이 처형되는 절
체절명의 순간을, 불운이나 실수를 통해 어쩌다 '이르게 된' 우발
적 상황처럼 이야기하고 있다. 곧 목이 잘리게 될 운명에 처한 인
간이, 마치 술집이나 담배 가게에 가려다 잘못 접어든 길로 단두대
에 도달한 것처럼 대수롭지 않게 말할 때, 우리는 연민의 감정을
초과하는 유머의 무드에 사로잡히게 된다. 실제로 많은 유머들이
처형 상황을 배경으로 한다.

    가령, 1905년의 『농담과 무의식의 관계』에서 지크문트 프로
이트는 두 명의 '유머리스트' 사형수 이야기를 제시한다. 첫 번째
실례는 월요일에 교수대로 끌려가는 도둑이 "야, 이번 주는 시작
이 좋군"이라 말하는 경우다. 이어 프로이트는 "처형장으로 가는

* André Breton, *Anthologie de l'humour noir*(Paris: Jean-Jacques Pauvert, 1966), p. 89.

도중 감기 들지 않도록 목에 두를 머플러를 달라고 요청하는” 사형수를 거론한다.* 유머란 이런 것이다. 유머를 말하는 자는 “현실적인 이유들 때문에 마음 상하고 고통받기를 거부하며 외부 세계로부터의 외상(外傷)이 자신에게는 문제가 될 수 없다고 주장”하는 일종의 ‘정신승리적’ 주체다. 유머를 통해 주체는 “자아의 불가침성”을 만방에 천명한다.**

　　1923년의 논문 「유머」에서 프로이트는 유머리스트의 주체성에 대해 좀 더 상세한 분석을 시도한다. 그에 의하면, 유머리스트의 자아는 두 상이한 심급으로 쪼개져 있다. 한편에는 문제적 상황에 처해 있는 (곧 사형을 당하게 되어 있는) 자아가 있다. 그러나 다른 한편에는 이 자아를 굽어보면서 마치 자신에게는 결코 죽음이 도래하지 않을 듯이 말하는 또 다른 자아가 있다. 프로이트는 이 두 번째 자아가 사실은 ‘초자아(超自我)’라고 본다. 어린아이의 눈에 비친 위대한 부모의 이미지를 모델로 형성된 초자아는 자아가 마주하고 있는 리얼리티의 위중함 따위는 손쉽게 부정한다(성인의 눈에 아이들의 문제가 대수롭지 않게 보이는 것과 같은 이치다). 프로이트는 말한다. 유머란 초자아가 자아에 대해 취하는 이 고압적 태도에서 나오며,*** 유머 속에서 초자아는 언제나 다음과 같은 메시지를 던진다. “보아라, 이것이 그렇게 위험해 보이는 세계다. 그러나 애들 장난이지. 기껏해야 농담거리밖에는 안 되는 애들 장난이지!”****

　　여기서 우리는 유머와 비극의 본질적인 차이를 확인한다. 비

---

* 지크문트 프로이트, 임인주 옮김, 『농담과 무의식의 관계』(열린책들, 2004), 282-283쪽.
** 지크문트 프로이트, 정장진 옮김, 「유머」, 『예술, 문학, 정신분석』(열린책들, 2004), 511-512쪽.
*** 같은 글, 513-515쪽.
**** 같은 글, 516쪽.

극의 주체는 (오이디푸스로부터 예수에 이르기까지) 자신을 처형하는 권력 앞에 침묵하며 법의 심판을 수용한다.* 하지만 처형을 통해 역설적으로 비극의 주인공은 불멸의 개체성을 획득한다. 이런 점에서 비극은 숭고를 동반한다. 하지만, 유머의 주체는 침묵도, 불멸도, 부활도, 숭고도 알지 못한다. 사형수는 법에 의해 곧 목숨을 잃을 존재다. 그런데, 그는 지금 감기를 걱정하고, 날씨를 생각하고, 계단을 이야기한다. 목에 머플러를 둘러 달라 말한다. 육신에 대한 이런 본능적이고, 즉물적이며, 유물론적인 관심은 임박한 죽음 앞에서도 결코 약화되지 않는다. 그는 최후의 순간까지도 살(肉)의 욕망과 감각을 잃지 않는다.

그런데 아이러니하게도 이 유아적이고 생리적인 집착이 법의 권위를 흔드는 효력을 발휘한다. 처형장 유머에 웃음을 터뜨리는 자는 이렇게 묻게 된다. 저처럼 처절하게 자신의 생명을 사랑하고, 생명을 유지하고자 하는 사람의 목을 자르는 '법'은 과연 정의로운 것인가? 유머가 "심판 없이 행해진 정의"이며 "심판 없는 처형 행위"라는 벤야민의 통찰이 뜻하는 바가 바로 이것이다.** 유머에 "괴물적인 것"이 있다면,*** 이 괴물성은 생명의 종식 불가능성, 기괴한 불멸성에 그 기원을 두고 있는 것 같다. 유머 안에는 죽여도 죽지 않는 것, 죽일 수 없는 것, 죽음을 알지 못하는 것, 우리 인격 속에서 부단히 움직이는 괴물적 생명성, 그러나 언제나 상처와 박탈과 소멸의 위협에 시달리는 생명성의 절박한 목소리가 메아

* Franz Rosenzweig, *L'étoile de la rédemption*, traduit par A. Derczanski et J.-L. Schlegel(Paris: Seuil, 2003), p. 117.
** Walter Benjamin, "L'humour", *Fragments: philosophiques, politiques, critiques, littéraires*, traduit par Ch. Jouanlanne et J.-F. Poirier(Paris: PUF, 2001), p. 163.
*** 같은 곳.

리치고 있는 것이다. 나는 죽지 않는다, 나는 살고 싶다, 나는 불멸이다, 이렇게 외치는 목소리가.

가령, 목에 머플러를 둘러 달라 부탁하는 사형수는 그 발언을 통해 한 명의 불특정하고 추상적인 '범죄자'이기를 갑자기 멈춘다. 그는 이제 추위를 느끼고, 자기 몸을 아끼며, 계속 살고 싶어 하는 "하나의 어떤 생명(une vie)"으로 변모한다.* 그것은 눈앞에 존재하는 구체적인 인간이다. 이 변환을 가져오는 것이 유머의 파괴적 힘이다. 유머는 죄인들을 심판한다고 주장하는 법의 맹목성, 추상성, 형식성, 자의성을 폭로한다. 법이 누구를 위한 것인지를 묻게 한다. 법의 정당성에 균열을 낸다. 경찰, 검사, 판사의 권력은 유머 속에서 도리어 심판의 대상이 된다.

질 들뢰즈와 펠릭스 가타리의 분열 분석이 명철하게 드러낸 것처럼, 프로이트는 욕망을 오이디푸스 삼각형(아빠-엄마-아들) 속에 가두어 버리고, 그 가공할 힘을 순치하고자 했다. 유머에 대해서도 마찬가지 절차가 수행된 듯이 보인다. 즉, 프로이트는 유머를 사회적 권위(초자아)에 귀속함으로써, 유머에 잠재해 있는 불온성과 비판성을 은폐한 것이다. 이런 점에서, 프로이트의 유머 이론도 수정되어야 한다. 말하자면, 유머의 참된 발화자는 초자아가 아니라 '이드(Id)'인 것이다. 죽음도 부정(否定)도 시간도 알지 못하는 무의식, 욕망의 흐름으로 기계 작동하는 '이드'가 바로 유머리스트의 숨은 실체다. 따라서, 유머리스트는 '신=법=아버지'가 아니라, 우리 안에 존재하는 '고아=무신론자=탈주자'다. 다스릴 수 없는 민중의 근원적 저항성이다. 비인간적·반사회적 생명력, 진압할 수 없

---

* Gilles Deleuze, *Deux régimes de fous*(Paris: Les Éditions de Minuit, 2003), pp. 361-362.

는 욕망 기계다.

　바로 이런 점에서, 유머는 구조적으로 슬픔과 분리할 수 없다. 유머는 웃긴 만큼이나 슬픈 것이다. 모든 것을 상실할 수밖에 없는 상황에 처한 자가 주는 웃음이 유머기 때문이다. 상실의 깊이가 유머의 통렬성과 비례한다. 풍자나 농담이나 위트와 달리 유머에는 비탄의 날카로운 편린이 박혀 있다. 영화사에서 이런 유머리스트의 주체성을 가장 탁월하게 형상화한 존재는 찰리 채플린이 연기한 '떠돌이 찰리'다. 그의 유머는 언어를 넘어서 몸짓 전체로, 존재 전체로 확장되어 있다.* 가는 곳마다 곤경에 빠지지만 좌절하는 일 없이, 찰리는 부단히 움직여 나간다. 어떤 권력, 폭력이나 악의, 간계도 손상을 입힐 수 없다는 듯, 어떤 고난이나 문제도 생명을 해칠 수 없다는 듯, 찰리는 유머리스트 특유의 불굴의 무사태평함을 유지하며 미국 자본주의의 정글부터 파시스트 소굴까지, 서커스 무대에서 컨베이어 벨트까지, 서부 탄광으로부터 권투 경기장까지 천연덕스럽게 횡단한다.

아키 카우리스마키

이런 유머의 철학을 우리는 아키 카우리스마키(Aki Kaurismäki)의 영화에서도 발견한다. 이 무뚝뚝하고 괴팍한 핀란드 네오리얼리즘 거장이 영화와 처음 인연을 맺은 것은 자신의 친형 미카 카우리스마키의 단편 〈거짓말쟁이〉(1981)의 시나리오를 쓰면서부터였다.

---

* 실제로 채플린 자신은 유머의 논리를 잘 알고 있었다. 빅토르 쉬클롭스키에 의하면, "채플린은 어떤 인물이 가장 희극적인 순간은 그가 말도 안 되는 상황에 부닥쳤지만, 마치 아무 일도 일어나지 않은 듯 행동할 때라고 말한 적이 있다. 예를 들어서, 거꾸로 매달린 자가 자신의 넥타이를 똑바로 세우려고 계속 애를 쓸 때, 그는 희극적이다." Viktor Chklovski, *Zoo: Lettres qui ne parlent pas d'amour ou la Troisième Héloïse*, traduit par P. Leauesne(Paris: L'Esprit des Péninsules, 1998), p. 96.

〈과거가 없는 남자〉 가운데, 카우리스마키 영화 속 인물들의 전형적인 무표정.(출처: 영화랑)

〈레닌그라드 카우보이 미국에 가다〉의 밴드.(출처: ㈜백두대간)

1983년에 아키 카우리스마키는 도스토옙스키 소설을 각색한 최초의 장편영화 〈죄와 벌〉을 발표한다. 영화의 주인공 라히카이넨 (Rahikanen)은 이후 그의 영화에 나타날 일군의 인물들(실직한 노동자, 도시 빈민들, 보헤미안 예술가들, 난민들, 루저들)을 응축하고 있다.

1985년의 〈오징어 노동조합〉 이후, 그는 '프롤레타리트 삼부작'으로 알려진 〈천국의 그림자〉(1986), 〈아리엘〉(1988), 〈성냥공장 소녀〉(1990)를 찍는다. 이어서 '빈민 삼부작'으로 불리는 〈어둠은 걷히고〉(1996), 〈과거가 없는 남자〉(2002), 〈황혼의 빛〉(2006)이 나온다. 실존 밴드를 소재로 한 〈레닌그라드 카우보이 미국에 가다〉(1989)와 그 속편인 〈레닌그라드 카우보이 모세를 만나다〉(1994)를 통해 그는 세계적인 컬트 감독의 자리에 등극한다. 카우리스마키는 2000년대 중반 이후에도 〈르 아브르〉(2011), 〈희망의 건너편〉(2017), 〈사랑은 낙엽을 타고〉(2023) 같은 작품들을 내놓으면서, 상업 영화에 타협하지 않는 개성적인 자기 세계를 이어 가고 있다.

　　카우리스마키의 스타일은 '미니멀리즘'으로 대표된다. 초기작부터 그는 "금욕주의, 간결성, 생략주의(ellipticism), 무표현적 연기"를 추구해 왔다.* 대사는 최소화되어 있고, 인물들의 표정도 가면을 쓴 듯 내향적이고 검약적이다. 한 인터뷰에서 카우리스마키는 자신이 오즈 야스지로를 매우 좋아하며, 일본 영화 특유의 장식 없는 정직성을 높게 평가한다고 토로한다. 이것은 그가 이상적으로 생각하는 예술적 원리가 "축소"와 "단순성"이라는 사실을 암시한다.**

　　그런데 이처럼 미니멀한 세계를 찬란하게 물들이는 예외적 과잉의 영역이 하나 있으니, 그것은 바로 음악이다. 그의 영화를 본 사람은 잘 알겠지만, 이야기가 펼쳐지는 모든 중요한 곡절들에서 어김없이 음악이 흘러나온다. 음악의 영역에 국한해 말하자면, 카우리스마키는 결코 미니멀리스트가 아니다. 그는 미니멀리즘을

---

* Sakari Toiviainen, "The Kaurismäki' Phenomenon", *Journal of Finnish Studies* 8(2), 2004, p. 25.
** Bert Cardullo, "Finnish Character: An Interview with Aki Kaurismäki", *Film Quarterly* 59(4), 2006, p. 8.

배신한다. 밴드가 무대에서 노래를 시작하는 순간, 맹숭맹숭하던 그의 스크린은 인간적 삶의 생기와 색감으로 넘쳐흐른다. 취기가 혹 퍼져 오를 때도 있다. 로큰롤이건, 재즈건, 핀란드 대중가요건, 샹송이나 가스펠이건 상관없다. 음악은 삶의 리듬, 정동, 계시의 순간들이므로. 인생의 보편적 유체, 피와 눈물과 땀이 흐르는 관능적인 도관(導管)이므로. 음악이 끝난 자리는 자못 쓸쓸하지만, 거기서 다시 문제와 일상과 폭력과 사랑이 시작된다. 카우리스마키는 휴머니스트다. 하지만, 그의 휴머니즘은 요란하지 않다. 미니멀하다. 그래서 도리어 큰 울림을 준다.

빈민 삼부작

서사 구조의 관점에서 말하자면, 카우리스마키의 영화들은 거의 대동소이한 스토리라인을 갖고 있다. 말하자면, 힘없는 자들이 사회 구조의 폭력에 휘말려 난관에 봉착하지만, 끈질긴 삶에의 의지와 타인들의 도움을 통해 그것을 헤쳐 나온다는 것.

　가령, 〈어둠은 걷히고〉는 주인공 부부의 실직 과정을 보여 주면서 시작한다. 남편은 회사의 구조조정으로 직장을 잃고, 구직에 연이어 실패한다. 부인이 일하던 레스토랑도 문을 닫는다. 간신히 구한 직장에서 고용주는 탈세로 그녀를 곤경에 빠뜨린다. 하지만 이들은 부인이 예전에 다니던 직장의 소유주의 도움으로 식당을 열고 새출발을 한다. 그 식당의 이름은 '노동(Työ)'. 이 상호에는 부부가 겪은 실직의 괴로움, 일을 되찾았다는 기쁨, 삶에 대한 감사의 마음이 넘실댄다. 레스토랑의 이름은 그 자체로 세상에 던지는 실직자 부부의 유머인 것이다. 한편, 비로소 영업을 시작하는 날. 모두 긴장한 채, 감격한 채 도열해 있지만 아무도 찾아오지 않는다. 또 실패인가? 그때 택시 한 대가 도착한다. 손님이다. 또 한 사람이

〈황혼의 빛〉 가운데, 코이스티넨과 여자의 맞잡은 두 손.(출처: ㈜스폰지이엔티)

온다. 곧 식당이 꽉 찬다. 마지막으로, 헬싱키 노동자 레슬링팀 서른 명이 예약을 해온다. 육체노동을 하는 레슬러들이 근육을 씰룩거리며 활기차게 밥을 먹는 '노동'이라는 식당. 좌절한 자들의 밝은 미래를 이보다 더 유머러스하게 그려 낼 수 있을까?

〈황혼의 빛〉의 주인공 코이스티넨은 야간 경비 업체에서 일한다. 그는 동료들에게 따돌림을 받고, 상사들에게는 무시를 당한다. 그가 순찰하는 건물에 보석 가게가 있는데, 그것을 노린 폭력배들이 계략을 쓴다. 속임수에 걸려든 그는 보석을 훔쳤다는 누명을 쓴 채 투옥되고, 형기를 채운 뒤 출옥한다. 이후 폭력배 집단의 두목에게 복수를 하러 덤벼들지만, 경호원들에게 죽을 만큼 맞고 항구 공터에 버려진다. 코이스티넨이 폭력의 대상이 될 때마다 (무력한 수호천사처럼) 그의 옆에 머물던 흑인 소년이 코이스티넨을 좋아하는 여자에게 이 사실을 알린다. 그녀가 달려와 보니, 저 어리석고 못난 남자는 깊은 상처를 입고 죽어가고 있다. 그들은 다음과 같은 (카우리스마키 특유의) 썰렁한 대화를 나눈다.

여자: 가서 도움을 요청할게요.

남자: 여기 있어 줘요.

여자: 죽지 말아요.

남자: (입에서 피를 흘리며) 여기서 죽지는 않을 거예요.

　　코이스티넨과 여자의 두 손이 포개져 있는 모습을 비추며 영화는 그렇게 끝난다. 그가 결국 숨을 거둘지 아니면 다시 살아날지 관객은 알지 못한다. 하지만 그의 생사와 무관하게, 저 맞잡은 두 손의 마지막 이미지는 강력한 메시지를 전달하고 있다. 즉, 아무리 두들겨 맞았어도, 아무리 배신을 당해도, 아무리 고독하고, 아무리 멸시받아도, 그는 여기서 죽지는 않을 것이다("여기서"라는 단서가 저 비장한 마지막 대사를 유머러스하게 만들고 있다). 심지어 죽는다 해도 '여기서는' 죽지 않을 것이다. 죽음보다 더 강력한 무언가가 죽어 가는 저 남자 속에서 꿈틀거리며 살아 있다. 죽음은 '여기서는' 그것을 파괴할 수 없다.

　　2002년에 칸에서 그랑프리를 차지한 〈과거가 없는 남자〉는 불의의 사고로 기억을 잃은 사내의 이야기다. 영화는 한 중년 남성이 밤기차에서 내려, 공원 벤치에 앉아 졸다가, 불량배들에게 폭행을 당하는 장면으로 시작한다. 그는 병원으로 이송되었지만, 모든 생체 신호를 알리는 그래프들이 멎는다. 숨진 것이다. 그런데 갑자기 얼굴과 온몸에 미라처럼 붕대를 감은 채 남자가 악몽에서 깨어나듯 벌떡 일어난다. 기적처럼 다시 살아나, 부러진 코뼈를 스스로 우두둑 맞추고 병원을 나온다.

　　장면이 바뀌어, 그는 어느 부둣가에 쓰러져 있다. 헬싱키 빈민들이 모여 사는 공동체다. 기억을 잃어 자신의 과거를 기억하지 못한 채, 그는 이웃들의 도움으로 컨테이너를 하나 양도받아 삶을 회

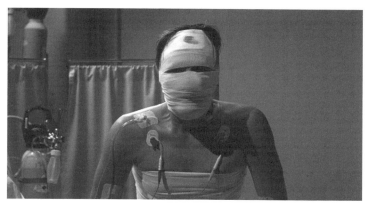

〈과거가 없는 남자〉 가운데, 부활한 남자.(출처: 영화랑)

복해 간다. 허름한 텃밭에 감자도 기르고 뮤직박스를 주워 와 음악도 듣는다. 그리고 마침내 사랑이 시작된다. 금요일 저녁에 밥차를 끌고 오는 구세군에서 일하는 이르마를 만난 것이다. 기숙사에서 고독하게 살던 이르마는 과거를 상실한 남자에게 마음을 연다. 이들의 연애는 건조하고 서툴지만 말할 수 없이 애틋하다. 남자가 기억을 되찾아 원래 자신이 있던 지역으로 되돌아가지만 결국 과거를 정리하고, 이르마에게 돌아온다.

선은 왜 세상에서 사라지지 않는가?

브르통과 프로이트가 언급하는 사형수들, 채플린의 '떠돌이 찰리', 카우리스마키의 인물들은 '만화적인' 무언가를 공유하고 있다. 그것은 불굴의 기계적 생명성이다. 가령, 슬라보예 지젝은 애니메이션 〈톰과 제리〉에서 흥미로운 현상을 관찰한다. 고양이 톰이 "칼에 찔리거나 다이너마이트가 그의 주머니에서 터지고 증기 롤러에 치여 몸이 리본처럼 납작하게" 된 후에도 다시 정상적인 몸으로 나타난다는 것이다. 톰은 "파괴될 수 없는 또 하나의 신체를 소유하고 있는" 듯이 행동한다. 이런 특성은 죽어도 또 살아나는 전자오락 게임의 캐릭터들에게서도 관찰된다.*

　이들이 보여 주는 것은 무엇인가? 그것은 아무리 죽여도 죽지 않는 것, 죽일 수 없는 것, 파괴할 수 없는 것, 손상시키거나 굴복시킬 수 없는 것. 비인간적이고 맹목적인 생명의 충동. 인간-너머의, 목숨-너머의 생명성이다. 언데드(undead). 20세기 정신분석학은 인간 정신에 내재하는 이 괴물적 힘을 '죽음 충동'이라는 용어로 개념화했다. 우리가 흔히 잘못 이해하는 바와 달리, 정신분석학이 말하는 죽음 충동은 자살에의 의향, 죽고 싶다는 생각, 소멸을 향한 자연적 경향, 혹은 엔트로피 같은 것이 아니다. 죽음 충동은 죽음과 무관하다. 반대로 그것은 생명의 끈질기고 강렬한, 유기체가 결코 체험할 수도 없고, 인지할 수도 없는 '비-유기체적 생명성'을 지시하는 용어다. 주체를 무의식적으로 강박하여 불쾌하고 고통스러운 행위마저도 끝없이 반복하게 만드는 마성적 힘.** 바로 그런 의미에서 죽음 충동은 "생명이 항상 그 자신을 초과(exceed)하는 방식"이자 "살아 있으라는 순수한 압력"이라고 말해지는 것이다.***

　카우리스마키의 인물들이 머무는 영역이 바로 유머와 죽음 충동이 교차하는 기묘한 세계다. 앞서 언급한 것처럼, 저들은 불행에 타격을 입지 않는다. 두드려 맞고, 칼에 찔리고, 강도를 당해, 병원에 가도, 다시 살아난다. 본질적인 것은 손상되지 않는다. 실패,

---

* 슬라보예 지젝, 이수련 옮김, 『이데올로기라는 숭고한 대상』(인간사랑, 2002), 233쪽.
** 지크문트 프로이트, 윤희기·박찬부 옮김, 「쾌락 원칙을 넘어서」, 『정신분석학의 근본 개념』(열린책들, 2004), 275-283쪽.
*** Ola Sigurdson, "Slavoj Žižek, The Death Drive, and Zombies: A Theological Account", *Modern Theology* 29(3), 2013, p. 367.

박탈, 고통, 부당함에 늘 당하지만, 표정 변화도, 오열도, 탄원도, 원망도 없다. 징징대지도 않고 엄살을 떨지도 않는다. 날아오는 펀치를 흘려보내는 복서처럼, 사건들을 그냥 쿨하게 흘려보낸다. 불행을 느끼는 심적 기관 자체가 결여된 듯, 기죽지 않는다. 꼿꼿하게 헐벗고, 꼿꼿하게 박탈되고, 꼿꼿하게 패배하고, 꼿꼿하게 죽고, 꼿꼿하게 부활한다.

코엔 형제의 영화적 이념이 "그건 아무것도 아니야"로 집약될 수 있다면, 카우리스마키 시네마의 이념은 "인생은 영원히, 언제나, 처음부터 다시 시작하는 것이야"라고 말할 수 있다. 항상 다시 시작하는 것만이 우리에게 주어진 삶의 진정하고 유일한 리듬이다. 실업에 빠지면 다시 직장을 구하고, 헤어지면 다시 만나고, 빼앗기면 다시 획득하면 된다. 다치면 회복하고, 또 다치면 또 회복한다. 하지만, 도저히 다시 시작할 수 없을 정도로, 도저히 다시 회복할 수 없을 정도로, 도저히 다시 시작조차 할 수 없을 정도로 깊이 파괴되었을 때, 우리는 어떻게 해야 하는가? 랍비 마샥이 제퍼슨 에어플레인의 가사를 빌려 와 래리의 아들에게 물었듯이, "진실이 거짓으로 밝혀지고, 모든 희망이 사라져 버리면, 어떻게 해야 하는가?" 이 질문에 대해 카우리스마키의 영화는 놀라운 해답을 제공한다.

말하자면, 당신이 완전히 무너졌을 때, 그래서 다시 시작할 어떤 힘조차 없을 때, 바로 그때 타인들이 나타난다는 것. 누군가 나타난다. 그것이 우리가 사는 이 세상이다. 실제로, 그의 영화에서 누군가 다쳤을 때, 누군가 버려졌을 때, 누군가 곤경에 처했을 때, 누군가 아플 때, 어김없이 사람들이 나타난다. 누군가 비열하게 폭행을 당할 때, 사람들이 꾸역꾸역 나타나 폭력에 맞선다. 붕대를 감아 준다. 밥을 준다. 노래를 부른다. 손을 내민다. 악인들이 약자들을 파괴시킨다는 점에서 이 세상은 일종의 지옥이다. 하지만 불멸하는 생명의 힘이 약자들로 하여금 계속 삶을 다시 시작하게 한다는 점에서 이 세상은 '유머러스한' 지옥이기도 한다. 그런데 여기서 한 걸음 더 나가서, 그 유머러스한 지옥에는 언제나 선인(善人)들이 있다. 착한 사람들이, 그들이 도움을 주기 위해 뻗는 손들이 있다. 선(善)은 악(惡)의 발생을 막지는 못하지만, 악이 극단으로 흘러가는 것을 어느 지점에서 끊어 낸다. 중지시킨다. 그렇다고 지옥이 천국이 되는 것은 아니다. 세상에 왜 악이 존재하느냐라고 수많은 철학자들이(가령 G. W. L. 라이프니츠) 물었다. 하지만, 카우리스마키 영화는 그 질문을 뒤집는다. 세상은 늘 지옥인데, 왜 지금까지도 악은 완전한 승리를 거두지 못했는가? 왜 선은 이토록 완강하게 잔존하는가? 왜 착한 사람들은 계속해서 나타나는가? 선은 왜 세상에서 사라지지 않는가? 서리북

김홍중
본지 편집위원. 사회학자. 사회 이론과 문화사회학을 전공했으며, 현재 서울대 사회학과에서 가르친다. 최근 관심은 물성(物性), 인성(人性), 생명, 영성(靈性)의 얽힘과 배치이다. 지은 책으로 『은둔기계』, 『마음의 사회학』과 『사회학적 파상력』이 있다.

📖 웃음 현상을 자신의 생기론적 관점으로 풀어낸 고전.
희극에 관심이 있다면 반드시 읽어야 하는 필독서다.
앙리 베르그송의 다른 저서들과 마찬가지로 명료하고,
섬세하고, 심오하다.

"문제가 되는 것이 정신적인 것임에도 불구하고 우리의
관심을 한 사람의 육체로 향하게 하는 사건은 무엇이나 다
희극적이다." — 책 속에서

『웃음』
앙리 베르그송 지음
정연복 옮김
문학과지성사, 2021

📖 여기에 실린 「역사의 개념에 대하여」는 발터 벤야민이
남긴 최후의 텍스트이다. 그의 혁명적 역사 철학이 단상의
형태로 집결되어 있다. 역사의 생명력이 자리 잡은
장소로서의 민중의 삶에 대한 그의 사랑과 믿음을 느낄 수
있다. 슬프면서 동시에 유머러스한 억압받는 자들의 삶.
이런 글이 가능한 것은 벤야민 자신의 인생이 민중의 삶처럼
헐벗었기 때문이다. 글이 곧 글쓴이의 존재라는 사실을
깨우치는 그런 텍스트 중 하나다.

"역사적 인식의 주체는 투쟁하는, 억압받는 계급 자신이다."
— 책 속에서

『역사의 개념에 대하여/
폭력비판을 위하여/
초현실주의 외』
발터 벤야민 지음
최성만 옮김
도서출판 길, 2008

공원과 습지:
대구를 기록하는 여성 창작자들의 생태문화운동

전가경

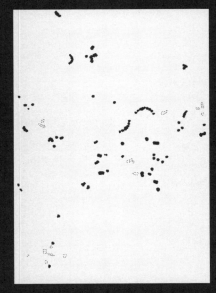

왼쪽부터 도시공원 기록 활동이 「또렷한 걸음으로, 헤메느라 금호강 디디단의 끌현 반상회」. (출처: 이중; 생명평화아시아)

대구라는 도시

나는 서울에서 태어났다. 그리고 지금은 대구 시민이다. 유년 시절
독일, 오스트리아, 스위스 등 독일어권 유럽에서 보낸 10여 년을
제외하고는 서울에서만 살았던 전형적인 '서울 촌사람'이었다.
그래서 여행지로서의 서울 외곽이 아닌 이상, 다른 지역에는 전혀
관심도 없었던 데다가 서울이 곧 대한민국이라는 등식을 곧이
수용했다. 도시사회학자 사스키아 사센의 지적처럼 서울이라는
대도시가 동질성을 느끼는 대상은 남한의 다른 도시가 아닌,
도쿄나 뉴욕 혹은 파리였고, 나 또한 그런 인식의 수준에 머물러
있었다. 그런 나에게 대구로의 이주는 인생의 전환점이었다.
대구라는 회전문을 열고 들어가기 전까지는 문 너머 어떤 광경이
펼쳐질지 전혀 몰랐다.

　　　전형적인 서울 중심적 인간이었던 만큼 대구에 대해서는
무지했지만, 다른 한편으로 대구에 대한 편견도 없었다.
그러나 대구를 포함해 비서울권이 겪는 차별과 편견의 정체를
깨닫기까지는 오랜 시간이 걸리지 않았다. 이곳 대구 사람들과
오가는 대화에서 우연히 접하게 되는 지역민들의 패배주의와
박탈감 및 서울에 대한 선망과 부러움, 서울과 수도권에 한정된
자본 권력과 그로 인한 문화 패권, 서울에 집중된 미디어로
대변되는 수도권 지역의 과대표성 등…… 오래전 유럽 소도시의
삶을 경험했던 나로서는 인구 230만 명에 서울에서 고속철로 두
시간 안에 도달할 수 있는 도시가 이런 격차를 겪는다는 사실을
이해하기 어려웠다. 게다가 종종 온·오프라인 공간에서 마주치는
대구에 대한 혐오 발언도 30대 중반 성인이 되어서야 깨달은
어두운 현실이었다. '고담 도시'*라는 호명에서부터 정치적

* 고담 도시(Gotham City)는 만화 『배트맨』에 등장하는 가상 도시로서 사건·사고가 빈

대구 달성공원. (사진: 장혜진)

보수로만 상징되는 대구 관련 담론은 특정 지역의 이미지를 고착화할 뿐만 아니라 내가 이곳에서 만난 젊고 열린 창작자들을 소외시키는 언어 폭력이었다. 지역 정치인들과 행정의 구태가 지역민들과 도시 이미지의 손상을 정당화할 수는 없었다. 이 부조리함을 깨닫고, 10년 차 대구 시민이 되어 갈 즈음, 이곳에서 전개되는 느슨한 흐름의 유의미한 활동을 발견하게 되었다. 이어지는 글은 이에 대한 구체적인 예시로서, 도시공원 기록 활동의 『또렷한 걸음으로, 헤매는』(이층, 2024)과 금호강 디디다(강정원, 김민주, 서민기, 안지경, 이지수)의 『팔현 반상회』(생명평화아시아, 2023)를 소개한다.

『또렷한 걸음으로, 헤매는』

대구에는 대구의 도시공원을 기록하는 창작자들이 있다. 이제는 폐점했지만, 작년까지 대구에서 '책방이층'을 운영했던 최윤경 기획자는 대구에 소재한 달성공원을 우연히 방문한 후, '공원의 현재'를 남기고 싶다고 생각하게 되었다. 막연한 바람은 2022년 숲과나눔 시민아이디어 지원사업 풀씨로 구체화됨으로써 달성공원은 '공원의 미래'라는 제목의 전시와 책으로 기록되었다. 이후 대구에서 사진책 전문 서점 낮온리북스를 운영하는 사진가 장혜진이 공동 기획자로 합류하며 활동은 2기로 접어들었고, 이들은 다시 한번 전시와 책자로 결과물을 공유했다. 이름하여 '또렷한 걸음으로, 헤매는'.

　　　프로젝트는 약간의 부피를 키움으로써 대구의 도시공원에 대한 시야를 확장했다. 각기 다른 장르의 여성 창작자

번한 어둠의 이미지로 묘사된다. 1990년대 중반 이후 대구에 상인동 가스 폭발 사고, 대구 지하철 참사 등이 일어나면서 대구에는 '고담 도시'라는 오명이 따라다니게 되었다. 어느 한 인터넷 커뮤니티에서 촉발된 것으로 추정한다.

5인 — 근하(만화), 김민지(도예), 김정애(글), 안수현(회화) 그리고 장혜진(사진) 작가 — 은 공동 워크숍을 통해 각자 맡은 도시공원에 대한 관찰과 기록을 이어 나가 작품으로 귀결시켰다. 그 과정에서 대구의 다섯 공원인 달성공원, 율하체육공원, 달성습지, 화랑공원 그리고 함지근린공원을 전시와 책으로 선보였다.

전시 도록이자 독립된 단행본으로서도 읽히는 『또렷한 걸음으로, 헤매는』 책자를 열면 이들의 서정적이고도 섬세한 목소리와 몸짓이 아련히 들리고 보이는 듯하다. 대구 기반 그래픽 디자이너 이신혜가 디자인한 책자는 별다른 장 구분 없이 다섯 명의 여성 창작자들의 작품과 이야기를 물 흐르듯 배치했다. 사진에서 회화, 회화에서 공예, 공예에서 만화, 만화에서 글로 유연하게 이어지는 릴레이 속에서 전시 전경 사진과 작품의 디테일 컷이 교차하며 등장하고, 이는 공원을 거니는 산책자의 거리감과도 같다. 그렇게 다섯 번의 배턴 터치를 지나면 2막을 암시하는 듯한 — 발자국으로 해석할 만한 — 지면이 나오면서 비로소 작품에 관여한 창작자들의 모습이 인터뷰와 함께 전면에 드러난다. "제가 속도에 지쳐 있었던 것 같아요. 세상이 너무 빠르게 돌아가니까 그 속도를 따라가기가 버거웠어요. 공원은 대부분 차가 진입하지 못하고 나무도 많고 새소리도 들을 수 있다는 점에서 도심에 있어도 시간이 천천히, 하지만 멈춰 있는 것 같은 각 개체가 각자의 속도로 성실하게 움직이고 변하고 있더라고요."(『또렷한 걸음으로, 헤매는』, 149쪽) 글로 참여한 김정애 작가의 말이다. 유연한 흐름의 편집과 디자인은 이 기록 활동이 서로 간의 구별 없는 공동의 모색이자 연대의 소산임을 암시한다.

책을 함께 만든 아홉 명('커피는 책이랑'의 책방지기이자 바리스타인 김인숙도 한 편의 글로 참여했다)의 여성 창작자의 모습이 도시공원과

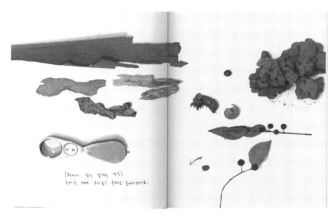

닮았다는 인상을 받는다. 반딧불처럼 조용하지만, 묵묵히
자신의 자리를 지키고 있기. 토건과 건설이 여전히 도시 개발의
이데올로기로 작동하는 와중에 그에 반하는 언어를 제시하기.
무엇보다 이들이 도시공원을 기록하고 재현하는 방식에서 취한
태도는 청취와 공감 그리고 관조였다. 인류학자 팀 잉골드가 말하는
'조응'의 감각을 얼핏 엿볼 수 있었다고나 할까.

『팔현 반상회』

동화를 연상시키는 그림이 찍힌 표지. 수리부엉이가 다정하게
얼굴을 맞대고 있고, 하식애(河蝕崖)가 흐뭇하게 웃고 있다. 수달이
헤엄치고, 오리가 그런 수달을 쳐다본다. 유년 시절 우화가
생각난다. 그림 밑으로는 '그림대본집', 그 아래로는 반듯한 인상의
산돌 정체로 제목 '팔현 반상회'가 인쇄되어 있다.

이 책은 예술 분야에서 활동하는 다섯 명의 여성 창작인인
감정원(영화), 김민주(미술), 서민기(음악), 안지경(디자인) 그리고
이지수(연극)가 결성한 금호강 디디다와 대구 시민 단체이자
출판사인 생명평화아시아가 함께 만든 책이다. 2023년 5월,
한국예술인복지재단 예술로 사업을 시작으로 결성된 금호강
디디다는 대구의 상징 중 하나인 금호강의 난개발을 저지하는
활동을 이어 왔다. 『팔현 반상회』는 책자로 귀결된 이들의 활동
중 하나이다. 대본집인 만큼 책자에는 화자가 등장하는데, 그들은
비인간 존재로서의 생명들이다. 왜가리, 하식애, 왕버들군락,
얼룩새코미꾸리, 청둥오리, 아빠 수달, 민물가마우지, 아기 고라니,
수리부엉이 남편과 아내, 바람 등 총 스무 종의 생명이 등장해
'반상회'를 연다. 목적은 대구 팔현습지의 난개발을 막기 위해서다.
책장을 넘기면 앙증맞은 그림과 함께 팔현 식구들이 소개되고,

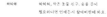

『팔현』 반상희의 내지. (출처: 생명평화아시아)

이후 책의 본문인 '반상회'가 이어진다. 1장 '팔현에 누가 사냐면',
2장 '새로운 가족', 3장 '장마 대비 안전 수칙', 4장 '바람 우체부',
5장 '생태계교란종' 그리고 6장 '공사로 구성된 반상회'에서 '팔현
식구들'은 서로의 안부를 나누며 장마 대책을 세우는가 하면,
그간의 처지와 사정을 공유하고, 앞으로 있을 공사를 우려한다.
사이사이 등장하는 삽화가 팔현 식구들의 '기쁨과 슬픔'을
형상화한다. 대본의 마지막 장면은 우리가 여전히 볼 수 있거나,
지켜야 하거나, 혹은 그저 희망 사항일 수도 있는 팔현습지의
아름다운 석양이다.

　　팔현습지는 대구의 숨겨진 보석 혹은 허파이다. 금호강
줄기를 따라 '호텔 인터불고 대구' 남단에서부터 이어지는
이 습지는 지도에도 표기되지 않을 만큼 '방치된' 곳이었다. 그런
만큼 그간의 도시 개발에서 은신할 수 있었고, 이는 팔현습지가
야생동물에게 최적의 서식지가 될 수 있는 조건이 되었다. 그러나
낙동강유역환경청은 2025년까지 팔현습지를 포함한 금호강 일부
일대를 개발한다는 계획을 발표한다. 이미 열세 종의 법정 보호종
야생동물이 살고 있는 이곳에 자전거 다리를 놓는 사업이다. 금호강
디디다가 만든 '그림대본집'은 이 사업에 책자로 저항한다.

　　의인화된 생명들이 나와 대책 회의를 하는 내용의 이 책이
지닌 특이점은 '대본집'으로서의 성격이다. 기획자들은 '책의
쓰임'이라는 대목에서 이 책이 가면극, 인형극, 입체낭독극, 연극
그리고 무용극 등 다양한 극의 형태로 널리 활용되기를 당부했다.
실제 책이 발행된 후 전주, 영천, 칠곡 등지에서 낭독회가 이어지고
있는가 하면, 아이들이 직접 팔현습지의 식구들이 되어 보는
어린이 대상 역할극 행사도 열렸다. 의인화된 생명들이 내뱉는
말들을 인간들이 읊조린다. 한 손에 들어오는 이 대본집은 그렇게

지난해 9월 16일, 팔현숨터에서 청소년예술행동 '금호강 디디다'의
『팔현 반상회』낭독회가 열렸다 (사진: 장혜진)

한 사람에게서 다른 한 사람으로 이어지고 확장됨으로써, 대구
시민조차도 잘 알지 못했던 팔현습지의 '현재'를 전국에 전파한다.
복제물로서의 책은 금호강 디디다의 운동을 평화로운 말의
연대로 구축해 나간다. 이렇듯 일차적 형태는 희곡집이지만,
경우에 따라서는 장문의 선언문이자 누구나 참여할 수 있는
대본이기도 한『팔현 반상회』는 '수행하는 책(performative
book)'으로서의 매력 또한 갖추고 있는 셈이다.

여성주의 연대와 생태 그리고 도시

팔현습지에 처음 간 날을 기억한다. 한 걸음 내딛는 순간 익숙지
않은 경험에 잠시 놀랐다. 언제나 아스팔트만 밟았던 탓에 땅은
항상 딱딱하다고 편협하게 지각했던 탓일까. 그토록 푹신푹신한
땅은 처음이었다. 흙과 강물 그 사이에 형성된 습지의 기운을
처음 맛보았다. 땅의 푹신함은 이내 따스함으로 전이되어 나의
몸속으로 전달되었다. 참 포근했다.

지난해 10월 22일, 팔현습지 왕버들나무숲에서 진행된 '10월이 피크닉 우리의 팔현' 프로그램 현장 (사진: 장혜진)

대구는 현재 전국에서 미분양 주택 수가 가장 많아 '미분양의 무덤'이라 불리는 불명예를 안고 있다. 제대로 지어지고 있는지 묻고 싶을 만큼 올라가는 속도가 아찔하다. 오래전 대구에 놀러 온 지인이 말했다. "서울만큼 고층 빌딩이 없어서 동네가 아늑하고 좋다. 그리고 가로수가 많다." 알고 보니 불볕더위에 일찍 노출되었던 대구는 나름 자구책으로 도로변에 가로수를 많이 심었고, 이 가로수가 외지인의 시선에서 이제는 이색적인 풍경으로 보였던 것 같다. 게다가 나에게는 저층이 많은 대구의 다소 예스러운 모습이 오히려 유년 시절 유럽 소도시에서의 쾌적한 삶을 지속적으로 상기시켜서 좋았던 것도 사실이다. 그런데 대구시는 도시가 갖는 장점을 잘 모르는지, 혹은 서울을 계속 닮아 가려는 것인지, 휘황찬란한 광채를 내뿜는 고층 아파트 단지 건설을 여기저기 허가했고, 그 결과 도시는 난개발로 허덕인다. 절망스러운 것은 기후위기 시대임이 자명함에도 도시는 성장주의 정책에만 몰두하고 있다는 사실이다.

그럼에도 나는 이 두 권의 책과 이 책을 만들어 낸 여성 창작자들의 연대에서 가능성을 본다. 아니 그것은 가능성이기보다는 우리가 앞으로 가야 할 길이다. 오늘날 지역은 인구 소멸이라는 주제의 단골 메뉴가 되어 버렸고, 그래서 또 하나의 패배감을 떠안고 있지만, 오히려 그렇기에 반전의 가능성이 있다고도 믿는다. 체제 전환을 할 수 있는 역발상의 기회는 이미 촘촘한 자본주의 제국이 되어 버린 서울보다 지역에 있다고 믿고 싶은 심보다. "지역에 기반을 둔 생태문화운동은 개별적인 윤리적 소비 운동의 차원을 넘어 제국주의적인 생활양식을 생태친화적인 탈성장-코뮌주의 생활양식으로 전환하는 과정"*이라는 설명처럼 복수의 목소리로 성장주의 도시화의 이면을 기록하고, 오늘의 도시 생태계와 개발을 되묻는 도시공원 기록 활동과 금호강 디디다의 여성주의적 연대는 중소 도시의 생태주의적 전환을 위한 한 줄기 빛이 될 수 있지 않을까. 새로운 조명 아래 선 대구는 이전과는 전혀 다른 표정을 지을 것이다. 그 곁에서 책은 운동의 언어이자 확성기로서 함께하리라.

서리북

---

* 이원재, 「지역의 재구성과 새로운 문화운동」, 《문화과학》 112, 2022, 102쪽.

전가경
디자인 저술가이자 사진책 출판사 사월의눈 대표. 서울에서 태어나 올해로 11년째 대구에 살고 있다. 그래픽 디자인에 대해 글을 쓰고, 강의하며, 사진책을 기획/편집한다.

또 다른 북페어는 가능할까?: 군산북페어가 출범한다

김광철

'군산북페어 2024' 공식 포스터. 근대 도시의 모태가 된 블록형 도시 구조, 항구 도시를 상징하는 물결 패턴이 파동을 일으키는 형상이다.(출처: 군산북페어 제공, 디자인: 프로토도아)

지난 6월 26일부터 5일간 코엑스에서 열린 서울국제도서전에 책마을(독립출판·아트북) 부스로 참여한 입장에서도 도서전의 역대급 흥행은 인상적인 바가 있었다. 주말 초입, 입장을 위한 대기 줄에 모여든 엄청난 인파는 도서전 입구인 3층 난간에서 더욱 뚜렷하게 보였는데, 누구라도 이 장면에서 모종의 시각적 충격을 느꼈으리라. 엑스(X, 구 트위터) 등 SNS를 통해 쏟아진 반응이 있었고 이후 이를 해석하는 출판계의 분석이 따르겠지만, 나는 출판사와 서점, 작가와 창작자, 책 애호가와 문화 얼리 어답터들이 한날한시에 모이는 도서전이란 이벤트의 잠재력이 발현된 온라인 시대의 역설이라고 보는 입장이다.

  "온라인에서 다 살 수 있는데, 이해가 안 간다"는 견해는 그다지 설득적이지 않다. 수백 개의 도서전 참가사들이 오프라인으로 제공하는 압도적 도서 라인업은 온라인에서는 상상하기 어렵다. 이곳은 또한 사는 사람과 파는 사람이 만나는 물리적인 공간이며 작가·창작자들과 교류가 이뤄지는 장소다. 주최 측이 몇 해 전부터 '책마을'이라는 이름으로 한국 독립출판의 성과를 흡수해 도서전의 주요 섹션으로 삼은 것, 여기에 '언리미티드 에디션—서울아트북페어'(이하 언리밋)*를 주최하는 서점 유어마인드가 참여한 것도 예사롭게 보이지 않았다. 기성 출판업계의 도서전이라는 상대적 식상함을 보완하고 새로운 것을 갈구하는 젊은 독자를 능동적으로 끌어들이기 위한 행보로 해석할 수 있는데, 실제로 독립 부스로 꾸며진 정규 섹션과 달리 180센티미터 테이블 80여 개를 나란히

---

* 언리밋은 2009년 홍대 앞 두성종이 갤러리에서 20개의 참가팀으로 시작해 국내외 200여 개 팀, 2만여 명의 관람객을 동원하는 북페어로 성장했다. 2017년 9회 이후 매해 늦가을 서울시립 북서울미술관에서 개최한다.

지난 6월 29일 토요일, 서울국제도서전에 입장하기 위해 줄을 선 관객들. (출처: 미디어버스 제공)

서울국제도서전 책마을 섹션. (출처: 미디어버스 제공)

늘어놓은 책마을은 다루는 도서의 성격만큼이나 한눈에 보기에도 개방적이고 자유분방했다.

　　오늘날 북페어는 진입 장벽이 낮은 대표적인 문화 행사처럼 여겨진다. 지방자치단체(이하 지자체)가 주최하는 북페어가 하루가 멀다 하고 생기고 있는 한편, 기왕의 '독서대전' 같은 관 주도 이벤트와 공공 도서관발(發) 책 잔치류의 행사가 넘치도록 열린다. 한국에서 북페어는 100개가 넘는다는 영화제만큼이나 편재적인 이벤트로 확장되고 있지만, 서로 간 차별화가 덜 된 채 과도기에 엉거주춤 서 있는 형국이다. 이제 북페어는 개최하는 것 자체보다 어떤 개념을 바탕으로 열어야 하는가가 관건인 단계에 와 있다.

　　8월 31일 전북 군산에서 론칭하는 '군산북페어' 디렉터로서 나는 이 북페어의 토대가 되는 몇 가지 논점을 거론하면서 왜 이 시점에 이러한 북페어가 필요했는지 말하고 싶다. 군산북페어의 당위만을 주장하려는 것이 아니라, 한국에서 북페어가 가져야 할 지향을 공론화하고 관련 대화를 촉진하는 기회가 되기를 바라는 마음이다.

하나, 전국적인 로컬

군산북페어는 26만 인구의 지방도시에서 열리는, 외견상 로컬 북페어 중 하나이지만 전국 지향의 북페어, 다시 말해 문화적 차원에서 대한민국 전체를 대상으로 하는 북페어를 목표로 한다. 이는 바로 지금 치열하게 논의·탐구되어야 할 과제 같은 것을 북페어의 주요 어젠다로 삼는다는 뜻이다. 군산북페어의 내적 동기에 속하는 이런 성격은 지역 주민들의 독서 체험과 작가 초청 행사 위주로 운영되는 종래의 로컬 북페어와는 상당히 다른 스탠스다.

'전국적인 로컬' 북페어라는 과제는 사실상 군산북페어의 모든 국면에 작용하는데, 참여자(exhibitor) 선정부터 전시, 토크, 출판, 행사 등 실상 북페어 전체의 의사결정에 영향을 준다. 가령, 참여자를 선정할 때 가장 중요한 기준 중 하나는 '규모와 상관없이' 한국 출판에서 '새로운 면모'를 보여 주는 팀인가 하는 것이었고, 이에 따라 소규모지만 창의적인 출판사 및 책방과 함께 일반 북페어에서 보기 드문 유형의 팀들을 초청할 수 있었다. 예를 들면, 자신의 건축 실천을 독자적인 출판 형식에 담아 기록하는 건축사사무소 에스오에이(SoA), 한국의 도시 문화를 대안적 시선으로 탐구하는 온라인 플랫폼 진짜공간, 일련의 출판 실천을 통해 영화 담론 형성을 도모하는 전주국제영화제 등이다. 출판 산업 안에 있지 않지만 출판을 무기로 삼아 활동하는 다양한 주체들을 끌어안으려는 이런 노력이 북페어 생태계에 새로운 시도로 받아들여진다면, 목표의 첫 단추는 꿰어진 것이라고 본다.

'전국'을 향한 또 다른 선택은 '전시'다. 북페어에서 전시는 출판의 다양한 쟁점과 흥미, 트렌드를 창의적 형식에 담아 발신하는 미디어이자 자신의 지향을 보여 주는 메시지다. 군산북페어는 세계 서점 문화의 일면을 다룬 오브젝트 전시, 책 구조와 비주얼 전략을 다루는 북디자인 전시, 한국 독립·예술출판의 연대기적 행로를 리뷰하는 도서 아카이빙 전시를 준비하고 있다. 우리나라 북페어들이 여러 이유로 보여 주지 못했던 이런 전시들이 북페어가 판매전을 넘어 선연한 영감을 선사하는 전국적인 문화 행사로 자리매김하는 데 일조하리라 기대한다.

둘, 커뮤니티로서의 북페어

지난 서울국제도서전 책마을에 참여했을 때, 다행히 첫날 옆 부스
관계자와 눈을 맞출 기회가 있었는데, 아쉽지만 단순한 인사였을
뿐 대화를 나눌 상황은 되지 않았다. 2009년 출범 이래 참여한
언리밋도 별반 다르지 않아, 때로는 옆 부스와 인사조차 못하고
행사 기간 내내 정신없이 책만 팔다 끝나는 경우가 태반이었다.
특별히 내가 사회성이 부족해서였을까? 북페어는 말 그대로
'박람회(fair)'이기 때문에 시장 기능이 두드러진다. 즉, 참가 경비를
상회하는 매출을 올려야 하는 셀러는 책을 파는 데 집중할 수밖에
없다. 주최 측도 여기에 온 신경을 쓰는 탓에 참여자 사이의
교류에 자원을 쓸 여력이 부족한 게 사실이고, 이것은 오늘날
북페어의 구조적 취약점 중 하나다.

　　북페어는 만남의 장소가 되어야 한다. 섬처럼 흩어져 있는
출판인, 서점인, 작가들이 '예외적으로' 한자리에 모이는 장소가
북페어이기 때문이다. 우리는 이곳에서 출판을 위한 기획
아이디어에 대해, 인쇄 제작의 효율성에 대해, 북디자이너와
일하는 방식에 대해, 책 유통의 몇 가지 전술에 대해 대화할
수 있다. 조금 더 사소하게는 반품을 적게 하는 요령과 가볍고
저렴한 본문 용지, 북토크를 위한 이상적인 음향 시설에 대한 스몰
토크 또한 가능하다. 작가와 책방은 말할 것도 없고, 출판사조차
소규모인 현실에서 관계자 사이의 교류는 실무 경험의 확장을
의미한다. 이런 식의 대화는 상호 의존과 학습으로 이어지는,
네트워킹으로 진화하기 위한 출발점이 될 수 있다. 군산북페어가
첫날 일정이 끝난 후 참여자 모두를 초청한 '책은 친구를
만든다'라는 행사를 계획한 까닭이다.

　　"페스티벌은 함께하고 배려하고, 나누고, 서로를 지지해 주는

지난 7월 6일부터 이틀간 열린 '전주책쾌'는 지자체와 지역 서점인들이 협업하는 형태의 독립출판 북페어이다. (출처: 전주책쾌 제공)

따뜻하고 안전한 공간이 되어야 하며, 새로운 목소리와 사고방식을
발견하고 배울 수 있는 자유로운 공간으로 여겨져야 한다."*
베를린 아트북페어 미스 리드(Miss Read)의 큐레이터였던 아티스트
모리츠 그륀케가 여행 경비를 충당하기 위해 판매에 몰두해야 하는
'북페어'에서 '페스티벌'로의 전환을 주창하면서 덧붙인 말이다.
교류에 방점을 둔 이 견해는 매출에 매몰되기 십상인 북페어의
새로운 면모를 암시한다는 점에서 귀담아들을 만하다.

셋, 아카이빙 기관으로서의 북페어

한국의 북페어에 관심을 갖고 지켜보다 보면 어느 지점에서 이들이
자신의 북페어에 출품된 중요 도서를 포함해 북페어의 정체성과
연관된 서적, 오브젝트를 아카이빙하는 데 여력이 없거나 관심이

---

* 모리츠 그륀케, 김수진 옮김, 『아트북 페스티벌의 미래』(더북소사이어티·오프투얼론,
2024).

크지 않다는 사실을 알게 된다. 도서에 그치는 것이 아니라 토크와
전시 등의 부대 행사에서 오간 공식 대화와 행사의 세부를 적절한
형식으로 기록·공개하는 일에서도 마찬가지다. 이를 주최자들이
무신경한 탓으로 돌리기에는 북페어 아카이빙의 무게와 부담이
너무 크다.

　　야심을 담아 말하면, 군산북페어는 장기적으로 아카이빙
기관으로서의 북페어, 역으로 말하면 아카이빙을 위한 북페어가
되고자 한다. 당면 목표는 1년 내내 누구나 열람할 수 있는 소규모
도서 아카이브를 운영하는 것이다. 아카이브는 단기 이벤트인
북페어를 보완하면서 북페어를 1년 내내 활성화 상태로 있게
하는 유용한 실천이 될 수 있다. 군산북페어에 온다면 2000년
이후 한국 독립·예술출판의 주요 성과물을 정리한 '열람실(Reading
Room)'을 방문함 직한데, 아카이빙 센터 역할을 겸하려는
군산북페어의 첫걸음으로 봐도 무방할 듯하다.

넷, 군산 책방들의 북페어

군산에서 활동하는 동네책방들의 총의로 조직된 군산북페어는
바로 그 점 때문에 한국의 여타 북페어와 성격이 조금 다르다.
군산의 동네책방, 전통적인 중형서점부터 시 전역에 흩어져 있는
조그만 독립서점까지 모두 아우르는 13개 책방은 이 지역에도
북페어가 필요하다는 것, 그것도 기존 북페어들과는 내용뿐만
아니라 감수성 측면에서도 다른, '새로운' 북페어를 열고 싶다는
데 의견을 모아 많은 회합과 논의, 역할에 따른 실무 과정을 거쳐
북페어 개최를 앞두고 있다. 책방 관계자 두어 명 사이에서 최초로
거론된 지 2년 여, 행사의 구체적 형태와 지향점을 논의한 지
1년여 만이다.

업계 대표 직능 단체가 조직하는 서울국제도서전과 '독서대전'류의 유형화된 공공 행사를 제외하고, 언리밋의 예에서 보는 것처럼 대체로 개별 셀러들이 주동한 북페어가 대세를 이루는 한국에서 군산의 사례는 '누가 북페어를 주최하는가'라는 문제의 중요성을 환기하는 측면이 있다고 생각한다. '주최'는 특정 문화적 지향을 드러내는 결정 인자인 동시에 북페어의 크고 작은 특성을 만들어 낸다. 한국의 북페어가 (싸잡아 말할 수는 없지만) 대체로 대중의 취향에 발맞추는 연성 행로를 보이는 연원도 '주최'의 문제와 무관하지 않다.

우리는 의사결정 과정의 일부 약점에도 불구하고 지역에 뿌리박은 작은 서점들의 순진한(?) 열정과 집단 지성이 한국에서 가장 도전적인 북페어를 만들어 낼 수 있다고 확신하고 있다. 문화 행사가 태부족한 이 지역에 새로운 북페어 출범을 위해 13개 동네책방 주인장들이 조직, 초청, 홍보, 협찬, 전시, 운영 등 역할을 나눠 헌신하는 이유다.

또 다른 북페어를 위하여

이 글의 초점은 군산북페어의 몇 가지 차별성 그 자체가 아니다. 출판 단체가 주최하는 서울국제도서전과 대표 아트북페어로 성장한 언리밋의 연혁 전체를 둘러싼 맥락 위에서, 그 외 주요 후발 주자들의 크고 작은 결실 위에서 군산북페어가 만들어지고 있다는 것이 중요하다. 군산북페어는 한국 북페어의 성과에도 불구하고 부족하다고 여겨지는 것들을 보완한, 참조적인 북페어가 되기 위해 노력하고 있다. 우리가 '북페어 생태계'라는 말을 쓰는 배경이다. 최근 지자체발 북페어가 우후죽순 생겨나고 있는 가운데, 전주책쾌와 같은 특별한 예외를 제외하고 유의미한

군산북페어가 열린 군산회관(구 군산시민문화회관).
(출처: 소통협력센터 군산 제공)

사례가 보고되지 않는 것은 한국 북페어 생태계에 대한 이해 부족,
그리고 이에 따른 맥락에 호응하는 목적 부재와 관련이 크다.

군산 책방들의 염원과 소통협력센터 군산, 군산시립도서관
등 지원 조직의 재정 지원 속에 국내 95개 팀, 해외 초청 5개
팀이 출전하는 군산북페어가 곧 열린다. 지난해 여름 북페어를
만들기로 책방들이 의기투합했을 때, 군산 시민의 추억의 장소인
군산회관으로 장소가 결정됐을 때, 근대 도시 군산의 역사와
지리를 은유한 공식 포스터가 나왔을 때, 뜨거웠던 참가 신청에
이어 난산 끝에 100개 팀의 리스트를 확정지었을 때, 여정의
고비를 하나하나 넘기면서 우리는 점점 확신했던 것 같다. 또 다른
북페어는 가능하다고. **서리북**

김광철
프로파간다 출판사 에디터 겸 대표. 2007년 이래 시각 문화 저널 《GRAPHIC》과 대중문화 단행본을
발행한다. 2021년 근거지를 군산으로 옮겨 '그래픽숍'이란 서점 겸 프로젝트 공간을 오픈했다. 군산
소재 13개 서점의 연합체인 군산책문화발전소 대표를 맡아 군산북페어 조직·운영에 힘쓰고 있다.

서울
리뷰 오브
북스

진실의 힘
세월호 기록팀

세월호,
다시 쓴
그날의 기록

『세월호, 다시 쓴 그날의 기록』
진실의 힘 세월호 기록팀 지음
진실의 힘, 2024

조각조각 꿰매진 '그날'의 슬픈 진실

홍성욱

2016년 3월, 진실의 힘 세월호 기록팀은 『세월호, 그날의 기록』
을 출간했다. 이 책은 10쇄 이상을 찍었을 정도로 당시 널리 읽혔
고, 세월호 참사에 대한 가장 객관적이고 세밀한 서술이라는 호평
을 받았다. 그리고 8년이 지나고, 세월호 참사로부터 10년이 지난
2024년 4월, 같은 기록팀이 『세월호, 다시 쓴 그날의 기록』을 출간
했다.

『세월호, 그날의 기록』과 『세월호, 다시 쓴 그날의 기록』*
진실의 힘은 국가 폭력에 희생된 고문 피해자와 간첩단 조작 사건
의 피해자들이 국가 보상금을 기부해서 만든 민권 운동 단체이다.
여러 시민운동가, 법률가, 회계사가 단체의 활동을 이끌고 있다.
국가 폭력을 고발하고 이에 저항해서 싸우는 조직이 '세월호 기록
팀'을 결성하여 세월호 참사를 세밀하게 분석해서 두 권의 책을 냈
다. 각각의 저자는 다르다. 『세월호』(2016)는 《한겨레》 기자 정은주,

---

* 이 글에서는 이 책들을 각각 『세월호』(2016), 『세월호』(2024)로 축약할 것이다.

변호사 박수빈, 진실의 힘 활동가 박다영, 작가 박현진, 이렇게 네 명이 집필했다. 당시까지 유가족이 입수한 재판 기록, 법정에 제출된 증거 등이 기초 자료가 됐다. 3테라바이트에 달하는 자료는 일반 시민이나 심지어 세월호 참사 연구자도 구하기 힘들었던 것으로, 책의 객관성과 신뢰성을 담보했다.

『세월호』(2024)는《뉴스타파》기자 김성수, 변호사 이정일과 조용환, 그리고 연구자 박상은과 전치형이 함께 집필했다. 조용환 변호사는『세월호』(2016)에도 기획과 감수 역할로 참여했고, 이번에는 필자로 집필을 담당했다. 김성수《뉴스타파》기자는 세월호 참사에 관해서 매우 상세한 보도를 지속해서 냈고, 이정일 변호사는 민주사회를 위한 변호사모임(민변) '세월호 참사 대응 TF' 팀장으로 활동하면서 세월호 참사를 조사·연구했다. 사회학자 박상은은 세월호 참사를 포함한 재난 관련 연구를 꾸준히 했으며, 과학기술학자 전치형은 세월호 참사 직후 '세월호 교실'이라는 학습 플랫폼을 제작하고, 이후 '세월호 선체조사위원회'(이하 선조위), '가습기 살균제 사건과 4·16 세월호 참사 특별조사위원회'(이하 사참위)에서 보고서 집필 위원으로 참여했다. 출간된 시점과 필진의 변화는 책의 논조를 바꾸었는데, 이에 대해서는 후술할 것이다.

『세월호』(2016)가 출간된 2016년 3월은 '4·16 세월호 참사 특별조사위원회'(2015년 1월 1일-2016년 9월 30일, 이하 특조위)가 활동하던 중이었다. 그런데 박근혜 정부의 비협조와 방해로 활동에 여러 제약을 받았던 특조위는 보고서를 내지 못하고 해산했다. 이후 2017년 3월에 세월호 선체가 인양되고 선조위가 결성되어 활동했다(2017년 3월 29일-2018년 8월 6일). 선조위는 새롭게 사실을 규명한 것도 많았지만, 침몰 원인에 대한 이견을 좁히지 못하고 '내인설'과

'열린안'*에 근거한 두 개의 보고서를 냈다. '제2 특조위'를 만들겠다는 공약과 함께 당선된 문재인 정부는 2017년 12월에 사참위를 발족했다. 사참위는 2018년 말에 활동을 시작해서 2022년 6월 10일까지 3년 6개월 동안 세월호 참사를 조사했다. 사참위는 외력설이 강하게 포함된 보고서를 냈다.

사참위는 일부 사안에 대해서는 검찰에 수사 의뢰를 했고, 2019년 11월에 대검 특별수사단이 꾸려져서 사참위의 의뢰 건과 유가족 고소·고발 건을 수사했다. 검찰은 해경 지휘부가 구조 책임을 다하지 못했다고 보아 이들을 재판에 넘겼지만, 기무사, 국정원, 청와대 의혹 등의 다른 건들은 모두 무혐의 처리했다. 2021년에는 사참위에서 수사 의뢰를 한 CCTV 데이터 조작, DVR 바꿔치기 등의 의혹을 조사하기 위한 특별검사팀이 꾸려져서 이 문제를 90일간 조사하고 조작이나 바꿔치기한 흔적을 찾지 못했다고 공표했다. 2023년 말에는 검찰이 고발한 해경 지휘부의 과실에 대해 대법원이 최종적으로 무죄를 선고했다. 퇴선 명령은 선장의 권한이고, 해경 지휘부는 당시 정보가 충분치 않은 상황에 비추어 최선을 다해 적절하게 조치했다는 법적 판단이었다.

유가족과 많은 시민은 기대를 걸었던 조사와 재판이 '고위층'의 책임을 묻는 데 실패했다는 상황에 절망했다. 잠수함 충돌설을 주장한 사람들은 정부의 공식 위원회가 잠수함의 실체를 밝히지 못하고 영원히 종료되었다는 사실에 절망했다. 잠수함 충돌설을 비판한 사람들은 선조위 보고서가 쪼개지고 사참위 활동 대부분이 존재하지도 않는 잠수함의 의혹을 입증하기 위한 것이었다는 사실에 절망했다. 뒤집힌 배를 보면서 발을 동동 굴렀던 게 엊그제

---

* 여기서 열린안은 외력설, 혹은 잠수함 충돌설과 다르지 않다.

인 양 선명한데, 10년 가까운 조사를 통해 이런 절망과 슬픔, 당혹감이 해소되기는커녕, 더 짙어졌다. 세월호 참사에 대한 하나의 서사는 만들어지지 않았고, 그런 의미에서 우리는 아직 진실을 건져 올리지 못했다.

　　고대 그리스 신화에 따르면 제우스가 판도라에게 상자를 하나 주었는데, 판도라가 그 상자를 열자 거기서 절망, 괴로움, 질투, 증오 같은 인간의 사악한 감정들과 온갖 재앙이 튀어나왔다. 자신의 실수를 뉘우치면서 울고 있던 판도라에게 상자 바닥에 있던 것이 자기도 내보내 달라고 상자를 두드렸는데, 그것은 바로 희망이었다. 절망과 좌절이 우리를 쉽게 죽이지 못하는 이유는 그 끝에 희망이 있다고 믿기 때문이다. 꽃다운 고등학생 250명을 포함해서 304명을 수장한 세월호 참사의 어디에 희망이 있을까? 세월호 참사를 누구보다 더 깊게 들여다본 『세월호』(2024)의 집필진들의 절망은 훨씬 컸을 것이다. 그런데 이들은 희망이라는 단어를 꺼내면서 절망적인 '그날의 기록'을 시작한다.

> 희망. 이 책에 기록한 4월 16일 그날의 일을 처음부터 끝까지 읽어나가는 동안 희망이라는 말을 떠올리는 것은 불가능에 가깝다. 그날 우리는 모든 것에 실패했고 바다까지 가라앉았다. 이것은 우리가 상상할 수 있는 수준을 훨씬 넘는, 가장 절망적인 하루의 기록이다.(11쪽)

　　이제 이 절망의 '그날'에 대한 복기를 따라가 보자. 그 바닥에서 가느다란 희망의 목소리를 발견할 수 있을지.

구조적인 취약성

우선 두 책의 구조를 비교해 보자. 『세월호』(2016)와 『세월호』(2024)

는 각각 서문과 다섯 개의 부로 구성되어 있다. 그 목차는 아래와
같다.

	『세월호』(2016)	『세월호』(2024)
	서문	서문
1부	그날, 101분의 기록	그날, 101분의 기록
2부	왜 못 구했나	"대한민국에서 제일 위험한 배", 어떻게 태어났나
3부	왜 침몰했나	왜 침몰했나
4부	"대한민국에서 제일 위험한 배", 어떻게 태어났나	왜 못 구했나
5부	구할 수 있었다	다시 그날로 돌아가서
부록	• TRS 녹취록을 둘러싼 의문(2부) • 해경의 거짓말(2부) • AIS 항적도를 둘러싼 의문(3부) • 국정원, 끝나지 않은 의문(4부)	• 먹이사슬(2부) • AIS 항적을 둘러싼 의혹과 해소 과정(3부) • 세월호 CCTV를 둘러싼 의혹과 해소 과정(3부)

　　1부는 전날 저녁 인천항에서 출항한 세월호가 2014년 4월 16일
아침 8시 49분에 갑자기 크게 기울어진 뒤 10시 30분에 완전히 침
몰할 때까지 101분을 다큐멘터리 형식으로 기록한 것으로 두 책의
서술에 큰 차이가 없다. 가장 큰 차이는 『세월호』(2016)의 2부 "왜
못 구했나"가 『세월호』(2024)에서는 4부로 가고, 4부 "'대한민국
에서 제일 위험한 배', 어떻게 태어났나"가 2부로 갔다는 것이다.
즉 2부와 4부가 맞바꾸어졌다. 재난을 연구하는 사회과학자나 과

학기술학 연구자는 재난이 발생하기 전에 '잠복기', '잠재적 조건 (latent condition)', '구조적인 취약성'이 누적된다고 보는데, 『세월호』 (2024)는 이런 관점을 채택하고 있다. 세월호 참사는 2014년 4월 16일 아침에 발생했지만, 그 이전에 취약성이 계속 누적되는 잠복기가 있었다는 것이다. 재난에 대해 사회과학적 틀을 적용하고 나니, 세월호의 4월 16일 이전의 전사(前史)를 다룬 내용이 중요해졌다.*

2부는 청해진 해운이 2013년에 인천-제주 항로를 독점하기 위해 일본에서 나미노우에호를 매입한 시점에서 시작한다. 나미노우에호는 18년이 됐지만 일본에서 잘 운항하던 배였다. 그런데 매입 이후에 무리하게 증개축을 했다. 선미가 4층이었는데, 마지막 층의 천장이 높아서 이를 좀 더 올린 뒤에 두 개의 층으로 나누었다. 그리고 컨테이너 화물을 더 싣기 위해 우현 램프를 철거했다. 전시장을 만든다고 증축한 공간에 대리석을 깔았다. 이런 증선은 접대와 뇌물의 힘으로 인가를 받았다. 그 과정에서 도면이 승인되지도 않은 채로 인가를 받고, 가장 중요한 경사 시험은 미탑재물이 많은 상태에서, 액체류 무게에 대한 검증도 없이 이루어졌다. 이렇게 엉터리로 이루어진 경사 시험의 결과도 참담했다. 세월호는 원래보다 승객이 좀 더 늘어났지만, 화물이 2,437톤에서 오히려 1,077톤으로 확 줄었고, 대신 배의 균형을 잡는 평형수가 1,674.8톤으로 크게 늘었다. 세월호는 화물보다 평형수를 훨씬 더 많이 싣고 다녀야 하는 배가 되었고, 이런 상태로는 도저히 수지를 맞추지 못했다. 청해진 임원들은 화물을 더 싣고 평형수를 빼서 무게만 맞추자고 결정했고, 세월호는 이런 불안정한 상태로 운항하기 시작했

---

* 부록을 비교해 보면 『세월호』(2016)에는 '의문'이 많고, 『세월호』(2024)에는 '의혹과 해소 과정'이 많다. 후자에서는 세간의 논란이 되었던 세월호 AIS 항적, CCTV 조작, DVR 바꿔치기 등 대부분의 의혹이 어떻게 해소되었는지 상세히 보이고 있다.

다. 시험 운항과 운항관리규정 심사 모두 접대와 뇌물로 통과했다. 세월호의 운항관리규정은 화물을 최대한도로 싣기 위해 출항 10분 전까지 화물을 적재하는 것으로 되어 있었다.

이 과정에서 숱한 눈 가리고 아웅 하기, 뇌물, 접대, 형식상의 서류 꾸미기 같은 전근대적인 관행이 이어졌고, 그 결과 평형수나 화물 없이는 서 있지도 못할 정도로 복원성이 나쁜 배가 탄생했다. 이 배가 '대한민국에서 제일 위험한 배' 세월호였다. 선원들은 배가 한번 기울어지면 제 위치로 돌아오는 데 시간이 너무 오래 걸린다는 것을 체감했고, 일부 선원은 청해진 해운 운영진에 이 취약한 복원력 문제를 얘기하기도 했다. 복원력이 약해서 타를 소각도로만 써서 천천히 운항했기에 세월호는 정상적인 배보다 연료를 많이 썼으며, 결국 수지가 맞지 않아서 회사에서는 1년이 안 된 시점에 배를 다시 매각할 논의를 하고 있었다. 그래서 더더욱 안전은 무시하고, 적자를 조금이라도 줄이기 위해 화물은 출항 직전까지 급하게 많이 싣고, 화물 고박에 대한 안전 기준은 무시하고, 비상시 침수를 막아 주는 수밀문들을 항상 열어 놓은 채로 세월호는 운항되고 있었다. 종종 만재흘수선 밑으로 배가 내려가서 출항할 때 평형수를 빼고 출항 허가를 받고, 운항을 하면서 평형수를 다시 채워 넣는 위험한 편법을 쓰기도 했다. 세월호는 언제 사고가 나도 이상하지 않은 배였으며, "2014년 4월 15일까지 세월호가 큰 사고를 당하지 않은 것은 오히려 요행에 가까웠다."(336쪽) 2014년 4월 15일 저녁에 인천항에서 출발한 세월호는 2,200톤이 넘는 화물을 실었는데, 이 무게는 운항 규정의 두 배였다.

'작은 소동'에서 참사로
4월 16일 아침 8시 49분, 잔잔한 바다를 순항하던 배가 갑자기 기

우뚱했다. 3부는 사고의 원인을 깊게 파헤친다. 나중에 선체를 인
양한 뒤에 조사한 바에 따르면 타 방향을 좌우하는 솔레노이드 밸
브가 고장 나서 고착되었기 때문이었다. 이럴 때 배는 마치 35도
전타를 쓴 것처럼 원형으로 크게 회전한다. 그런데 선박을 출하
할 때 거치는 선회 시험은 바로 배의 이런 성능을 테스트하는 것이
며, 나미노우에호도 이 시험을 다 거친 배였다. 따라서 배가 정상
적이었다면 이 기기 고장은 하나의 "작은 소동"으로 끝날 것이었
다.(368쪽)

　　그런데 배는 정상이 아니었고, 18도 이상 기울었을 때 엉터리
로 붙들어 맨 화물이 미끄러졌다. 화물칸의 화물이 한쪽으로 쏠리
면서 복원성은 더 나빠지고, 컨테이너가 떨어져 나갔다. 배는 순식
간에 45도로 기울면서 한쪽 스크루가 물 밖으로 나왔다. 평형수를
조정하는 등의 작업으로는 다시 복원될 수 없는 상태가 되었고, 세
월호는 동력을 잃은 채 표류하기 시작했다. 해경의 123정이 도착
했을 9시 34분에 배는 50도 이상 기울었고, 점점 더 기울어지고 있
었다. 그런데 선조위에서 진행한 시뮬레이션에 따르면 이때도 수
밀문만 닫혀 있었다면 배가 65도 정도 기운 뒤에 적어도 몇 시간,
혹은 그 이상을 버틸 수 있었다. 그렇지만 배 바닥 E갑판의 수밀문
과 수밀 맨홀은 모두 열려 있었고, 열린 수밀문을 통해 물이 차올라
오면서 배가 급히 기울었다. 구조를 기다리던 승객들은 자신들이
침수에 무방비한 배에 타고 있다는 사실을 모르고 있었다.(377쪽)
평소 탐욕과 관행과 안전 불감증이 작은 소동일 수 있었을 기기 고
장을 304명이 사망한 참사로 만들어 버렸다.

　　책에서 가장 분량이 긴 4부는 해경의 구조 실패를 300쪽이 넘
는 지면을 통해 세밀하게 들여다본다. 배가 점점 기울고 있을 때
해경 헬기와 100톤급 123정이 도착했다. 헬기의 구조 요원은 갑판

에 나와 있는 사람들을 구조했지만, 배에 올라가서 퇴선을 유도하지는 않았다. 이미 9시 23분경 진도연안해상교통관제센터(이하 진도VTS)-세월호-두라에이스호의 삼자 통화에서 두라에이스호 선장은 빨리 승객에게 구명동의를 입혀서 퇴선시키라고 했지만, 세월호 선장은 묵묵부답이었다.(124쪽) 123정을 타고 온 해경은 도피하는 선장과 선원을 구한 뒤에 한 번 배에 올라갔지만, 구명 뗏목을 떨어뜨리는 일만 했지 배에서 승객의 퇴선을 명령하거나 유도하지 않았다. 배에 달린 마이크로도 충분히 방송을 할 수 있었는데 이마저도 하지 않았다. 배가 점점 기운다는 정보를 받은 해경 지휘부 역시 퇴선을 명령하지 않았다. 구조 현장에 있던 대부분이 배에 사람이 많이 타고 있었고, 바다에 떠다니는 사람은 없다는 사실을 알고 있었다. 아무도 퇴선 명령이나 퇴선 유도를 하지 않았기 때문에, 선실에서 대기하던 학생 중에서만 200명 가까이 목숨을 잃었다(단원고 학생 희생자는 총 250명이었다).

　　123정이 도착한 시간은 9시 34분이었고, 선미 쪽에 모여 있던 기관부 선원과 조타실에 모여 있던 선장과 선원이 123정을 타고 도주한 시간은 9시 39분 이후였다. 9시 50분에서 9시 58분 사이에 학생들이 주로 머물던 4층이 침수되었다. 3층은 그보다 일찍 침수되었다. 9시 52분에 123정 정장 김경일은 서해지방해양경찰청(이하 서해청)에 승객 반이 못 나오고 있다는 무전을 했고, 이를 들은 서해청과 해양경찰청(이하 본청)은 123정 승무원이 배에 올라가서 승객을 동요하지 않게 하라고 요청했지만, 123정 정장 김경일은 배가 기울어져서 올라가지 못한다면서 헬기에 요청하겠다고 하고는 아무것도 하지 않았다. 9시 59분에 목포해양경찰서(이하 목포해경) 서장 김문홍이 승객들에게 배에서 뛰어내리라고 외치거나 마이크로 방송을 하라고 김경일에게 요청했지만, 역시 아무것도 하지 않았다. 이후 선원 김영호의 제안에 따라 세월호에 접안해서 승객 6명을 구조했지만, 그 뒤로는 다시 세월호에 가까이 가지 않고 멀리서 고무보트가 구해 오는 승객만을 배에 실었다. 10시 9분에 좌현 5층 갑판이 침수되고 곧이어 배가 90도 이상 넘어갔다. 이후 구조자는 우현 쪽에서만 나오기 시작했다. 세월호는 10시 30분에 완전히 뒤집어져서 침몰했다.(765쪽의 표 "시간대별 '구조' 현황" 참조)

날씨 좋은 날 기기 고장을 일으킨 여객선이 왜 급하게 기울면서 침몰했는지는 세월호의 전사가 설명할 수 있다. 그런데 왜 구하지 못했는가는 이와는 또 다른 문제이다. 123정이 배에서 멀찌감치 떨어져서 구조에 소극적이었던 모습은 사진과 영상으로 잡혀서 국민의 공분을 샀다. 신고를 받고 세월호와 30분 이상 통화를 유지한 진도VTS, 현장에 출동한 123정, 현장에 출동한 세 대의 헬기, 이들을 지휘한 목포해경, 서해청, 본청 구조본부는 왜 적극적으로 승객 퇴선 유도를 하지 않았을까? 세월호 참사를 두고 음모론이 횡행했던 것은 배가 갑자기 넘어간 이유가 납득이 안 되기도 했기 때문이지만, 해경의 행동이 '못 구했다'라기보다 '안 구했다'는 것에 더 가까워 보였기 때문이기도 했다. 그래서 오랫동안 선원과 해경이 담합해서 희생자들을 수장시켰다는 음모론이 횡행했다.

선원의 죄, 해경의 죄

첫 단추부터 잘못 꿰어졌다. 진도VTS에서 모니터 위에 표시되는 배의 움직임을 관찰하던 담당자는 8시 49분 이후에 세월호가 동력을 잃고 표류하는 것을 보지 못했다. 9시 4분에 목포해경이 진도VTS에 연락을 해서 상황이 파악되었고, 이후 진도VTS는 세월호와 통화를 이어 갔다. 초동 대응을 위한 6-15분이 담당자의 부주의 때문에 날아갔다. 『세월호』(2024)는 이때 진도VTS가 바로 세월호

선장이나 선원과 통화를 시작했다면, 상황을 파악해서 이들의 도
주를 막을 수 있었을 가능성이 크다고 판단한다.(526쪽) 그렇게 하
지는 못했지만, 진도VTS는 세월호에 500여 명이 타고 있고, 선원
들이 조타실에 모여 있으며, 지금 이미 상당히 기울어져서 위험한
상태라는 것을 파악했고, 이를 서해청에 알렸다. 그런데 이런 정보
를 접한 서해청이 이를 본청과 서해청 간부하고만 공유하고, 출동
하고 있던 123정과 헬기에 알리지 않았다. 현장 출동 인력은 세월
호의 상황을 모르는 채로 현장에 도착했다. 실제로 작은 배가 침수
하고 승객은 바다에 떠서 구조를 요청하는 상황이라 예상하고 현
장에 도착한 123정은 6,000톤급 여객선이 넘어가 있고, 바다에는
구조를 요청하는 사람이 아무도 없는 상황을 직면하고 넋이 나갈
수밖에 없었다. 정보를 제대로 공유하지 않은 것이 해경의 첫 번째
잘못이었다.

　　조타실에 모여 있던 세월호 선원은 진도VTS와 통화하면서
해경이 언제 오는지만을 물었고, 승객에 대한 조치를 하지 않았다.
진도VTS가 선장이 판단해서 승객에게 퇴선 명령을 하라고 했지
만, 선장을 비롯한 간부 선원들은 다 묵묵부답이었다. 이들은 해경
이 올 때까지는 아무 일도 하지 않기로 담합한 것처럼 보이는데,
이는 해경이 도착하면 구조 주체와 책임이 자신들에게서 해경으
로 넘어가리라 생각했기 때문이었다.(494쪽) 몇백 명의 승객들에게
구명조끼를 입고 바다에 뛰어내리라고 명하면, 이 중 사망자나 실
종자가 생길 것이 분명했고 그 민형사상 책임은 자신들이 져야 한
다고 판단했던 것이다. 반면에 해경이 온 뒤에 생기는 일은 해경에
게 책임을 떠넘길 수 있다고 보았다.

　　선원들은 큰 배가 올 것을 기대했는데, 최대 수십 명밖에 탈
수 없는 123정이 도착하자 먼저 도주하기로 마음먹었다. 원래 선

원은 승객을 모두 탈출시키고 마지막에 탈출해야 하는데, 작은 배 한 척이 온 상황에서는 구명조끼도 다 입지 못한 자신 중 일부가 확실히 목숨을 잃을 것이라고 판단했던 것으로 보인다.* 당시 세월호 안에 승객을 놔둔 채로 도주하는 것은 승객을 죽이겠다는 미필적 고의가 있었다는 것이 법원의 판단이었고, 이에 근거해서 선장에게 살인죄를 적용했다. 1등항해사 같은 다른 간부 선원은 선장의 말을 따라야 했다는 이유에서 살인죄를 면죄받았는데,『세월호』(2024)는 이들에게도 선장의 도주를 막지 않고 도주 당시 이미 무력화된 선장의 명령 체계를 대신하지 않았던 공동정범의 죄를 물었어야 한다고 해석했다. 법원의 판단에 큰 실수가 있었다는 것이다.(506-507쪽)

　　선원들은 자기 목숨을 구하기 위해 승객을 위한 어떤 조치도 하지 않은 채로 도주했다. 문제는 다음이었다. 123정에 탄 이들은 자신들이 선원임을 숨기지 않았다. 작업복을 입고 있었고, 선원이라고 신분을 밝힌 사람도 있었다. 무엇보다 이들은 5층 브리지(조타실)에 모여 있다가 거기서 줄을 타고 내려왔다. 그렇지만 123정의 해경들은 세월호가 완전히 침몰할 때까지도 이들이 선원임을 전혀 몰랐다고 입을 맞췄다. 여기서 주목해야 할 정말 중요한 문제는 123정의 정장이나 해경이 자신들이 구조한 사람들이 선원임을 알았는가 아닌가가 아니라, 이들이 아예 배의 선장과 선원을 한 번도 찾지 않았다는 것이다.『세월호』(2024)는 현장에 도착한 해경과 구조본부나 상황실에서 명령하던 해경 지휘부가 가장 먼저 했어야 할 일은 선장을 찾아서 그와 통신하는 것이었다고 강조한다. 해경

---

* 이런 판단과 이의 암묵적 공유는 『세월호』(2016)에서 진실의 힘 세월호 기록팀이 선원들과 제주VTS의 통신 기록을 검토하면서 알게 된 것이었다.

이 저지른 수많은 과오 중에서 선장을 찾지 않은 것이 가장 큰 잘못이었다는 것이다.(597-600쪽)

　　나중에 해경은 선장과 선원이 도주했기 때문에 이들을 찾을 수 없었다고 변명했지만, 선장과 선원은 어디 멀리 도망간 게 아니라 123정 안에 있었고, 일부는 해경과 함께 승객의 구조 작업을 하기도 했다. 이들을 찾아 배로 돌려보내서 승객을 구조하게 해야 했다. 아니면 적어도 이들로부터 배의 상황에 대한 정확한 정보를 얻었어야 했다. 선장과 선원으로부터 정보를 얻지 못해서, 해경 한 명이 배에 올라간 뒤에도 3층의 구명 뗏목을 떨어뜨리는 작업만을 하고 다시 내려왔다. 안에 500명 가까운 사람이 타고 있으며, 이들이 선실에서 대기하고 있다는 것을 알았다면 퇴선 유도나 퇴선 방송에 더 적극적이었을 수 있었는데 말이다.

　　목포해경, 서해청, 해경 본청은 왜 퇴선에 적극적이지 않았을까? 선원들이 도주하기 전에 선원 한 명이 진도VTS에게 승객 퇴선에 대해서 물어보았다. 진도VTS는 이를 서해청에 문의했는데, 서해청은 선장이 판단해서 하라고 답했다. 선원과 해경 사이에 퇴선 명령을 놓고 주고받기만을 하다가 선원들이 도주했다.(578-579쪽) 이 역시 책임 소재 때문이었다. 해경은 자신들이 퇴선 명령을 했다가 사망자가 생길 경우에 자신이 민형사상의 책임을 져야 한다고 생각했다. 시간이 한참 지난 뒤에도 한 해경 간부는 같은 상황이 반복되더라도 면책 특권이 주어지지 않는 한 해경은 역시 퇴선 명령을 하지 않을 것이라고 했다. 게다가 해경 지도부는 '큰 배는 쉽게 넘어가지 않는다'는 상식을 믿고 있었다. 세월호 같은 배는 적어도 몇 시간, 심지어 며칠 동안도 바다에 떠 있을 것이라고 생각했다. 그날 큰 여객선이 침몰한다는 얘기를 듣고, 해경들은 '승객 다 구하고 특진하겠다', '123정 상 받겠다'는 생각을 하고 있었다. 이런 낙관론과 선입견이 승객의 생명에 대한 관심보다 우선했다.

여기에 통신의 난맥상과 지도부의 무능과 무책임이 가세했다. 해경은 여러 조직이 상황을 공유하기 위해서 코스넷이라는 문자 기반 대화방을 만들어서 사용하고 있었다. 코스넷은 세월호 사고 직후에 열렸는데, 가장 결정적인 실수는 세월호와 통신을 유지했던 진도VTS를 여기 초대하지 않았던 것이다. 따라서 세월호에 수백 명이 갇혀 있고, 시급한 상황이라는 인식이 공유되지 않았다. 게다가 123정은 소형 경비정이어서 코스넷이 설치되어 있지 않았는데, 이를 모르고 123정에 내리는 명령도 초기에는 코스넷으로 송출되었다.(581쪽) 시간이 지나면서 코스넷에 입장하는 사람이나 기관이 늘어나면서 새로 들어오는 사람에게 자동으로 띄우는 알림 문자와 환영 인사가 연이어서 송출되기 시작했다. 몇몇 사람들은 환영 인사를 없애도록 설정을 바꾸라고 통신했지만, 이런 설정 변경 요구가 잡음을 다시 키울 뿐이었다. 코스넷 대화방의 64.7퍼센트가 이런 쓸데없는 대화였는데, 더 큰 문제는 이런 대화가 많았다는 것이 아니라 이런 환영 인사와 설정 변경 지시 등이 대화의 주를 이루면서 정작 중요한 대화는 묻혀 버렸다는 것이다.(649-655쪽)

9시 33분에 해경 본청은 '여객 및 선원 구명동의 착용 지시 바람', '여객선 자체 구명보트 등 이선 장비 준비 지시 바람'이라는 문자를 띄웠지만, 아무도 이에 대해 답을 하지 않은 채 묻혀 버렸다. 현장에 출동한 123정은 배가 계속 기울고 있다는 매우 중요한 정보를 무선으로 전송했지만, 지휘부에 의해 무시되었고, 코스넷에 공유되지 않았다. 가장 먼저 도착한 123정의 정장은 현장지휘관 지위를 획득했지만, 한 시간 동안 여기저기 명령을 받고 사진과 동영상을 찍어 상부에 보내는 일을 하다가 구조 골든 타임을 허망

P-19경님의 대화(오전 9:36):
안녕하세요 'P-19경'입니다. '278함'님을 환영합니다.
513함님이 입장하셨습니다.
1508함님의 대화(오전 9:36):
안녕하세요 '1508함'입니다. '278함'님을 환영합니다.
1509함님의 대화(오전 9:36):
안녕하세요 '1509함'입니다. '278함'님을 환영합니다.
3009함님의 대화(오전 9:36):
안녕하세요 '3009함'입니다. '278함'님을 환영합니다.
완도상황실님의 대화(오전 9:36):
안녕하세요 '완도상황실'입니다. '513함'님을 환영합니다.
인천상황실님의 대화(오전 9:36):
안녕하세요 '인천상황실'입니다. '513함'님을 환영합니다.
목포상황실님의 대화(오전 9:36):
안녕하세요 '목포상황실'입니다. '513함'님을 환영합니다.
P-19경님의 대화(오전 9:36):
안녕하세요 'P-19경'입니다. '513함'님을 환영합니다.
1508함님의 대화(오전 9:36):
안녕하세요 '1508함'입니다. '513함'님을 환영합니다.
1509함님의 대화(오전 9:36):
안녕하세요 '1509함'입니다. '513함'님을 환영합니다.
3009함님의 대화(오전 9:36):
안녕하세요 '3009함'입니다. '513함'님을 환영합니다.
본청상황실님의 대화(오전 9:36):
현재 익개선 상황 보고
장기은님이 입장하셨습니다.
해지방청상황실님의 대화(오전 9:36):
3정 현지 재유라서 인원 이송 가능여부 보고

완도상황실님의 대화(오전 9:36):
안녕하세요 '완도상황실'입니다. '장기은'님을 환영합니다.
목포상황실님의 대화(오전 9:36):
안녕하세요 '목포상황실'입니다. '장기은'님을 환영합니다.
P-19경님의 대화(오전 9:36):
안녕하세요 'P-19경'입니다. '장기은'님을 환영합니다.
1508함님의 대화(오전 9:36):
안녕하세요 '1508함'입니다. '장기은'님을 환영합니다.
3009함님의 대화(오전 9:36):
안녕하세요 '3009함'입니다. '장기은'님을 환영합니다.
인천상황실님의 대화(오전 9:36):
안녕하세요 '인천상황실'입니다. '장기은'님을 환영합니다.
1509함님의 대화(오전 9:36):
안녕하세요 '1509함'입니다. '장기은'님을 환영합니다.
박신영님이 입장하였습니다.
완도상황실님의 대화(오전 9:37):
안녕하세요 '완도상황실'입니다. '박신영'님을 환영합니다.
인천상황실님의 대화(오전 9:37):
안녕하세요 '인천상황실'입니다. '박신영'님을 환영합니다.
장기은님의 대화(오전 9:37):
안녕하세요 '장기은'입니다. '박신영'님을 환영합니다.
목포상황실님의 대화(오전 9:37):
안녕하세요 '목포상황실'입니다. '박신영'님을 환영합니다.
P-19경님의 대화(오전 9:37):
안녕하세요 'P-19경'입니다. '박신영'님을 환영합니다.
1509함님의 대화(오전 9:37):
안녕하세요 '1509함'입니다. '박신영'님을 환영합니다.
3009함님의 대화(오전 9:37):

2711
1850

해경의 코스넷 대화방 기록.(출처: 『세월호, 다시 쓴 그날의 기록』, 650쪽, 진실의 힘 제공)

하게 놓쳤다. 이 명령을 하는 사람들은 명령인지 상황 공유인지 구별이 안 되는 방식으로 글을 올리다가 선장을 수배하고 승객을 구조하는 가장 중요한 일을 망각했다. 구조본부는 이 사람 저 사람이 되는 대로 끼어들어 아무에게나 연락하고 질문하고 지시하며 지휘 체계를 문란하게 했고, 그 뒤에는 이를 잊어버렸다.(642쪽) 수신한 중요한 정보는 무시하거나 전파하지 않았다. 좌현이 완전히 잠기고 우현도 빠르게 잠기던 10시 1분과 5분에는 '승객 해상으로 구명의 입고 나오라고 지시 중', '탈출하라고 대공 방송 중'이라는 문자가 띄워졌는데, 아무도 이런 지시나 방송을 한 사람이 없는 채로 이런 거짓 문자가 띄워졌다.(670쪽)

　　해경청장이나 서해청장 같은 지휘부는 이런 난맥상을 바로잡으려고 하지도 않았을 정도로 무능했다. 구조본부에 모여 있던 이들 해경 지도부는 "진작 좀 (항공구조단이 배에) 내려서 그림이 됐어야 되는데 지금 그게 문제란 말이에요"라고 할 정도로 사태를 오판했고, 세월호가 다 침몰하고 한참 시간이 지난 11시에 '전원 구조' 오보가 방송되자 박수를 치며 스스로의 구조 활동을 자축했다.(590-591쪽)

가만히 있으라

해경이 도착했을 9시 34분부터 10시까지 세월호는 급격하게 기울어졌다. 일반 승객이 머물던 3층부터 좌현 쪽이 잠기기 시작해서, 학생들이 머물던 4층, 그리고 교사의 객실이 있던 5층에 물이 들어왔다. 잘 이해가 안 되는 사실은 가장 먼저 물에 잠긴 3층에 머물던 일반 승객 중에서 생존자가 가장 많이 나왔다는 것이다. 이들은 배에 물이 들어오자 필사적으로 탈출해서 바다로 뛰어든 사람들이다. 선장의 탈출 명령이나 해경의 안내가 없었어도 죽음이 임박했다는 것을 안 사람들은 목숨을 구하기 위해 이렇게 필사적으로 행동한다. 그런데 왜 4층의 학생들과 5층의 교사들은 자발적으로 탈출하지 않았을까? 배가 잠기고 창문에 해수면이 찰랑이는 순간에도 왜 아이들은 선실에 있었을까? 나중에 해경은 승객이 바다로 뛰어들지 않아서 구조에 실패했다고 했다. 물론 이런 해명은 주객이

전도된 어불성설 변명에 불과하다. 해경이 탈출 명령을 하지 않아서 대부분 배에 머물렀기 때문이다. 그렇지만, 마지막 순간이라도 바다에 뛰어들었다면 더 많이 살 수 있었던 것은 분명했다. 무엇이 아이들을 방에 묶어 두었을까?

『세월호』(2024)는 여객부 직원 강혜성의 안내 방송에 주목한다. 유가족과 시민들은 자신들이 도망가면서 승객에게는 가만히 있으라고 방송한 선원에 분노했다. 그런데 사실 방송을 한 사람은 3층 안내 데스크에 있던 여객부 직원 강혜성이지, 조타실에서 모였다가 도주한 선원이 아니었다. 9시 22분에 2등항해사가 강혜성에게 연락해서 해경이 오니까 대기하라는 방송을 하라고 했지만, 강혜성은 이미 그 이전부터 자신의 판단에 따라 승객들에게 그 자리에 있으라는 방송을 하고 있었다. 자신이 있던 3층에 물이 들어오던 시기까지 강혜성은 열 번 넘게 선실에서 대기하라고 방송했다. 9시 28분에는 "선실이 더 안전하겠습니다"라는, 절대로 해서는 안 되는 방송까지 했다.(462-466쪽, 793쪽) 학생들의 대화나 카카오톡 대화 내용을 보면 갑판으로 나가려다 이 방송을 듣고 선실에 머문 사례가 있다. 기록으로 남지 않은 경우는 훨씬 더 많을 것이다. 3층의 일반 승객은 주로 성인들이었고, 이들은 강혜성의 방송을 무시하고 바다에 뛰어들어 살았다. 반대로 사망한 학생 대부분은 방송 내용을 공유하면서 선실에 물이 들어올 때까지도 방송을 믿고 해경의 구조를 기다리고 있었다. 그렇지만 물은 서서히 들이친 것이 아니라, 순식간에 한 층을 삼켜 버렸다.

객실이 아니라 최악의 경우에 바다에 뛰어들기 쉬운 비상 갑판에서 대기해야 했다. 선원이나 해경이 탈출 방송을 하지 않은 것도 치명적이었지만, 배 안에서 열 번 넘게 이루어진 비상식적인 방송은 학생들의 탈출 의지를 꺾어 버렸다. 강혜성 자신은 3층에 물이 들어오면서 방송을 그만두고 학생들의 대피를 돕다가 구명조끼도 없이 바다에 빠졌고, 구사일생으로 구조되어 생명을 건졌다. 세월호 이후 젊은 세대는 '어른의 말을 들으면 죽고, 안 들으면 산다'고 자조적으로 얘기하고는 하는데, 이는 '가만히 있으라'는 방송이 낳은 참사 때문이었다. 선원 재판에서 검찰은 강혜성이 명령에 따라 한 번 방송을 했고, 목숨을 걸고 승객의 대피를 도왔다는 점 때문에 기소조차 하지 않았다.(469-470쪽) 그러면서 그 책임은 파도 속으로 흩뿌려졌다. 아무도 책임지지 않는다는 한탄만이 남았다.

돌이켜 보면

기술 사회에서 재난은 항상 일어난다. 비리의 온상이었던 성수대교와 삼풍백화점이 무너진 것으로 한국 사회의 재난은 끝난 줄 알았는데, 21세기에 들어 대구 지하철 참사, 가습기 살균제 참사, 세월호 참사가 줄줄이 뒤를 이었다. 이런 참사는 한순간에 일어나지만, 구조적 취약성이 누적되는 오랜 전사를 가지고 있다. 대구 지하철 참사의 경우에 사회에 불만을 품은 정신이상자가 지하철에 방화를 한 것이 화재의 원인이었지만, 이것이 최악의 참사로 발전한 데에는 경비를 줄이기 위해 화재에 취약한 싸구려 내장재를 썼고 인건비를 줄이기 위해 차장과 근무원을 줄였던 구조적인 원인이 있었다.

세월호의 경우도 구조적인 원인이 있었다. 세월호는 편법을 통해 인허가를 받아 인천-제주를 운항하기 시작했고, 사고 전에 한국에서 가장 위험한 배라는 오명을 얻었으며, 언제 사고가 일어나도 이상하지 않은 배가 되어 있었다. 이윤을 내기 바빴던 선사는 화물과 승객을 많이 싣는 것에만 관심이 있었지, 안전에는 신경도 쓰지 않았다. 선원은 조난 훈련을 제대로 받지 않아서 배가 좌초되었을 때 자신이 무슨 역할을 해야 하는지조차 모르고 있었다. 기관부 선원들은 항상 수밀문을 열어 놓고 다녔기 때문에* 도주하면서 이를 닫을 생각도 하지 않았다. 123정의 해경 역시도 큰 배의 조난 시 승객 구조와 관련된 훈련을 받지 못했다. 이들은 불법 조업 중국 어선을 쫓아내는 일을 하고 있었으며, 조난 구조 활동도 작은 어선이 침몰하는 경우만을 다루었다.

재난이 단지 인적 오류(human error)만으로 발생하지 않기에, 이런 구조적인 문제를 드러내는 일은 중요하다. 그래야 유사한 재난을 사전에 막을 수 있다. 이것이 과거의 재난으로부터 우리가 배울 수 있는 것이다. 그런데 책임을 져야 하는 사람들이 이런 구조적인 문제를 들춰내서 악용하는 경우가 있다. 세월호 선원들은 자신들이 안전 교육을 제대로 받은 적이 없다고 하면서 자신들의 책임을 덜려고 했다. 선장과 선원은 결코 먼저 도주하지 않았어야 했기에, 해경은 이런 상황을 예상하지 못했다고 하면서 자신들의 책임을 덜려고 했다. 실제로 사참위에서는 이들에게 빌미를 안 주기 위해서 세월호 선원들이 안전 교육을 제대로 받지 못했다는 것을 공표하지 말자는 얘기까지 나왔다.

『세월호』(2024)는 이런 구조적인 원인을 감추지 않고, 이를 온전히 다 드러낸다. 그랬을 때 남는 것이 무엇인가를 더 깊숙하게 따져 본다. 안전 교육을 받지 않아서 비상시 자신의 역할을 몰랐어도 선장이나 선원이 승객보다 먼저 배를 버리고 도망가면 안 된다

---

* 이 역시 구조적인 문제와 관련이 있을 수 있다. 복원성이 나쁜 세월호는 바람이나 파도가 거센 날에만 사용하는 스태빌라이저(안정기)를 항상 펼쳐 놓고 다녔다. 스태빌라이저는 조타실에서 조종할 수 있는데, 이를 자주 쓰다 보니 조타실의 버튼이 망가져서 기관실 옆에 있는 핀안정기실에서 이를 수동으로 조정해야 했고, 선원들이 핀안정기실을 쉽게 들락날락하기 위한 용도로 수밀문을 항상 열어 놓았을 가능성이 있다.

는 것은 선원의 의무 중 기본이며, 세월호 선원도 다 알고 있는 것
이었다. 배가 계속 기울어지는 상황에서 승객에게 탈출하라고 하
거나 비상 갑판 같은 곳으로 승객을 유도했어야 하는 것도 기본이
다. 해경이 아무리 불법 조업 중국 어선만 상대했어도, 재난 현장에
도착한 해경은 선장과 선원을 찾아 배의 정확한 상황을 파악하고
이를 상부에 알리는 것이 기본이다. 해경 수뇌부는 일사불란한 명
령 체계를 유지하고 현장의 보고로부터 상황을 파악한 뒤에 적절
한 명령을 내리는 것이 기본이다.

　　이런 기본만 지켰어도 훨씬 더 많은 생명을 구할 수 있었다.
기본 대신에 담합, 눈 감고 아웅 식의 대충주의, 관료주의, 무사안
일, 낙관적인 선입견, 방관적 태도, 객실이 더 안전하니 가만히 있
으라 방송하는 월권, 법적인 책임만 피하려는 보신주의가 참사를
낳았다. 대한민국은 3만 불 소득에, 세계인이 선망하는 K-문화를
자랑한다. 이 화려한 얼굴 반대편에 곪아 터지는 추한 이면이 있는
데, 세월호 참사는 이런 이면의 슬픈 자화상이다.

왜 10년이나

특별법에 근거한 세월호 참사 조사위원회가 세 번 만들어졌고, 총
7년 가까운 조사 기간에 수십 명의 조사관들이 활동했고, 수백억
원의 정부 예산을 썼다. 선조위는 내인설과 사실상 잠수함 충돌설
인 열린안의 두 보고서를 냈다. 모든 재난이나 참사에는 항상 음모
론이 등장하지만(미국의 9·11 테러를 생각해 보라), 국가적 조사위원회의
공식 보고서에 잠수함 충돌설 같은 음모론이 절반의 분량을 차지
한 경우는 전 세계에서 전례를 찾아보기 힘들다. 마지막 사참위의
진상규명국은 잠수함 충돌을 은폐하는 '의혹'을 밝힌다고 시간과
예산을 낭비했고, 결국 국민의 피로도만 가중시켰다.

2017년 3월 23일 인양된 세월호는 현재 목포신항에 거치되어 있다.
(출처: 『세월호, 다시 쓴 그날의 기록』, 41쪽, 진실의 힘 제공)

　　『세월호』(2024)의 5부에 의하면 특별법에 근거한 조사위원회
의 한계를 인식하는 것도 중요하다. 세월호 참사 조사위원회의 위
원 구성은 다른 정치적 성격이 강한 위원회처럼 여야가 위원을 추
천하는데, 참사의 전모를 밝히는 위원회의 경우 이런 정치적 구성
은 바람직하지 않다. 여기에 (우리나라의 다른 위원회처럼) 위원장을 명망
있는 변호사가 맡고 위원 중에 변호사가 포함되는 경우가 있는데,
이는 위원회의 흐름을 사법 정의를 구현하는 쪽으로 몰고 가는 경

향을 강화하는 문제가 있다. 즉, 구조적인 원인을 밝혀 참사의 전모를 드러내면서 사회적 위험을 경감하고 안전 사회를 구현하는 것보다, 책임자를 색출해서 처벌하는 것이 우선시된다. 형사 재판에서의 유죄와 사회적 책임이 있다는 것은 매우 다르다.* 세월호 재판에서 자주 드러났듯이 사법주의는 법원에서 무죄를 받으면 아무 책임도 없는 것처럼 되어 버리는 문제가 있다. 위원회 내에서 조사위원과 조사관의 역할이 분리되는 경우가 많은데, 이런 경우에 전문성을 가진 조사위원이 실제 조사를 할 수 없고 조사관이 수행한 조사에 대해서 평가하기만 하는 문제도 생긴다. 조사하려는 문제는 잘게 쪼개지고, 참사의 전체 구도를 보지 못한 채로 각 사안에 대해서 티끌만큼의 의문이라도 있으면 이를 의혹으로 부풀려서 다시 조사를 하는 관행이 계속되는 것도 문제다.

    결과적으로 우리 사회는 세월호 참사에 대한 하나의 정합적인 서사를 갖는 데 실패했다. 왜 책임져야 할 사람들에게 면죄부가 부여되었는지, 왜 아직도 어딘가 의혹투성이 같은지, 왜 진실은 아직 떠오르지 않았는지, 이해하기 힘들다. 그런데 어찌 보면 우리 자신이 '잊지 않겠다'라고 되뇌면서, 진실이 떠오르기만을 바랐던 것 같기도 하다. 『세월호』(2024)가 보여 주듯이 "진실은 대체로 모호하고 복잡한 형태로 떠다니고 있어 한 손에 꽉 잡히지도 않는"(809쪽) 것임에도 말이다. 진실은 아름답다는 말이 있지만, 복잡한 세상에서 진실이 있다면 그것은 아마 아름다운 그림보다 조각보와 비슷할 것이다. 금방 연결이 안 되는 증거와 자료를 분석하고 검증해서 사실을 꼼꼼하게 확인하고 이를 다시 커다란 그림으로 꿰어 낸 것

---

* 형사 재판에서 유죄는 행위와 결과 사이의 인과관계가 합리적 의심의 여지가 없을 정도로 증명되어야 한다.

이기 때문이다. 이런 의미에서 이 책은 세월호 참사에 대한 최초의 정합적 서사를 제공한다. 이 책은 정부가 만들지 못한 '세월호 백서'라고 불러도 손색이 없다.

　　물론 내가 보기에 이 책에도 한계나 다루지 못한 부분이 있다. 책에서는 잠수함 충돌설을 강하게 비판하지만 왜 잠수함 충돌설이 그렇게 큰 대중적 지지를 얻었는지, 왜 조사위원 같은 전문가들 사이에서조차 이런 음모론이 받아들여졌는지에 대한 분석이 없다. 123정을 세밀하게 추적했지만, 왜 123정이 적극적으로 접안하지 않고 주변만 빙빙 돌았는지에 대한 설명도 충분치 않다. 세월호 참사는 당시 한국 사회에서 박근혜 전 대통령에 대한 국민의 강한 불신을 낳았던 (그래서 결국 탄핵까지 갔던) 도화선이었는데, 책이 『세월호』(2016)의 형식과 내용을 잇고 있기 때문인지 참사의 이런 정치적인 성격이 이 책에서는 드러나지 않는다. 당시 '기레기'라는 말이 일상 용어가 되었을 정도로 언론에 대한 비판이 거셌는데, 세월호에 관한 언론 보도에 대한 분석도 거의 보이지 않는다. 그렇지만 책이 세월호 참사에 대한 종합적인 분석이라기보다 '그날'에 초점을 맞추고 있다는 점을 감안하면 이런 미흡한 점들이 어느 정도 이해될 수 있다. 후속 작업을 기대해 본다.

희망은 어디에

2014년 4월 16일은 절망스러운 날이다. 꽃 같은 생명들이 허무하게 진 것도 절망적이었지만, 시간이 지나도 왜 그랬는지 이해할 수 없는 절망도 그만큼 컸다. 그렇지만 마치 판도라의 상자처럼 그 절망의 끝에 아주 작은 희망도 있었다.

　　단원고 학생들은 4층 키즈룸에서 부모와 떨어진 뒤에 울고 있는 아이를 발견한 뒤에 이 아이에게 구명조끼를 입히고 달래다가 배가 뒤집어지면서 같이 탈출했다. "받아요! 애기요, 애기!"를 외치며 박호진 학생이 아이를 먼저 구조대에 건네주었다. 그 학생들에게는 자신의 목숨보다 애기를 살리는 일이 우선이었다. 정차웅 학생은 자신의 구명조끼를 옆 친구에게 양보하고 물에 빠진 친구를 구하려고 들어갔다가 목숨을 잃었다. 자신의 구명조끼를 학생에게 건네주고 사망한 교사도 있었다. 세월호에 걸려 침몰 위기를 맞아도 끝까지 승객을 구한 어선의 선원들도 있었다. 여기에 우리의 희망이 있었다.

이제 『세월호』(2024)의 출판과 함께 "애기요, 애기!"를 외쳤던 그날의 작은 희망에 또 다른 희망이 하나 더 얹어졌다.

> 그럼에도 희망을 말해야 한다면, 그것은 이 부끄럽고 참담한 실패의 기록을 회피하지 않고 읽어내려는 독자의 마음에서 찾아야 할 것이다. 절망을 낱낱이 복기하려는 용기, 그것을 새로운 희망의 시작으로 삼아야 할 것이다.(11쪽) **서리북**

홍성욱

본지 편집위원. 과학기술과 사회의 관계를 연구하는 과학기술학자. 2024년 가을에 '기술 재난 (technological disaster)'에 대한 책을 출간할 예정이다. 최근에 행위자 네트워크 이론(Actor-Network Theory)에 대해 그동안의 여러 생각을 정리하기 시작했다.

📖 세월호 희생자인 단원고 박수현 군의 아버지 박종대 씨는 법원 기록들을 모아서 진실의 힘 세월호 기록팀에 전달했고, 이 자료는 『세월호, 그날의 기록』을 낳는 모태가 되었다. 이후 박종대 씨는 스스로 '왜 구하지 못했을까'라는 질문에 대한 답을 찾아 주로 해경의 구조 실패에 대한 수많은 자료를 직접 분석했고, 1,000쪽이 넘는 책을 출간했다. 이 책은 유가족이 왜 정부의 해명을 받아들이기 힘들었는가를 이해할 수 있는 단초를 제공해 준다.

『4·16 세월호 사건 기록연구』
박종대 지음
도서출판 선인, 2020

"아들이 남기고 간 버킷리스트엔 '자서전 쓰기'라는 과제가 기록되어 있었다. 어쩌면 나는 이 책을 아들의 자서전을 쓰는 심정으로 집필했을 수도 있다. 피지도 못한 꽃봉오리로 원통하게 세상을 등진 아들과 그의 친구들이 하늘나라에서 이 책을 읽고 조금이라도 위로받길 희망한다." ― 책 속에서

📖 세월호 참사 현장에서 소방 호스를 이용해 마지막 순간까지 아이들을 구한 '파란 바지의 의인' 김동수 씨의 참사 경험과 이후의 트라우마를 소재로 그린 만화. 강한 체력과 의지력을 가진 김동수 씨 같은 사람도 다섯 차례의 자해를 했을 정도로 극심한 재난 트라우마를 겪고 있음을 드러낸다.

『홀』
김홍모 만화
창비, 2021

"배는 90도 가까이 기울어져 있었고, 나는 한 사람이라도 더 구해야겠다는 생각밖에 들지 않았다. 그런데 이때부터 기억이 나지 않는다. 정신과 의사는 그때 본 것들이 너무 괴로운 기억이라 보호본능이 작용해서 기억을 못할 수도 있다고 한다. 오히려 기억이 안 나는 게 좋은 거라고. 기억하게 되면 못 견딜 거라고." ― 책 속에서

『불편한 편의점』
김호연 지음
나무옆의자, 2021

'K-힐링'과 소설의 노스탤지어

권보드래

힐링 소설 전성시대

『달러구트 꿈 백화점』이 발간 이듬해 판매 부수 100만 부를 돌파했다는 소문이더니, 『불편한 편의점』도 100만 부를 넘어섰다고 한다. 『메리골드 마음 세탁소』는 작년에 이미 30만 부 넘게 팔렸다는데 여전히 베스트셀러 상위권이다. 베스트셀러라면 흔히 화제나 논쟁을 몰고 다니지만, 이들 소설은 떠들썩하지 않은 중에 꾸준히 읽힌다. 비교해 보자면 『동의보감』, 『무궁화꽃이 피었습니다』, 『드래곤 라자』 같은 1990년대의 밀리언셀러에는 '시대의 징후'가 담뿍하고 '주인공의 모험'이 현란했고, 2000년대 이후 'K-자의식'이 베스트셀러의 중요한 동력이 된 다음에도 『엄마를 부탁해』나 『채식주의자』나 『82년생 김지영』에서 보듯 윤리적·사회적 의식의 쟁점화 효과는 뚜렷했는데 말이다.

　　코로나19 이후 국내 소설 베스트셀러는 위로와 치유를 표방한 레퍼토리가 주조다. 흔히 '힐링 소설'이라고 불린다. 최근에는 '장소 힐링 소설'이라는 명칭마저 등장했다. 카페·식당·술집에 편의점·서점·사진관, 또 약국·빨래방·셰어하우스에 이르기까지, 소

왼쪽 위부터 시계 방향으로 『달러구트 꿈 백화점』, 『메리골드 마음 세탁소』, 『어서 오세요, 휴남동 서점입니다』, 『연남동 빙굴빙굴 빨래방』. (출처: 팩토리나인; 북로망스; 클레이하우스; 팩토리나인)

설 속 힐링의 장소는 나날이 증가 중이다. 『어서 오세요, 휴남동 서점입니다』, 『연남동 빙굴빙굴 빨래방』처럼 실재 또는 유사 실재의 장소를 표제에 내건 경우도 적지 않다. 짧게 잡아도 4-5년째, 일본 만화 『심야식당』이나 소설 『나미야 잡화점의 기적』이 번역돼 인기를 끌었던 때부터 헤아리면 10년이 넘은 추세다. 원조 격인 일본산 서사의 인기도 여전하지만(『바다가 들리는 편의점』, 『와카바소 셰어하우스입니다』, 『츠루카메 조산원』 등), 지금은 바야흐로 'K-힐링' 전성시대인가 보다.

한국형 힐링 소설은 서로 닮았다. 표지에는 아담한 2층 건물이 어여쁜 색감으로 자리하고 있다(책도 굿즈다). 전통적 문학 출판사가 아닌 곳에서 나왔다(『달러구트 꿈 백화점』을 낸 팩토리나인은 공격적 기획으로 유명한 쌤앤파커스의 자회사고, 『불편한 편의점』을 출판한 나무옆의자는 한국 최대로 꼽히는 출판인쇄그룹 현문 산하다). 문단 경력이 없거나 희박한 작가들이 썼다(그 스펙트럼은 정말 신인에서 문단 밖 베테랑 작가에 이르기까지 다양하다). 구성은 하나같이 옴니버스식이다. 위축되고 자존감 구겨지고 우울이나 분노에 좀먹힌 사람들이 어떤 가게를 매개로 차례차례 위로와 자기 긍정의 과정을 밟아 가는 과정이 서사의 얼개다. 그 과정의 중심에는 평범하되 친절한 가게 주인 또는 점원과 안전하고 친밀한 작은 공간이 있다. 『불편한 편의점』은 그런 'K-힐링' 베스트셀러의 대표 격이라고 해도 좋을 소설이다.

용산구 청파동 편의점의 바보 현인

『불편한 편의점』을 쓴 김호연은 중·단편 중심의 문단 관습에서 떨어져 있었달 뿐 20년 넘게 오직 글쓰기로 살아온 전업 작가다. 그의 책 『매일 쓰고 다시 쓰고 끝까지 씁니다』(행성B, 2020)는 그야말로 '생계형 작가'의 고달프고도 대단한 생애를 보여 준다. 영화 〈공공

의 적〉(2002)과 〈이중간첩〉(2003) 시나리오 보조 및 공동 창작, 만화
스토리 공모전 대상, '천에 10만 원' 작업실에서의 습작·습작·습작,
콘텐츠개발팀의 시놉시스 작업, 영화감독 작가팀 참여, 세계문학
상 당선(그러나 1억 원 상금의 대상이 아니라 상금 없는 우수상), 당선작의 시나
리오화, 작가 레지던스와 시나리오 창작 지원 수혜, 카카오페이지
연재…… 중간중간 편집자로서의 생애가 삽화처럼 끼어든다. 시
나리오와 만화 스토리와 소설을 넘나드는 글쓰기의 배고픈 이력
속에서 작가는 시종일관 "재미있는 이야기를 쓰고 싶"었다고 토
로한다. 과연 『불편한 편의점』은 술술 잘 읽힌다.

   소설의 배경은 서울 용산구 청파동. 서울역 배후의 옛 시가가
이어진 허름한 동네다. 이곳에서 편의점을 운영 중인 교사 출신 염
영숙은 노숙자 사내를 편의점 야간 알바로 고용하는 예사롭잖은
결정을 내린다. 자기 지갑을 찾아 준 인연이 있다지만, 고약한 냄새
를 풍기는 데다 말을 더듬고 알코올 중독임이 분명한 사내를 점원
으로 고용하다니? '고작' 편의점 알바라지만 매일 시간 지켜 출퇴
근하고 매장 가득한 물품을 관리하고 손님을 응대해야 하는 직업
이 아닌가. 지갑을 되찾을 때 사내의 남다른 정직성을 경험하기는
했으나 그것이 사내의 24시간을 보증할 수는 없지 않은가.

   "먼저 선한 사마리아인의 모습을 보여준 노숙자 사내에게 자
신 역시 선한 사마리아인이 되고 싶었다"(16쪽)는 영숙 씨의 동기는
다행히 배신당하지 않는다. '독고'라고 이름을 밝힌 사내는 그녀가
구해 준 쪽방에 입주하고, 금주(禁酒)를 지키고, 자발적으로 무보수
초과 근무까지 계속한다. 불굴의 고지식한 자세로 진상 고객('제이
에스')을 물리치고, 노인 고객들을 위해 상품을 집까지 배달해 주기
도 한다. 나아가 독고 씨는 스며들듯 편의점 다른 직원들이며 단골
들의 삶을 바꿔 놓는다. 의욕 없이 9급 공무원 시험을 준비하던 알

바생 시현은 독고 씨의 조언대로 편의점 관련 유튜브 채널을 개설했다가 타 편의점 점장으로 스카우트되고, 삼각김밥을 훔치던 가출 소년 '짜몽'은 독고 씨의 선의에 인도되어 집으로 돌아가며, 종일 게임만 하는 30대 아들 때문에 갑갑해하던 점장 선숙은 독고 씨의 권유에 따라 아들과의 대화의 물꼬를 튼다. 이 사소한 기적들을 빚어내면서 독고 씨는 시종 서툴고 어눌하다. 그의 조언이란 낮은 곳으로부터의 지혜, 더듬더듬 전달되는 진심일 뿐이다. "게임하면서…… 삼각김밥…… 먹기 좋대요. 아들 게임할 때…… 줘요." "근데 김밥만 주면…… 안 돼요. 편지…… 같이 줘요."(109쪽)

덩치는 곰 같지만 모자란 듯 순직한 독고 씨에게는 주변을 무장 해제시키는 힘이 있다. 비인간의 (무)표정을 흉내 내면서 우리는 사실 솔직한 친절에 목말라 있었던 걸까. 타인을 경계하고 관계를 방어하면서 누군가 불쑥 내 삶에 들어와 주길 바랐던 걸까. 영리한 조언에 지친 귀도 독고 씨의 서툰 목소리 앞에서는 열린다. '바보 현인'을 닮은 그는 궁지에 몰린 회사원에게, 돈도 창작 의욕도 고갈된 배우 겸 작가에게, 허세투성이 사장 아들에게 변화와 구원을 위한 출구가 된다. 사장 아들의 지시에 따라 그를 염탐하던 흥신소장마저 홀린 듯 편의점 야간 알바 자리에 지원하고 만다. 『불편한 편의점』을 읽다 보면 독고 씨로 인해 청파동 일대 삶의 질이 나아졌다는 생각이 들 정도다.

물론 이런 전개는 판타지다. 『불편한 편의점』은 『달러구트 꿈 백화점』 같은 '판타지형 힐링'이 아니라 '현실형 힐링'의 노선을 취하지만, 편의점에서 독고 씨 같은 점원을 기대하는 독자는 없으리라. 이미 20여 년 전에 김애란이 단편 「나는 편의점에 간다」(2003)에서 명명백백 보여 주지 않았나. 매일이다시피 들러도 편의점에서는 관계가 형성될 수 없다. 다급한 상황에서 "항상 제주 삼다수랑, 디스플러스만 사갔었는데 (……) 햇반은 흑미밥만 샀는데……
모르시겠어요?"라고 소통을 시도해도, 돌아오는 것은 "손님, 죄송
하지만 삼다수나 디스는 어느 분이나 사가시는데요"라며 난감해하
는 답변뿐이다.* 그 무관심과 무관계야말로 '내'가 원한 것이었으니.
굳이 멀리 있는 편의점을 애용한 것도 가까운 가게에서의 관심과 참
견이 불편한 때문이었으니. '나'를 익명의 소비자로 두고 개별성을
지워 내는 것이야말로 편의점의 본질이다. 그런데 『불편한 편의점』은
애써 지워 낸 개별성과 관계와 공동체성을 구현하려 한다. 너무나
뒤늦게, 코로나19로 '언택트'의 경험에도 익숙해진 대한민국에서,
달콤한 판타지의 풍미로써.

사소한 기적, 그리고 '노동'과 '가족'

『불편한 편의점』의 디테일은 리얼리즘적 묘사보다 숫자와 브랜드
라는 전략을 취한다. 소설은 등장인물들의 나이를 따박따박 밝히
고(점주 영숙은 70세, 그 아들 민식은 40세, 회사원 경민은 44세, 작가 인경은 39세……)
'옥수수수염차'와 독고 씨를, '참·참·참(참깨라면·참치김밥·참이슬)'과 경민
씨를, '산해진미 도시락'과 인경 씨를 묶어 놓는다. 소설은 2019년
말에서 2020년 초라는 시간대도 명시한다. 단, 전개가 중반에 이
른 이후다. 네 번째 에피소드의 주인공인 경민 씨의 독백에서 불
쑥 "2019년 12월이나 2020년 1월이나 춥기는 마찬가지"(122쪽)라
는 말이 튀어나오더니, (경찰 출신 홍신소장 곽의) 일곱 번째 에피소드에서
'KF94 마스크'나 '대구 지역 코로나 집단 감염' 같은 말이 등장하고, 마
지막 (마침내 독고의) 여덟 번째 에피소드에서는 코로나 위기-변화와 개
인의 위기-변화를 병렬시킨다. 기억을 되찾은 독고 씨는 유창한 독백

---

* 김애란, 「나는 편의점에 간다」, 『달려라, 아비』(창비, 2019), 232-233쪽.

으로 진단한다. "코로나19로 세계가 뒤집어진 지금 나는 마스크를 쓴 채 골몰했다. 무언가 변화하고 있었다. 세계도, 나도."(242쪽)

코로나19가 뒤늦게 추가된 화소(話素)일지 모른다는 의심은 접어 두자. 독고 씨의 말마따나 세계는 변했다. 독고 씨의 기대와는 달리 편의점식 존재와 관계를 늘리는 방향으로 말이다. 코로나19 시기에 한국에서 편의점 숫자는 5만 개를 넘어섰다. 2023년 말 기준 약 5만 5,800개로, 인구 1,000명당 한 개 이상이다.* 인구 7,000-8,000명당 한 개꼴인 다른 아시아 국가들은 물론 '편의점 왕국'으로 불리는 일본에 비해도 두 배 넘는 규모다. 지역·연령·빈부에 따른 차이가 없지 않겠지만, 2020년대 현재, 한국에서 편의점은 다른 어떤 공간보다 보편적인 공간이다. '우리'는 편의점의 삼각김밥과 도시락을 먹고, 콘돔과 담배를 사고, 네 캔 1만 원짜리 맥주를 고른다. 세금을 납부하고 택배를 처리한다. 드라마 속 주인공들이 만취하는 배경으로도 술집보다 편의점 앞 테이블이 친숙할 정도다.

『불편한 편의점』의 청파동 '올웨이즈(ALWAYS)'에는 고용주와 피고용자 사이 분쟁이 없다. 본사와의 발주 갈등이나 매출 분배 갈등(통상 점주가 65퍼센트, 본사가 35퍼센트의 구조라고 한다)도 없고, 5년 이상이 보통인 계약 기간의 족쇄도 없다. 주변 편의점이 늘어나면서 악화된 수익 구조도 문제 밖이다. 영숙 씨는 매출이 저조한데도 직원들의 최저 시급은 물론 주휴 수당까지 원칙을 고집한다. 그는 염치를 지키며 살고(성마저 염씨다), "사장이면 모름지기 직원들 생계를 생각해야 하는 거"(185쪽)라며 적자 수준의 편의점을 계속 운영해 나간다(다행히 교사 출신 연금 생활자다). 요컨대 이 소설 속 편의점은 영

* 이신영, 「전 세계 맥도날드 매장보다 많다… 외신도 놀란 한국 편의점」, 《연합뉴스》, 2024년 7월 20일자, https://www.yna.co.kr/view/AKR20240720031200009?input=1195m.

숙 씨가 최종적이고 자율적인 주체인 공간이다. 바깥세상은 영향 없이 배경으로만 존재한다. 이렇듯 의도적인 배제 속에서 직원도 손님도 어딘가 영숙 씨를 닮았다. 나쁜 사람 없이 서툰 사람만 있고, 출구 없는 악순환 대신 사소한 변화의 가치가 있다. 영숙 씨의 신뢰가 독고 씨의 자립으로 이어지고 독고 씨의 친절은 최소 일곱 명의 인생을 뚜렷이 긍정적인 방향으로 선회시킨다. 그것도 고작 서너 달 사이에.

　　그 변화의 축에는 '노동'과 '가족'이 있다. '노동'도 '가족'도 보편적 설득력을 잃은 시절이라고는 하나, 허세나 자기 방기나 또는 오해와 무관심에 대한 비교 우위로서야 여전히 유효할 터, 『불편한 편의점』은 딱 그 정도로 '노동'과 '가족'을 지지한다. '성실한 노동'과 '정상 가족'의 규범적 가치를 위압적으로 주장하지 않는다. 친절하고 우직한 독고 씨는 노숙자 이력을 부끄러워하지 않고, 여성 인물들은 (사별·가출·비혼으로) 모두 남편 없이 살지만 그것이 결여로 조명되지는 않는다. 일종의 '정의의 수호자'지만 공격성이라고는 없는 독고 씨의 행동 방식처럼, 『불편한 편의점』은 강요하기보다 부드럽게 돌려세우는 방식으로 '정상화와 개선'을 권유한다. 노숙자여도 괜찮고 편의점 알바도 나쁘지 않지만, 되도록이면 가족을 돌아보고 더 나은 노동을 모색하라는 어조로써.

　　일종의 악당을 상대할 때도 마찬가지다. 독고 씨는 처음 등장할 때부터 얻어맞으면서도 버티는 방법으로 폭력에 대응하더니, 불량한 10대를 만나서도 '제이에스(JS, 진상)'에 대해서도 한결같이 비폭력적이다. "방어로 일관"하고 "문 앞에 거대한 장애물처럼"(47쪽) 버틸 뿐, 그리고 제이에스의 방법을 제이에스에게 돌려줄 따름이다. 봉지를 무료로 달라고 억지 부리는 손님 앞에 지저분한 에코백을 내밀고, 지하철 안에서 시끄러운 통화를 반복하는 사람에게는

"너무 크게 떠드니까…… 궁금해지잖아"(201쪽)라며 집요하게 말을 붙이는 식이다. 근래 유행한 복수물의 주인공과는 천양지차다. 『불편한 편의점』은 '노동'과 '가족'과 '염치'와 '친절'을 나지막이 설득한다. 독자의 삶에 파고들지 않은 채 그저 다독거리면서.

웹소설의 퀘스트와 K-힐링의 우울

코로나19 이전의 마지막 밀리언셀러, 『82년생 김지영』은 100만 부 넘게 팔리고 해외에서도 열렬한 호응을 얻었지만 평단의 반응은 갈렸다. 최소한의 소설 미학도 없이 신문 기사나 매한가지라는 혹평이 있었는가 하면, 대의·재현(representation)의 기초가 무너진 세계에서 작가-독자 관계가 달라져 버린 만큼 서사·정서·문체에서의 작가적 고유성을 기준으로 소설을 재단할 수 없게 됐다는 주장도 있었다.* 근대의 '문학'이 대중 교육에 힘입어 만개했으되 글쓰기-미디어의 특권을 전제로 존재해 왔다면, 오늘날은 누구나 말하고 쓰는 시대, 누구나 미디어 생산자가 될 수 있는 시대다. 한편으로는 근대 세계의 토대였던 관습적 경계와 위계, 즉 국가·인종·젠더는 물론 인간의 윤곽마저 흔들리는 중이다. 쓰는 작가와 읽는 독자, 혼란한 현실과 의미 있는 허구라는 구분도 더는 유효할 수 없다.

　　『불편한 편의점』의 작가 김호연은 문예창작과 재학 시절을 회상하면서 "재미있는 이야기를 쓰고 싶은 내게 한국 문학은 그것만 가지고는 안 된다고 계속 타이르고 있었다"**고 적은 바 있다. '재미있는 이야기', 그것은 근대 소설의 태반(胎盤)이자 적(敵)이다. 소설은 이야기에서 탄생했으되 이야기를 배반하면서 성장했다.

---

* 후자에 대해서는 김미정, 「흔들리는 재현·대의의 시간」,《문학들》50, 2017, 26-49쪽 참조.
** 김호연, 『매일 쓰고 다시 쓰고 끝까지 씁니다』(행성B, 2020), 57쪽.

소설이 근대적 양식으로 자립한 것은 이야기 때문이 아니라 사회적 성찰과 실존의 실험 때문이다. 사회적으로든 개인적으로든 문제를 드러내고 위선을 까발리고 고투 속에서 길을 찾으려는 노력 없이 소설은 존재하기 어렵다. 제1차 대전 후 세계 소설사의 전개가 보여 주듯 이야기보다 성찰과 실험을 중시하는 경향마저 강력하지 않은가. 그런 점에서 소설이란 '우리'의 모순을 고발하고 '나'의 심연을 해부하는 글쓰기 양식이었다. 더 나갈 길에 대한 신뢰, 적어도 더 나은 삶에 대한 갈망을 전제로 소설은 소설다울 수 있었다. 길이 막힌다면? '나'와 '우리'의 교차가 사라지다시피 한다면? 소설은 다른 글쓰기로 진화하게 되리라. 소설과 닮았으되 근대 소설과 판이한 무언가로. '사회적인 것'의 종언은 곧 소설의 종언이다.*

　애초에 '우리'도 '사회적인 것'도 환상이었다고 말할 수도 있겠다. 비장애인·이성애자·남성의 좌표를 '우리'로 기만당한 역사가 있을 뿐이라고, 그러니 '사회를 보호해야 한다'는 압력에서 해방돼 저마다의 해방을 교차시키자고, 그러면서 공존의 계기를 증식시켜 보자고 말이다. 그러나 '우리'의 환상을 상실한 곳에서 나는 불안하다. 혼란스럽다. 여러 갈래의 시선과 주장 사이에서 찢긴다. 차라리 아우성에 귀 닫고 사소한 관계와 취미와 도락 속으로 물러나고 싶다. 뉴스를 피하고 논쟁을 차단한다. 영화나 드라마가 요구하는 주의력조차 부담스럽다. 매일 10분 치 연재분을 먹는 웹소설의 생리에 익숙해진다. 성찰이나 실험은커녕 긴 이야기를 맛보는 것도 힘들어지고, 그저 일상을 견딜 수 있게 해주는 무용한 습관을 찾을 뿐이다. 『불편한 편의점』을 즐겁게 읽기는 어려웠으

---

* 가라타니 고진의 「근대문학의 종언」과 황종연의 「문학의 묵시록 이후」가 발표된 것이 2000년대 중반이었으니 새삼 '종언'을 말하는 것이 민망하기는 하다. '종언'이 요청하는 '전환'이 계속되는 까닭이라고 해두자.

나—후반부로 갈수록 ('-하고', '-하고'의 연속으로 사건과 행동을 나열하는 식의) 시놉시스나 트리트먼트에 가까운 문장이 많아져서 몰입감이 조각난 탓도 크다—이른바 힐링 소설을 휴식의 레퍼토리로 소비하는 마음은 멀리 느껴지지 않았다. 이해도 모색도 심판도 그만. 다만 휴식을.

　　K-힐링과 웹소설은 좋은 짝패 같다. 웹소설의 전형적 주인공은 비인간적일 정도로 월등하다. 로맨스건 판타지건 무협이건 주인공은 실패와 후회로 점철된 1회차 인생 후 n회차 인생을 맞아 무쌍의 능력을 발휘하면서 퀘스트를 성취해 나간다. 시간을 거슬러 어렸을 적으로 돌아가거나(회귀) 다시 태어나는(환생) 건 예사고, 다른 시대를 사는 타인의 몸에 깃드는 일(빙의)도 자주 벌어지건만, 한결같이 과제는 분명하고 전략은 명쾌하다. 한 치 앞을 알 수 없는 미래와 의미를 찾을 길 없는 고난과 명분 붙이기 어려운 우울 등은 회빙환(회귀·빙의·환생) 주인공에게는 거의 존재하지 않는다. 1회차 인생의 경험이 예지·통찰·역량의 자원이 되는 가운데 그의 새로운 인생은 돈·지위·관계에서 사랑·인정에 이르기까지 오직 성공으로 이어진다. 요즘이라면 SNS로 전시하기 맞춤한 호화로운 일상도 부록처럼 따른다. '의미 잃은 존재'와 '길 없는 편력'이라는 근대 소설의 테마는 웹소설에서는 난센스다.*

　　반면 『불편한 편의점』의 인물들은 누구랄 것 없이 문제투성

---

* 회빙환은 인생을 퀘스트로, 방향 모를 미로를 쾌속의 성공으로 변환시키지만, 중반 이후에는 흔히 방황·탐색 속에서 의미를 찾는다는 색채를 곁들인다. 사실/허구와 진짜/가짜라는 관습적 구분에 대한 문제 제기를 겸함으로써 방황·탐색의 의미와 층위를 바꾸려는 면모도 있다. 현실의 삶과 가상의 삶 사이 위계를 거부한다든가(웹툰 『후궁공략』), 회귀의 피로를 부각시킨다든가(웹소설 『나쁜 시녀들』), 회빙환의 연쇄를 끊고 '시행착오로 가득 찬 유일한 삶'의 가치를 긍정하는(웹소설 『데뷔 못하면 죽는 병 걸림』) 등의 메타 회빙환 서사도 자주 보인다.

이다. 고립과 실패와 우울은 보편적이다. 회피하고 화내고 허세 부리지만 그들도 그 사실을 잘 알기에, 계몽적이거나 시혜적인 접근은 질색하면서도 호의적 손길과 변화의 계기를 갈망한다. '바보 현인' 독고 씨는 그런 계기로서 맞춤한 존재다. 그는 우월하거나 열등하거나 또는 잘나거나 못난 위계를 교란하면서 참 투박하게도 친절을 베푼다. 원 플러스 원(1+1)이라며 옥수수염차를 내밀고 폐기 식품이라면서 핫바를 데워 주고 전깃줄을 낑낑 끌어다 추운 날 야외 테이블 옆에 온풍기를 틀어 준다. 독고 씨, 나도 나도. 내게도 한 조각 관심과 돌봄을. 오래된 동네의 작은 편의점이라면 반쯤은 구멍가게일 수 있을 테니, 편의점과 구멍가게 사이 절묘한 균형을 부디. 궁금해하지 않되 진심으로 친절하게, 매뉴얼대로이면서도 나만은 조금쯤 멋대로 편안할 수 있게끔. 세상이 바뀔 리 없으니 작게나마 숨 쉴 공간을.

소설의 추억과 소설에의 갈망

『불편한 편의점』의 인물들은 독고 씨와 각자 단독의 관계를 맺을 뿐 서로 이어지지 않는다. 상호 연결 없는 관계다. 소설의 옴니버스식 구성 역시 공동체라는 판타지의 전개를 제어한다. 하긴 2020년대다. 한국 사회가 최종적으로 고향-농촌과 작별한 지도 오래다. 영화 〈집으로...〉(2002)와 〈워낭소리〉(2009), 소설 『엄마를 부탁해』(2008)가 전 국민적 호응을 얻었던 그때쯤일까. 얼마 후에는 '응답하라' 시리즈(2012-2016)가 유행했다. 그것은 곧 작별이자 애도의 과정이었다. 가족과 이웃과 평생 가는 인연이라는 정답고도 지긋지긋한 세계에 대한. 이제 그 세계는 사라지다시피 멀어졌다. 생활이 소비 중심으로 압축되고, 소비는 프랜차이즈화되고 만 오늘날, 나의 일상은 표준화 속에서 쾌적하다. 낯선 동네에서도 으레 편의점을 찾는다. 비위생과 비표준과 불친절의 위험을 감수하고 싶지 않으니까. 내 취향은 글로벌한 유통망과 트렌디한 신상품에 진작 길들었으니까. 그것이 자생적이고 토착적인 다양성을 위협한다고 생각하면서도. '장소'는 사라지고 '공간'만 남겠구나 탄식하면서도. 노스탤지어는 달콤하지만 생활을 바꾸기란 막막하고도 힘겹다.

마치 『심야식당』처럼 『불편한 편의점』의 에피소드도 계속 이어질 수 있었을지 모른다(2권도 나왔다). 독고 씨가 독고 씨 그대로 존재한다면. 자기주장 없이 타인에 응답하는 자로서 계속 살 수 있다면. 그러기에는 작가가 독고 씨를 너무 사랑했나 보다. 『불편한 편의점』은 결말에 이르러 독고 씨에게 재출발의 서사를 선사한다. 당황스럽게도 '회한의 금수저' 설정과 함께다. 알코올성 치매 때문에 기억을 잃어버렸던 독고 씨가 알고 보니 성형외과 전문의였단다. 남부러울 것 없이 성공을 향해 질주하던(그래서 대대 금수저는 아니지만 당대 은수저의 자리를 확보한) 그가 무너진 것은 뜻밖의 의료 사고 때문이었다고 한다. 그것도…… 사법적 문제는 전무한 중에 오직 양심의 가책 때문에 그렇게 됐다는 거다. 고스트닥터를 고용한 수술 중에 환자가 사망한 후, 그 죄책감을 누르려 술에 의존하던 끝에 아내와 딸이 떠나 버렸고, 우연히 옷과 신분증을 잃은 것을 계기로 노숙자가 됐다는 사연이다.

느닷없는 전개다. 기억을 잃고도 굳건하던 독고 씨의 도덕성과 무저항과 친절에 속속들이 위배되는 전개이기도 하다. 이기적 출세주의자가 착하고 정의로운 이웃이 된다는 도덕적 고양의 서사라니, 차라리 노숙자가 의사가 된다는 기적의 변신담이 더 그럴 법하지 않은가. 작가는 왜 이런 무리수를 둔 걸까. 『심야식당』식의 무한 옴니버스를 기약하기 싫었던 걸까. '재미있는 이야기'의 최종적 카타르시스를 히어로의 화려한 승리에서 찾는 기대 지평을 의식한 탓일까. 『불편한 편의점』은 독고 씨가 "부끄럽지만 살기로 했다. (……) 도울 것을 돕고 나눌 것을 나누고 내 몫의 욕심을 가지지 않겠다. 나만 살리려던 기술로 남을 살리기 위해 애쓸 것이다"(266쪽)라고 다짐하는 장면으로 마무리된다. 이 같은 반성과 신생은 아마 작가가 2020년대의 한국 사회에 권하려는 삶의 경로일 터이다. 부끄럽거나 죄스러운 과거에 지지 말고, '도울 것을 돕고 나눌 것을 나누'며 살아가는 일.

　'서민'적 또는 '소시민'적 생활과 윤리를 지키는 일은 결코 녹록지 않다. 그런 어휘가 폐기되다시피 한 지금은 더욱 그렇다. 한국뿐 아니라 해외에서도 마찬가지인가 보다. 『불편한 편의점』은 20개국 이상과 번역 계약을 체결했고 독서 시장에서 적잖은 호응을 불러일으키고 있다고 한다. 대만에서 번역 소설 베스트셀러 1위에, 일본에서는 3위에 올랐고, 편의점 문화가 낯선 유럽에서도 순조롭게 판매 중이란다. 스페인에서는 '염 여사의 놀라운 가게(*La Asombrosa Tienda de la Señora Yeom*)', 독일에서는 '염 여사의 큰 희망의 작은 가게(*Frau Yeom kleiner Laden der großen Hoffnungen*)'라는 제목으로 번역됐다는 소식도 전한다. 그렇게 전 세계가 한국산 추억을 사들이고 있다. 추억이 현실이 될 수 없다는 걸 알면서도, 이미 두고 떠나온 세상을 그리워하면서.

　소설의 성찰과 모험은 끝나 가는 것일까. 생활 속 내가 제자리에서 허우적댈수록 다른 세계에 대한 소설적 갈망은 소중했는데 말이다. 소설은 너무나 대단했기에 감히 소설가 되기를 꿈꿀 수 없었다. 요즘 문단 주변 소설에서 자폐적 냄새를 맡을 때 가끔 졸렬한 쾌감을 느끼는 것도 그 때문인가 싶을 정도다. 나 따위는 떨궈놓고 독하고도 찬연하더니. 소수성의 모험이 아니라 소수적인 척

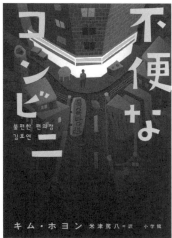

『불편한 편의점』의 다양한 해외판. 왼쪽 위부터 시계 방향으로 대만, 일본, 스페인, 독일판이다.
(출처: 지모; 쇼가쿠칸; 두오모 에디시오네스; 한저)

하는 감옥이 한가득이네? 성찰도 모험도 없는 소설이 소설일 수 있 겠어?

　책의 몫도 소설의 몫도 빠르게 줄어들고 있다. 그런 만큼 『불편한 편의점』이 100만 부 넘게 팔렸다는 소식은 일단 반가웠다(꼭 망원동에 건물 올려서 사시사철 〈망원동 브라더스〉 연극을 공연하실 수 있기를!). '서민'·'소시민'의 생활과 도덕을 유지하는 것만도 모험이 돼버린 오늘날, 피로와 불안을 중지시킬 수 있는 '위안'과 '행복'의 가치는 결코 작지 않다. 그렇지만 동시에, 어떤 방향으로든 돌파력을 충전한 소설을 만나고 싶다. 서민적 위안과 소시민적 행복에 만족한다는 건 타협일 뿐 장기 지속의 해결책일 수 없으니까. 인간은 어리석게도 '삶 밖의 삶'을 포기하지 못하니까. 누구나 '지금·여기'를 욕구 불만의 무한 연쇄가 아니라 희망의 계기로 살아 내고 싶어 하지 않는가. 다른 지평의 동력으로서 발본적 성찰과 모험이 간절하지 않은가. 나는 여전히 소설의 남은 가능성을 믿고 있나 보다.

서리북

권보드래
본지 편집위원. 한국 근현대문학 전공자. 현재 고려대 국어국문학과에서 공부하고 가르치고 있다. 지은 책으로 『한국 근대소설의 기원』, 『연애의 시대』, 『1960년을 묻다』(공저), 『3월 1일의 밤』 등이 있다.

📖 편의점이라는 공간이 낳을 수 있는 논리적 인간형은
『편의점 인간』의 주인공에 가까울 것이다. 18년째 편의점
근무 중인 30대 여성 후루쿠라. 그는 "완벽한 매뉴얼이
있어서 '점원'이 될 수는 있어도, 매뉴얼 밖에서는 어떻게
하면 보통 인간이 될 수 있는지" 무지한 채 살아간다.
'진정성 이후의 인간'으로서, 내면에 이어 욕망과 쾌락마저
잃어버린 채 그는 '편의점 직원이라는 동물'로 존재할
뿐이다. 그와 나는 과연 얼마나 다른가?

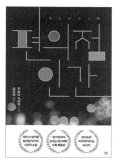

"편의점에 계속 있으려면 '점원'이 될 수밖에 없어요. 그건
간단한 일이에요. 제복을 입고 매뉴얼대로 행동하면 돼요.
(……) 보통 사람이라는 거죽을 쓰고 그 매뉴얼대로 행동하면
무리에서 쫓겨나지도 않고, 방해자로 취급당하지도 않아요.
(……) 모든 사람 속에 있는 '보통 인간'이라는 가공의 생물을
연기하는 거예요." — 책 속에서

『편의점 인간』
무라타 사야카 지음
김석희 옮김
살림, 2016

📖 5만 개 점포를 돌파한 편의점은 한국적 풍경의 불가결한
요소다. 최저 시급과 주휴 수당, 프랜차이즈와 근접 출점과
수익 배분 등 복잡한 사회·경제적 문제와 직결된 현장이기도
하다. 『아파트에 미치다』, 『도시계획의 사회학』 등의
저자이기도 한 전상인은 편의점을 '신자유주의 시대의 통치
인프라'로 읽어 내면서도 편의점을 선용(善用)할 방법을
고민한다. 『편의점 사회학』이 출간된 지 10년이니 편의점의
또 다른 사회학·경제학·인류학이 나올 때도 되지 않았을까?

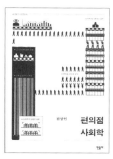

"우리는 편의점과 더불어 어떻게 살아야 하나? (……)
편의점에 점점 더 예속되고 중독될 것인가, 아니면 그것을
삶의 질 향상 및 도시 공동체 재건을 위해 선용할 것인가
하는 문제는 결국 편의점 사회에 대한 시민적 주권의 회복과
유지에 달렸다. 그러기 위해서도 편의점 사회학은 앞으로 할
일이 많다." — 책 속에서

『편의점 사회학』
전상인 지음
민음사, 2014

한국 과학기술 인물열전 : 자연과학 편

대한민국 과학자의 탄생

우리 역사의 잃어버린 고리,
그 현대 한국 과학자들 이야기

김근배·이은경·선유정 편저

『대한민국 과학자의 탄생』
김근배·이은경·선유정 편저
세로북스, 2024

한국에서 과학자란 누구이고, 과학이란 무엇인가?

유상운

과학 전기와 과학사

"한두 과학자의 기록은 단순한 에피소드일 수 있으나 많은 과학자의 기록은 그 자체가 흥미진진한 역사적 서사가 된다."(7쪽) 이 책의 첫 문장이다. 사마천의 사기 열전 형식을 빌려 해방 이전에 태어나 근대 과학 분야에 종사한 30인의 삶을 생애순으로 담았다. 이론물리학자 이휘소와 같이 이미 알려진 이름도 있지만, 낯선 인물이 더 많다. 이들의 이야기를 복원하기 위해 편저자를 포함한 국내 과학기술사 각 분야의 전문가들이 국내, 일본, 미국 등지의 여러 기록 보관소에 흩어져 있던 문헌 자료들을 발굴하고 유족의 소장품을 수집했다. 2010년에 착수해 약 15년에 걸쳐 전북대학교 과학학과에 국내 유일의 '한국 과학기술인물 아카이브'를 구축하면서 책으로 만들어 낸 첫 결과물이다. 더 과거로 거슬러 올라가자면, 이 프로젝트를 이끌어 온 김근배의 1996년 박사학위 논문,「일제시기 조선인 과학기술인력의 성장」을 시작점으로 삼을 수도 있다. 이번 자연과학 편을 시작으로 공학기술, 정책문화, 의약학, 농림축수산학, 북한 편을 통해 총 200명 내외 한국 과학기술자들의 개인사를 정리할 계획이라고 한다. '한국 과학기술 인물열전' 시리즈의 규모와 내용은 국내 과학기술학(Science and Technology Studies, STS) 분야에서는 전례가 없고 세계적으로도 손꼽을 만하다.

과학 전기(scientific biography)는 과학사(history of science) 문헌을 구성하는 가장 오래된 장르라고 해도 과언이 아니다. 20세기 들어 과학사라는 전문 분야가 성립하기 이전부터 위대한 과학자들의 이야기는 여러 사람들이 기록해 왔다. 과학 전기는 오래됐을 뿐만 아니라, 대중적인 호소력이 뛰어난 장르이기도 하다. 우리는 대부분 어릴 적부터 갈릴레오, 뉴턴, 다윈, 에디슨, 아인슈타인의 전기를 통해 과학의 역사를 이해한다. 과학 전기는 대중으로 하여금 과학자들의 개인적 삶을 이해하는 데 머무르지 않고, 과학자란 무엇을 하는 사람들이고, 더 나아가 과학이란 무엇인지를 이해하도록 이끈다. 이 책 첫 문장의 표현을 일부 빌리자면, 몇몇 과학자들의 단순한 에피소드가 과학 전반을 이해하는 강력한 준거로 기능해 왔다.

이와 같은 과학 전기 장르는 20세기 후반 들어 과학사 분야가 전문화되는 토양이자, 그와 동시에 역설적으로 전문화된 과학사 분야가 거리를 두고자 하는 대상이기도 했다. 1960년대 프린스턴 대학교 역사학과에서 과학사 분과의 제도화를 이끌었던 과학사학자 찰스 길리스피(Charles C. Gillispie)는 여러 분야의 과학사 연구자들과 함께 1970년부터 10년에 걸쳐 16권 분량의 『과학 인명사전(*Dictionary of Scientific Biography*)』 시리즈를 펴냈다. 이 작업에 대해 일부 과학사학자는 이미 알려진 인물들과 그들의 아이디어를 신화화할 수 있다는 우려를 제기했다. 페미니스트 이론가들은 이와 같은 전기 장르가 백인 남성 위주의 편향이 있다는 점을 지적했다. 또 다른 역사학자와 사회학자들은 인명사전에서 배제된 보다 넓은 범위의 과학자, 기술자, 장인 등에 주목하고, 이들을 포괄하는 전문 규율적 여건(disciplinary setting)을 분석해야 한다고 제안했다. 전기 장르와의 거리두기는 역사학 전반의 분위기이기도 했다. 《미국 역사학 비평(The American Historical Review)》에서 한 역사학자는 오늘날 박사 과정생이나 정년 심사를 앞둔 조교수들 모두에게 전기 장르는 권장되지 않는다는 점을 지적하면서 이제 "전기는 (역사학) 전문 업계에서 사랑받지 못하는 의붓자식(unloved stepchild)으로 남았다"고 한탄했다.*

　　과학 전기와 과학사 전문 분야 사이의 이러한 긴장은 '한국 과학기술 인물열전'에 이중의 숙제를 안겼다. 첫 번째 숙제는 앞에서 살펴본 것과 같이 과학사 전문 분야에서 특정 인물을 서술할 때 그 대상을 영웅화하지 말아야 한다는 주의점이다. 두 번째 숙제는 한국의 사례를 다룰 때 마주하는 현실로, 그간 한국의 역사에서 과학기술계에 종사했던 인물은 거의 존재감이 없었다는 점에서 비롯한다. 간혹 장영실이나 허준과 같은 인물들이 과학자로 언급되고는 하지만, 같은 시기 서양의 인물들에 비해 비중이 적고, 20세기로 넘어오면 아인슈타인, 왓슨과 크릭, 오펜하이머와 같은 인물들의 유명세 앞에서 한국 과학자들의 존재는 더욱 왜소해진다. 다시 말해 서술 대상의 신화화라는 함정으로부터 구해 낼 과학 전기조차 제대로 갖추어지지 않은 셈이다. 이런 점에서 '한국 과학기술 인물열전'은 언급조차 되지 않은 채 묻혀 버린 과학자들을 발굴하되, 동시에 전문 과학사 문헌으로서 이들의 활동을 개인적 성취로 국한하지 않고 당대의 상황 속에 위치시키고자 하는 두 가지 숙제

---

* David Nasaw, "Introduction to AHR roundtable 'historians and biography'", *American Historical Review* 114(3), 2009, p. 573.

에 대한 나름의 균형 감각을 제시한다.

　그런데 이러한 두 가지 숙제를 모두 포괄하며 긴장을 일으키는 또 하나의 더 큰 문제가 놓여 있다. 과학자들이 자신의 이름을 알리고 널리 인정받는 것의 가치는 크레딧(credit)과 같은 상징 자본(symbolic capital)이 작동할 때만 의미가 있는데, 이는 20세기 과학의 특징이라 할 수 있다. 크레딧은 지식을 생산하는 데 참여한 사람에 대한 일종의 상징적 보상으로, 금전적 이득을 반드시 수반하지 않더라도 개인에게 지식 생산을 위한 동기로 작용할 수 있다. 더 많은 비용을 들여 장비를 구입해 실험을 하고, 그 결과물을 더 고가의 게재료를 감수하고서라도 학계에서 권위를 인정받는 학술지에 투고하고자 하는 과학자의 동기가 그러한 예이다. 이는 오늘날 과학자 사회의 성격을 이해하는 데 핵심적인 요소인 만큼, 과학 활동에 참여했으나 지워질 뻔한 인물의 이름을 밝히고, 그들의 기여를 엄밀히 평가해 크레딧을 분배하는 작업은 중요한 의미를 갖는다. 다만, 한 가지 유의할 점은 이러한 크레딧의 재분배 작업이 전문 직업인 집단으로서 과학자 사회가 갖추어진 이후에 의미를 갖게 된다는 점이다. 20세기에 들어 과학자 사회가 오늘날의 모습으로 확립되기 이전, 자연을 탐구하거나 기술을 개발하는 공동체에서 크레딧은 오늘날만큼 중요한 문제로 여겨지지 않았다.

　물론 이러한 사실이 20세기 과학이 제도화되기 이전에 활동한 사람들과 관련하여 이들의 이름을 발굴하는 작업을 무의미하게 만들지는 않는다. 크레딧의 중요도에 대한 역사적 변화는 오히려 이 책이 발굴해 낸 과학자들의 이름을 통해서 앞으로 더 나아가야 할 질문들을 던져 준다. 이 책이 담고 있는 1900년 전후 태생의 인물들은 어떤 동기로 오늘날 과학이라 불리는 분야에 종사하게 되었는가? 이들의 크레딧에 대한 추구는 조선 시대 입신양명의 가치와 수입된 교육 체제 속에서 어떻게 형성되었는가? 비록 이 책은 이러한 질문들을 직접적으로 다루지는 않지만, 그간 주목받지 못했던 인물들의 복잡다단한 개인사를 제시함으로써, 독자들로 하여금 다음과 같은 질문들을 던지게 한다. 20세기 한국에서 등장하기 시작한 과학자란 누구이고, 그들이 행위 속에서 형성된 과학이란 무엇인가?

선택과 분류

모든 전기와 사전이 그렇듯, 이 책 역시 필연적으로 특정한 선택과 분류의 결과물이다. 이 책은 1945년 이전에 태어나고 우리가 현재 과학이라고 부르는 전문 분야에 종사한 사람들 중에서 30명을 선정했다. 그 결과로 수학, 물리학, 화학, 생물학, 지구과학, 공학, 의약학 분야 등 다양한 분과 학문들의 성립과 발전에 기여한 인물들의 이야기가 지면을 장식하고 있다. 물론 발굴 작업이 곧바로 서술을 의미하는 것은 아니었다. 서문에서도 밝히듯, 최초의 여성 수학자 홍임식, 해외에서 활동한 화학자 김순경, 국내 화학계의 전무식, 과학 행정 분야에 기여한 물리학자 최규남과 박철재 등과 같은 인물들은 이 책에 포함되지 않았다. 그 외에도 이 책이 포함하지 않은 몇몇 인물들이 있다. 물리학 분야에 한정하면, 도쿄제국대학에서 물리학을 전공하고 월북한 핵물리학자 도상록, 오늘날 반도체의 표준이 된 금속산화물반도체(Metal-Oxide Semiconductor, MOS)의 발명자로서 당시 생존했다면 집적회로를 발명한 공로로 2000년 노벨 물리학상을 수상한 잭 킬비(Jack Kilby)와 공동 수상했을 것이라 평가받는 강대원, 대중서를 통해 최근 주목받은 인물로 식민지 조선에 아인슈타인을 소개한 황진남과 같은 인물들이 대표적이다.

　이처럼 배제된 사례들을 근거로, '한국 과학기술 인물열전'의 서술 이면에 깔려 있는 어떤 보이지 않는 전제를 추정하며 이를 비판하는 것도 가능할 것이다. 실제로 길리스피가 『과학 인명사전』을 처음 발표했을 때 쏟아졌던 대부분의 비평은 해당 사전이 이런저런 인물들을 포함하지 않았다는 점을 비판의 지렛대로 삼았다. 하지만 나는 이러한 종류의 비평이 '한국 과학기술 인물열전'에는 적합하지 않다고 본다. 왜냐하면 이 책의 기본 취지가 그러한 배제에 대한 문제의식에서 출발하기 때문이다. 이 책의 목표는 서양 중심의 과학사 서술에서 주목받지 못했을 뿐만 아니라, 더욱이 그러한 편향적인 과학사를 그대로 수입해 텅 빈 상태로 남아 있던 20세기 한국 과학자들의 역사를 복원하는 것이다. 또한 앞에서 언급한 도상록, 강대원, 황진남 등과 같은 인물들을 포함해 이 책이 담지 않은 인물들의 공통점은 그러한 배제의 이유가 무엇인지를 더욱 명확하게 보여 준다. 이들은 각 인물들이 갖는 역사적 중요성에도 불구하고, 그들을 이해할 수 있는 기록과 해석이 충분히 축적되지 않았다는 점에서 공통적이다. 이들의 역사는 다양한 기록과 해석 작업이 축적되면 후속편으로 계획된 공학기술, 정책문화, 북한 편 등에서 등장할 것으로 기대한다.

　　이 책에 포함된 인물들은 세부 전문 분과나 학파가 아닌 태어난 시기순으로 정리되어 있다. 이 책의 시작점인 19세기 말은 국내에서 과학자와 과학이라는 개념이 형성되기 이전이라는 점을 고려할 때 적합한 정리 기준이라고 할 수 있다. 이를 감안한다면, 시리즈 전체를 자연과학, 공학기술, 정책문화, 의약학, 농림축수산학, 북한 편으로 분류한 것은 다소 의아하다. 특히 이번 책인 자연과학 편과 추후 계획된 공학기술 편은 그 경계를 정당화하기 어렵다. 서양 과학기술사에서 과학자와 공학자의 정체성은 나름대로 구분되는 역사 속에서 형성됐다. 하지만 과학자와 공학자의 정체성은 기원만을 서로 조금씩 달리할 뿐, 19-20세기에 걸쳐 기업 연구소의 출현, 2차 산업혁명의 전개, 거대과학(Big Science)의 등장과 같은 변화 속에서 그 구분이 매우 모호해졌다. 더욱이 이 책이 잘 보여 주듯, 이 시기 식민지 조선, 일본, 미국 등지에서 접한 과학은 여러 전문가적 정체성이 뒤섞인 모습을 하고 있었다. 과학과 기술이 하나로 묶인 과학기술, 그리고 그 분야의 종사자로서 과학기술자라는 개념이 서구에는 존재하지 않는 반면, 20세기 이후 한국에서는 널리 통용되고 있다는 점은 과학과 기술이 서로 뒤섞이고 결합되어 온 역사를 반영한다.

낯선 이름들이 보여 주는 역사

이 책에 등장하는 30인의 이름은 상당수가 낯설다. 부끄러운 고백을 하자면, 학부에서 물리학을 전공하고 대학원에서 한국의 사례로 과학기술학 박사학위를 받은 내가 이 책에서 알고 있던 이름은 절반이 채 안 됐다. 학부에서는 서구의 물리학과 물리학자만 배웠고, 박사학위 논문을 쓸 때는 한국의 인물보다는 연구 기관과 제도에 초점을 맞추었다. 편향된 교육의 빈틈을 비집고 들어오는 이 책의 낯선 이름들은 지금껏 조명받지 못했던 역사의 영역이 얼마나 방대한지를 알려 준다. 더 나아가, 이들이 조명 밖으로 사라지는 특정한 시점을 짚음으로써 그 삭제의 역사를 이해할 수 있는 실마리를 제공한다.

　남북한 양쪽에서 자취를 감춘 정두현과 김량하에 대한 서술이 대표적이다. 1887년 평양에서 태어난 정두현은 통감부의 관비 유학생 선발 시험에 합격해 도쿄제국대학 농과대학의 전문학교인 농학실과에 진학했다. 졸업 후 1916년 조선으로 돌아온 후 정두현은 조선인이 취업할 수 있었던 학교 교사로 취직했는데, 그중 한

1946년 후반 김일성종합대학 의학부 학부장 시절 정두현.(출처: 위키피디아)

곳인 숭덕학교 교감을 맡으며 3·1 운동을 지원하다가 형무소에서
고초를 겪기도 했다. 이후에도 도호쿠제국대학과 대만의 다이호
쿠제국대학에서 각각 생물학과 의학을 전공하며 학업을 이어 나
간 정두현은 1942년 경성제국대학 의학부로 돌아왔고, 해방 후에
는 1946년 10월에 출범한 김일성종합대학의 의학부 학부장으로
위촉됐다. 이에 더해 북조선로동당 중앙위원 등으로 임명되며 높
은 서열에 올랐던 정두현이지만, 그의 행적은 1951년 이후로 더 이
상 나타나지 않는다. 1949년 소련에서 북한으로 리센코 생물학이
유입되면서 유전학에 대한 대대적인 검열이 이루어졌고, 정두현
이 옹호했던 멘델, 모건 유전학은 "반동적 학문"으로 치부됐다. 정
확한 이유는 여전히 알 수 없지만, 이 책은 같은 시기 정두현 역시
숙청됐을 것으로 추측한다.(78쪽)
　　김량하 역시 남과 북 모두에서 잊힐 뻔한 인물이다. 1901년 함

경남도에서 태어나 관비 유학생으로 선발돼 도쿄제국대학 화학과를 졸업하고, 당대 일본 최고의 연구 기관이었던 이화학연구소에 조선인 최초로 취직했다. 이곳에서 쌀 배아 성분 분석과 비타민E 결정체 추출 방법에 대한 연구를 수행하다가 일제강점기 말엽 이화학연구소를 그만두고 조선으로 돌아왔다. 귀국 후 김량하는 여러 정당과 단체에 가입해 활발히 활동했다. 우익 계열의 한국민주당 발기인으로 참여했고, 좌파 인물들과도 가까워 조선인민당에도 합류했다. 우익과 좌익 모두를 비판했던 김량하는 양측의 공격을 받으며 우익에게는 좌익으로, 좌익에게는 우익으로 몰렸다. 결국 1948년 남한 단독 정부 수립과 함께 남북이 분단된 이후 김량하는 더 이상 정치 활동을 하지 않았다. 1950년 한국전쟁 때는 남쪽으로 피난했다가, 부인과 아들을 남쪽에 남겨 둔 채 북으로 넘어가 버렸다. 그의 행적을 놓고 자진 월북이라는 주장과 강제 납북이라는 주장이 엇갈리지만, 이후에도 한동안 김량하는 북한에서 활발히 활동했다. 그러다가 1950년대 후반에 이르러 자취를 감추는데, 이 책은 1950년대 후반 사상 검열이 강화되고 과학 부문에서도 구세대 과학자들을 몰아내는 정풍운동을 계기로 김량하가 공식 기록물에서 사라지기 시작했을 것이라 본다.(184-205쪽)

　　특정 인물이 아닌, 30인의 인물들이 전체적으로 보여 주는 경향 역시 이 책의 중요한 결과물이다. 눈여겨볼 만한 통계는 이들이 태어난 곳이다. 30명 중 14명이 함경도, 평안도, 경기 북부, 강원도에서 태어났다. 이는 서울에서 태어난 인물이 3명, 영호남과 충청도에서 태어난 인물이 모두 11명인 점과 비교할 때 높은 비율이라 할 수 있다. 북부 지방 중에서도 평안도가 돋보인다. 앞서 살펴본 정두현을 포함해, 곤충학자 조복성, 나비학자 석주명, 수학자 리림학 등 7명이 모두 평안도에서 태어났다. 다른 어떤 행정 구역과 비교

1939년 1월 10일자 《동아일보》에 실린 김량하의 비타민E 결정 발견 보도.
(출처: 『대한민국 과학자의 탄생』, 191쪽, 세로북스 제공)

해도 적게는 약 1.5배에서 많게는 2배 이상 차이 나는 수치다. 최근 역사학계의 연구에 따르면, 18세기 이후 자발적으로 자신의 고향을 떠나 북쪽으로 이주하며 신분 상승을 도모하는 백성들이 늘어났는데, 이들은 농사가 어려운 환경에서 여러 기술을 익히고 협력하는 공동체를 이루었다고 한다.* 이러한 조선 후기 신분 체제

---

* 권내현, 『노비에서 양반으로, 그 머나먼 여정』(역사비평사, 2014); 이정, 『장인과 닥나무가 함께 만든 역사, 조선의 과학기술사』(푸른역사, 2023), 241-312쪽.

의 변화, 지리적 이동, 기술 실천에 관한 기존 연구와 이 책이 제시하는 통계를 접목한다면, 20세기 한국에서 과학자라는 전문 직업이 역사적으로 형성되는 과정을 조망할 수 있는 계기가 마련될 것이다.

낭만 과학, 산업 과학, 그리고 여러 과학들

20세기 과학을 분석할 때 가장 두드러지는 요소는 명예, 인용, 인정과 같은 크레딧이다. 크레딧은 사회학자 막스 베버(Max Weber)가 인정(recognition)을 추구하는 집단으로서 전문 지식인을 언급한 이래로 카를 만하임(Karl Mannheim)의 지식사회학과 로버트 K. 머튼(Robert K. Merton)의 과학사회학에서 지식인 사회를 분석하기 위한 핵심 개념으로 사용됐다. 이후 크레딧은 과학기술학계의 고전이 된 브뤼노 라투르(Bruno Latour)와 스티브 울거(Steve Woolgar)의 『실험실 생활』에서도 핵심 개념으로 등장한다. 라투르와 울거는 과학자들이 연구실을 운영하며 꾸준히 논문을 출판하는 행위를 "크레딧의 사이클(Cycles of Credit)"로 설명했다. 논문을 출판해 학계의 인정을 받으면, 그러한 인정을 바탕으로 연구비를 지원받을 수 있게 되고, 그러한 연구비를 바탕으로 더 좋은 장비들을 구입해 더욱 파급력 있는 논문을 발표할 수 있게 된다는 것이다.* 과학의 전체 역사에서 크레딧이 얼마나 중요했는가에 관한 문제는 여전히 논쟁적이지만, 분명한 점은 크레딧을 중심으로 과학을 이해하는 방식은 다분히 20세기만의 현상이라는 것이다.

　저자들이 직접적으로 언급하지는 않지만, 이 책은 이러한 20세

---

* Bruno Latour and Steve Woolgar, *Laboratory Life: The Construction of Scientific Facts*, 2nd ed.(New Jersey: Princeton University Press, 1986), pp. 187-233.

기 과학의 모습이 형성되기 이전, 그리고 20세기 이후 현재까지 일부 이어져 오고 있는 것으로 보이는 과학 활동의 모습을 그리고 있다. 특히 몇몇 인물들이 자신의 연구 활동에 의미를 부여하는 장면은 이들이 자연을 탐구하게 된 개인적 동기와 더불어 이들이 어떠한 모습으로 과학을 상상하고 실천했는지를 가늠하게 한다. 1905년 평양에서 태어나 20세기 전반 곤충학 분야를 정립한 조복성은 1948년 『곤충기』의 서문에서 다음과 같이 말했다.

> 힘에 넘치는 큰 물건을 끌고, 집에 있는 동포들에게 봉사하려고 수고하는 개미의 무리, 이 진실한 노동자야말로, 그 옛날의 사회학자나 심리학자를 감탄시킨 이상(理想)의 사회생활의 실행자이다. (……) 평생(平生)에 경시 모멸(侮蔑)의 눈으로 내려다보던 한 개의 벌레에도 상당한 의지가 있고, 생물계의 엄연한 존재라는 것을 이해하여 주신다면, 범례나 필자의 입장으로 보아 이 이상의 행복이 없다고 믿는다. (272쪽, 재인용)

조복성은 곤충의 여러 행태가 인간의 모습과 닮았다고 생각했고, 곤충과 인간 사이의 유사성을 이해하는 것은 그가 곤충 탐구를 하는 데 큰 기쁨이자 동기였던 것으로 보인다. 이와 유사하게 같은 시기 나비학자로 이름을 떨친 석주명은 나비 연구를 시작점으로 삼아 국내외 여러 지역의 문화를 탐구했다. 이 책이 명시하듯, 석주명은 "나비 연구를 통해 생물 세계의 질서를 보았고, 그 질서가 민족이나 인류와 무관하지 않다고 생각했다."(381쪽) 이 책은 인물들의 이러한 언급들로부터 당시 과학자의 정체성이나 과학의 특성에 대해 보다 일반화된 분석을 결코 함부로 시도하지 않지만, 이들의 말을 단순히 자신의 연구 활동을 포장하는 수사(rhetoric)로

격하하지도 않는다. 나 역시 20세기 전반 자연을 탐구하는 전문 지식인으로 종사하게 된 사람들이 자신의 작업에 대해 남긴 기록물들을 후속 연구들이 가볍게 여기지 않고 심도 있게 분석하기를 희망한다.

　조복성과 석주명의 사례와는 다소 대조적인 모습을 띤 전문 지식인들도 등장한다. 하와이 사탕수수 농장 이민 노동자의 자식으로 태어나 오하이오주 데이턴 대학과 오하이오 주립대학에서 화학공학을 전공한 박달조를 예로 들 수 있다. 박달조는 1929년 입사한 제너럴 모터스의 기업 연구소에서 프레온 개발에 참여했고, 박사학위를 받은 뒤 듀폰의 잭슨 연구소에 합류해 테플론을 개발하는 데 기여했다. 15년의 기업 연구소 경력을 쌓은 박달조는 1947년 콜로라도 대학 화학과 교수로 이직했다가 1969년 한국과학기술연구원(KIST)의 기술고문으로 위촉되어 프레온의 국내 생산에 일조했다. 1972년 한국과학원 2대 원장으로 임명된 박달조는 한국의 과학기술 진흥을 위해 기초 과학보다는 응용 과학에 중점을 두어야 한다고 주장했다. 이 책은 박달조의 프레온 국내 생산 성공을 사례로 들며 "박달조의 과학 연구가 한국에서 새롭게 자리 잡으며 또 하나의 연구 전통으로 발전한 것"이라 평가한다.(303쪽)

　나는 이들 사례가 20세기 전반 한국에서 과학자의 정체성 또는 과학의 성격을 구성하는 두 줄기를 짚고 있다고 생각한다. 단순화를 감수하자면, 두 줄기 중 하나는 조복성과 석주명의 낭만 과학이고, 다른 한 줄기는 박달조의 산업 과학이다. 물론 이 두 줄기가 20세기 한국의 과학자와 과학의 모든 것을 설명하기에는 부족하다. 다만, 낭만 과학과 산업 과학을 후속 연구를 위한 일종의 가설적·예비적 구도로 삼아, 20세기 전반에 잠시 형성됐다가 사라진 과학, 또는 외양을 바꿔 가며 현재까지 이어져 오고 있는 과학 등,

여러 과학들의 병존, 중첩, 충돌 등의 양상을 상상하고 탐색해 볼 수 있을 것이다. 예를 들어, 비록 연구 대상은 크게 다르지만, 조복성의 곤충학과 석주명의 나비학은 인간과 자연의 통일성을 염두에 두고 자연에 대한 관조로 인간의 구원 가능성을 탐색한다는 점에서 오늘날 일부 물리학자나 생물학자들의 소명과 닮아 보인다. 박달조의 산업 과학은 현재 공학을 비롯한 이공계 전반의 주류가 된 과학의 모습이다.

한편, 식민지 시기 일본의 제국대학과 이후 미국의 대학을 중심으로 학술 경력을 이어 온 인물들은 이 두 줄기와 일부 겹치면서도 조금은 다른 종류의 전문 직업인의 모습을 보인다. 교토제국대학 화학과에서 박사학위를 받은 뒤 조선인으로서는 이례적으로 교토제국대학 교수로 임용되고, 해방 이후 한국을 거쳐 미국 유타 대학으로 건너가 연구 경력을 이어 간 이태규가 대표적인 예이다. 자신의 이름을 따서 '리-아이링 이론(Ree-Eyring Theory)'을 발표하고 다수의 학술 논문을 남긴 이태규의 과학은 조복성, 석주명, 박달조의 과학에 비해 논문 출판을 통한 크레딧의 축적이 중시되는 과학의 한 단면을 보여 준다. 이 외에도 이 책에 등장하는 여러 인물들의 활동을 이해하기 위해서는 더 다양한 종류의 과학자와 과학 개념들을 상상할 필요가 있다.

이러한 상상을 위한 재료는 19-20세기 일본이나 미국을 통해 접촉한 서구의 과학자 또는 과학 개념뿐만 아니라, 조선 후기의 역사 속에서도 얻을 수 있을 것이다. 최근 국내외 과학사학계의 연구들은 조선 시대에 여러 기록을 남겼던 양반뿐만 아니라, 중인의 자연 지식과 장인의 기술 개발 활동까지 시야를 확장하고 있다. 이들이 각 영역에서 자연 지식과 기술에 대해 가지고 있었던 생각들과 구체적 실천들은 20세기 한국에서 여러 부류의 과학자들이 출현하는 데 각기 어떤 영향을 끼쳤을까? 나는 이 책이 사용하는 '과학화(scientization)'의 의미를 주의 깊게 재해석함으로써 후속 연구를 위한 방향성을 얻을 수 있다고 생각한다.

　　이 책은 서문에서 "한국 현대사는 산업화, 민주화와 함께 치열한 과학화의 역사"였다고 말한다.(8쪽) 그런데 과학화라는 개념은 과학기술학계에서 논란의 대상이기도 했다. 대표적으로 이 용어를 비판적으로 검토했던 의학사학자 레이샹린(雷祥麟)은 과학화가 1930년대 중국에서 서의와 중의 간의 투쟁 속에서 전통 의학이 해체되며 만들어진 개념임을 밝혔다. 당대 유행했던 '중국 의학을 과학화한다'라는 구호는 과학의 성격에 대한 어떤 단일한 상을 전제하고 있었고, 이러한 과학화에 대한 신념을 바탕으로 중국의 전통 의학이 해체되었다는 것이다. 이러한 논의를 따른다면, 과학화는 단일한 과학 개념에 기반해 어떤 대상을 현대 사회에 기능할 수 있는 것으로 전환시킨다는 의미를 갖는다.* 이를 감안했을 때 한국 현대사를 과학화의 역사로 규정한 이 책의 서문은 자칫 본문에서 개별 인물들이 보여 주고 있는 다양한 과학의 모습을 단순화할 수 있는 위험을 내포한다.

　　하지만 『대한민국 과학자의 탄생』이 담고 있는 개인사들의 총합은 그러한 과학화의 개념을 비판적으로 계승할 계기를 제공한다. 레이샹린이 중국의 전통 의학이 해체되며 어떤 단일한 형태의 과학으로 변화하는 과정에 주목했다면, 20세기 한국 과학자들의 형성 과정은 그보다는 훨씬 더 다양하고 잡종적인 과학자들과 과학들의 탄생을 그려 내고 있는 것으로 보인다. 특정 맥락에서 사

---

* 레이샹린, 박승만·김찬현·오윤근 옮김, 『비려비마: 중국의 근대성과 의학』(인다, 2021), 143-167쪽.

용하는 방식이 아닌, 과학화라는 용어만을 놓고 본다면 이 개념은 필연적으로 단일한 과학의 상을 전제로 하지 않는다. 표현 그대로 어떤 대상이 과학으로 되어 가는 과정, 다시 말해 특정 전문가 집단이 과학자라 불리게 되고, 해당 분야가 과학이라 불리게 되는 과정을 과학화라 이해한다면, 『대한민국 과학자의 탄생』은 20세기 전반 한국에서 이루어진 다양한 형태의 과학화 과정들을 규명하는 작업의 출발점이 될 수 있을 것이다.

　　토머스 쿤(Thomas Kuhn)은 『과학혁명의 구조』의 「서론: 역사의 역할」을 여는 첫 문장에서 다음과 같이 말했다. "만일 역사가 에피소드나 연대기 이상의 것들로 채워진 보고(寶庫)라고 간주된다면, 역사는 우리가 지금 홀려 있는 과학의 이미지에 대해서 결정적인 변형을 일으킬 수 있을 것이다."* 『대한민국 과학자의 탄생』은 분명 한두 과학자의 에피소드 이상의 것들로 채워진 보고이다. 이 책과 후속 연구를 통해 20세기 한국의 과학자와 과학의 성격을 규명함으로써 여전히 왜곡되어 있는 현재 과학의 이미지를 조금씩 교정해 나갈 수 있기를 기대한다. ▪️**서리북**

---

* 토머스 S. 쿤, 김명자·홍성욱 옮김, 『과학혁명의 구조』(까치, 2013), 61쪽.

유상운
국립한밭대학교 인문교양학부 조교수. 서울대학교 물리학부를 졸업하고 같은 대학원 과학학과에서 한국 반도체 기술 개발의 역사를 주제로 박사학위를 받았다. 정부 기관의 관료, 연구실의 과학자, 생산 공장의 여공과 정비사, 전자 상가의 기술자와 상인에 더 가까이 다가가 그들의 과학기술 활동을 더 구체적으로 이해하고자 노력하고 있다. 이를 반영한 최근의 연구로 「무전기에서 라디오로: 전자 기술 문화와 반도체 산업 발단의 착종사」(조동원 공저), 「반도체 역공학의 기술사: TV 음향 집적회로의 개발, 1977-1978」 등이 있다.

📖 조선 시대 종이를 만든 장인들의 역사를 담은 책이다.
장인들은 자신이 직접 기록을 남기지 않았지만 여러
물건들을 발명하고 생산하며 조선의 사회에 큰 영향을
끼쳤다는 점에서 오늘날 과학기술자와 유사하다.
이 책은 장인들이 남긴 흔적을 좇아 그들의 뛰어난 기지를
드러내 보일 뿐만 아니라, 20세기 한국 과학기술의 뿌리를
짚어 볼 수 있는 실마리를 제공한다.

"조선 제지 장인의 사물적 기지는 한 지역의 과학기술이
'그들 자신의 언어(on their won terms)'만이 아닌 '그들
자신의 사물(on their own things)'에 의해 구성되어 가는
역동적이고 창의적인 양상뿐만 아니라 그것이 지구적
변화와 연결된 양상도 드러낼 것이다." ─ 책 속에서

『장인과 닥나무가 함께 만든
역사, 조선의 과학기술사』
이정 지음
푸른역사, 2023

📖 조선 후기 중인, 향리, 서얼, 서북인과 같은 제2 신분
집단이 지배 엘리트층의 일원으로 성장하는 과정을
분석했다. 특히 이들의 성장이 어떻게 20세기 한국 사회에서
엘리트 계층의 형성으로 이어질 수 있었는지를 논의한다.
이 책이 과학자의 탄생을 다루지는 않지만, 이 문제를 보다
큰 틀에서 바라볼 수 있게 한다.

"만일 전근대 시기 신분집단 중 어느 하나가 근대 시기
자율적으로 양성되는 엘리트의 등장을 주도할 수 있었다면
그것은 분명 중인이었다." ─ 책 속에서

『출생을 넘어서』
황경문 지음
백광열 옮김
너머북스, 2022

유전자 지배 사회

정치·경제·문화를 움직이는 이기적 유전자, 그에 반항하는 인간

최정균 지음

동아시아

『유전자 지배 사회』
최정균 지음
동아시아, 2024

인간은 유전자 감옥에서 탈출할 수 있을까

정우현

지크문트 프로이트는 1917년에 쓴 「정신분석학 연구의 어려움」*
이라는 짧은 에세이에서 인류의 자존심을 땅에 떨어뜨린 세 가지
과학적 사건을 언급한 적이 있다. 첫 번째 사건은 니콜라우스 코페
르니쿠스가 주장한 지동설이다. 지동설에 의해 인간의 위치가 우
주의 중심에서 변방으로 밀려나는 수모를 겪었다는 것이다. 두 번
째 사건은 찰스 다윈의 진화론이다. 진화론으로 인해 인간의 지위
가 만물의 영장에서 일개 동물의 위치로 떨어졌다는 이유다. 세 번
째 사건은 프로이트 자신이 주장한 정신분석학 이론이다. 인간의
위대한 문명의 발자취가 고상한 이성의 발휘에서 비롯된 것이 아
니라 사실은 무의식 속에 숨겨졌던 성적 욕망의 발로에 불과하다
는 폭로다. 과연 정신분석학적 방법론을 과학이라 부를 수 있을지
는 잘 모르겠지만, 프로이트가 (아마도 무의식적으로?) 자신의 업적을

---

* Sigmund Freud, "A Difficulty in the Path of Psycho-Analysis", *The Standard Edition of
the Complete Psychological Works of Sigmund Freud(1917-1919): "An Infantile Neurosis" and
Other Works Vol. XVII*(London: The Hogarth Press and The Institute of Psycho-Analysis,
1955), pp. 135-144.

코페르니쿠스와 다윈의 반열에 올려놓고 싶어 했다는 점은 확실
해 보인다. 우리는 이제 여기에 근래에 발견한 네 번째 사건을 하
나 더 추가해야 할지도 모른다. 바로 '유전자 결정론'의 등장이다.
인간은 스스로 운명을 헤쳐 나가는 행동의 주체가 아니라 유전자
의 이기적인 복제 욕구를 수행하는 생존 기계로 전락했다는 선언
이다.

　　과연 유전자의 지배가 시작되었다고 할 만하다. 1976년 리처
드 도킨스의 베스트셀러 『이기적 유전자』가 출간된 이래로 '유전
자'라는 하나의 키워드로 온 세상을 설명해 보려는 시도가 끊이지
않는다. 인간 개체의 수준에서나 집단의 수준에서는 진화적으로
이해되지 않는 현상들이 유전자의 입장에서 바라보면 비로소 이
해되는 경우가 많다. 개체나 집단은 죽어 없어지고 사라지지만 유
전자는 생명이 처음 탄생한 이래로 수십억 년간 성공적으로 증식
하며 생존을 이어 온 유일한 존재이기 때문이다. 모든 것은 유전자
가 의도하고 결정한다. 생명 현상에 대한 환원주의적 설명의 총아
라 할 만하다. 생명이란 창발성(emergence)을 빼놓고는 설명하기 어
려운 개념이기에 환원주의로 모든 것을 다 설명할 수 없다는 우려
는 늘 존재하지만, 유전자가 주인공이 된 자연사의 새 드라마는 대
중의 인기를 한 몸에 받아 왔다. 반짝하는 인기가 아니다. 강산이
다섯 차례나 바뀌었을 법한 장구한 세월 동안 유전자 결정론은 맹
위를 떨쳤다.

　　그러나 『유전자 지배 사회』의 저자 최정균은 책의 서문에서
'이기적 유전자'라는 혁신적인 관점이 등장한 이래 실로 적지 않
은 시간이 흘렀음에도 그것이 인간 사회에 미친 영향이 기대만큼
은 아니었다고 분석한다.(9쪽) 유전자 결정론이 예상과 달리 생물
학과 의학의 영역을 넘어 모든 사회 분야에 적용되지 못하고 있다

는 것이다. 그리고 그 이유를 크게 세 가지로 분석했다. 첫째, 유전자의 조종이 너무나도 교묘해서 인간이 차마 감지하지 못할 정도라는 것,(10쪽) 둘째, 인간이 이기심이 아니라 도리어 이타성에 집착하고 있다는 것,(12쪽) 그리고 셋째, 이기적 유전자를 이용한 해석이 주로 종교와의 싸움에 치우쳐 왔기 때문이라는 것이다.(15쪽)

과학의 이름으로 발행한 유전자라는 면죄부

저자는 서문에서 보여 준 포부답게, 작게는 혈연으로 이루어진 가정에서부터 크게는 타인과의 상호작용이 일어나는 사회와 정치, 경제, 그리고 가장 민감한 부분이라 할 수 있는 종교의 문제까지 유전자 결정론을 전가의 보도처럼 사용하며 거침없는 판단을 내린다. 유전자의 이기적인 계략이 얼마나 많은 영역에 걸쳐 커다란 영향을 미치고 있는지 폭로한다. 유전자의 관점에서 보면 가족 간의 사랑은 전혀 아름답지도 신성하지도 않다. 그저 냉정한 진화적 계산에 의해 유전자의 명령을 따르도록 고안된 방식이라는 것이다.(49쪽) 타인에 대한 혐오는 그리 부도덕하게 여기고 나무랄 일이 아니며, 생존을 위해 일어나는 당연한 과잉 반응에 불과하다. 유전자가 자신이 두려워하는 것을 사람으로 하여금 더럽다고 느끼게 만드는 것뿐이다.(59쪽) 이러한 주장은 단순한 추정에 의거한 것은 아니다.《사이언스》,《네이처》와 같은 유명 학술지에 실린 데이터를 적재적소에 동원하며 과학이라는 준엄한 목소리를 얹어 주장의 신뢰도를 높였다.

　　그런데 읽다 보면 저자는 어쩐지 유전자의 전략을 폭로하는 것이 아니라, 외려 대변하는 것처럼 보이기도 한다. 유전자의 관점으로 생각하자면 모든 게 비정하고 야만적으로 보이는데도 그게 사실이라면서 은근히 유전자의 편을 드는 느낌이다. 엄정한 심판

관인 줄 알았더니, 유전자의 변호인처럼 보일 정도다. 혐오의 감정이 생기는 이유와 함께 고정관념, 편견, 차별의 문제를 함께 다루는데, 이들이 우리가 애써 지양해야 할 문제의 개념임을 알면서도 어쩔 수 없는 유전자의 방어기전이라고 설명하는 것(61-62쪽)은 어쩐지 찜찜하다.

진화적 본능에 의해 생성될 수밖에 없었던 분류의 습성은 인종차별에서 가장 확연히 나타난다. 저자는 인종이라는 개념이 근거 없는 믿음인 것처럼 터부시하는 것에 반기를 든다. 첨단 DNA 분석 기술과 통계학적 기법을 이용해 100퍼센트 가까운 정확도로 인종을 분류할 수 있다고 주장하면서 저자는 이렇게 첨언한다.

비록 선한 의도라고 할지라도 인종 간의 생물학적 차이를 거부하는 것은 오히려 과학적 발견이 인종주의자들에 의해 이용될 근거만 제공해 줄 뿐이다.(63쪽)

과연 그럴까? 거꾸로 '비록 선한 의도라 할지라도' 인종 간의 생물학적 차이가 있다고 '인정'하는 것이야말로 인종주의자들에게 과학의 이름으로 더 많은 먹잇감을 던져 주었다는 것은 역사를 통해 수없이 경험한 사실이다. 생물학적 차이는 인종 내에서도, 아니 인종과는 거의 무관하게 어디에나 존재한다. 프랑스의 철학자 크리스티앙 들라캉파뉴는 『인종차별의 역사』에서 "인종차별은 사회적 불평등에 대해서 생물학적 지식의 자료들을 분명히 참조하면서 자연에 근거하고 있는 증거를 제시하고자 애쓸 때 시작된다"라고 썼다.*

* 크리스티앙 들라캉파뉴, 하정희 옮김, 『인종차별의 역사』(예지, 2013), 88쪽.

　　유네스코는 이미 1950년에 "모든 인간이 동일한 종에 속하며 인종은 생물학적 실재가 아니라 신화"라는 성명을 발표했다.* 이는 인류학자들의 관념적 선언에 그치지 않고, 사회학자와 유전학자를 포함한 수많은 분야의 학자들이 방대한 연구를 일별해 발표한 성명이다. 최근 점점 중요해지는 정밀의학적 필요에 따라 환자 맞춤형 의료를 적절히 시행하기 위해서라도 받아들여야 할 개념은 개인의 '유전학적' 차이와 그에 따른 '의학적' 차이이지, 인종적 구분이 아니다.

　　피부색같이 잘 알려진 형질뿐 아니라 여러 신체 치수, 젖당의 소화 능력, 고지대에서 호흡할 수 있는 능력, 그리고 특정 질병에 대한 취약성에서도 집단 간에 상당한 유전적 차이가 있다는 사실은 부정할 수 없다. 그러나 그 집단의 차이가 본질적으로 인종에 대한 오래된 고정관념과 반드시 일치하는 것은 아니다.

홉스와 루소의 힘겨루기는 끝나지 않았다

혐오와 차별의 반응은 비인격화를 거치며 공격성으로 드러날 수 있다. 저자는 이러한 공격성의 원인을 유전자 수준에서 밝히기 위해 인간과 침팬지가 가지고 있는 ADRA2C 유전자의 발현량을 비교하는 연구를 수행하기도 했다.(67쪽) ADRA2C 유전자는 아드레날린 수용체 중 하나로 교감신경의 활성을 조절하는 데 관여한다고 알려져 있다. 저자는 진화유전학 연구를 통해 교감신경의 활성이 높게 유지되도록 하는 변이가 생존에 유리하게 작용했다는 결과를 얻고는 이를 과거로부터 폭력이 횡행했다는 근거로 삼는다.

　　그러나 교감신경이 활발했기에 폭력이 만연했을 거라고 해석

---

* 로버트 월드 서스먼, 김승진 옮김, 『인종이라는 신화』(知와사랑, 2022), 7쪽.

하는 것은 논리적 비약이다. 교감신경의 활성도가 높아지는 쪽으로 진화한 것은 집단 내 폭력만이 아니라 열악한 자연환경으로 인한 스트레스나 불안한 생태계 먹이사슬 관계로 인한 긴장 때문일 수도 있다. 게다가 폭력성을 결정하는 요인이 ADRA2C 유전자 하나로 수렴되는지도 불확실하다. 인간 사회에서의 전쟁이나 학살이 문명이나 사회적 맥락과 관계없이 지극히 생물학적인 충동에서 비롯되었다는 결론은 인간 사회를 너무 단순하게 해석한 결과일 수 있다.

　해당 연구는 유인원 중에 인간과 침팬지가 주로 전쟁과 같은 주도적 공격을 상습적으로 행한다는 관찰로부터 설계되었다. 인간과 침팬지 사이의 유전적 유사성(genetic similarity)이 매우 높다는 것도 연구의 동기가 되었을 것이다. 그렇다면 보노보의 경우는 어떨까? 인간과의 유전적 유사성으로 따지자면 침팬지보다 보노보가 오히려 더 높다. 그러나 보노보 사회는 폭력성을 찾아보기 어려울 정도로 매우 평화롭다. 보노보의 ADRA2C 유전자의 발현량은 다른 유인원에 비해 얼마나 다를까?

　인간과 침팬지가 폭력성을 가지고 있음을 근거로 시작한 실험에서 유전자 하나의 분석을 통해 폭력성이 자연 상태에 적응하려는 진화적 전략의 결과라는 결론을 내리는 것은 다소 성급해 보인다. 만약 모든 사람에게서 이 유전자의 발현량을 측정해 분석한다면 영화 〈마이너리티 리포트〉(2002)에서처럼 예비 범죄자를 미리 색출해 내 범죄를 효과적으로 감소시킬 수 있는 시대가 열릴 거라며 반색하는 이들이 나타날지도 모른다.

　나아가 문명 때문이 아니라 자연 상태에서 이미 폭력이 만연했다는 결론으로부터 토머스 홉스는 옳았고 장 자크 루소는 틀렸다고 말하는 것 또한 전형적인 이분법적 해석으로 보인다. 단순한

나무 위에 앉아 털을 고르고 있는 보노보들.(출처: 위키피디아)

이분법적 판단은 원하는 결론을 끄집어낼 수 있는 자료들만 선별하는 체리 피킹(cherry picking)의 오류를 범하기 쉽고, 혹 오류가 있더라도 독자들은 쉽게 알아채기 어렵다는 문제가 있다. 이런 의문들을 해소해 줄 만한 자료를 조금 더 친절하게 제시하고 부연했다면 더 설득력 있는 주장이 되었을 것이다. 보노보는 진화적 전략의 결과로 평화를 선택한 것일까? 유전적으로 무엇이 얼마나 다르길래 그런 결정을 내린 것일까? 이 모든 차이는 단지 유전자의 차이에서 비롯되었을까? 보노보의 후손 중 언젠가 철학자가 나온다면 그 세계에서는 루소가 옳고 홉스는 틀렸다고 여길지도 모른다.

이분법적으로 세상을 이해한다는 것

유전자 수준에서 결정되는 생물학적 속성을 바탕으로 한 이분법적 가치 구분은 이제 스케일이 확장된다. 저자는 정치 성향도 유전자에 의해 둘 중 하나로 결정된다고 주장한다. 공포와 혐오 반응을 관장하는 편도체의 크기가 클수록 확증 편향(confirmation bias)에 기반한 사고가 발달해 기성 체제를 합리화하는 보수주의자가 될 가능성이 크고, 편도체가 작을수록 두려움이 적기에 진보적인 성향이 커진다.(122-123쪽) 그리고 편도체의 크기는 세로토닌의 활성에 영향을 주는 유전적 변이의 유무에 달려 있다.(124쪽)

　　저자가 제시하는 여러 연구 결과를 토대로 정리하자면 보수적 성향을 가진 사람은 대체로 참과 거짓을 구분하지 못해 거짓 정보를 많이 유통하며 더 많은 자식을 낳고, 동성애를 혐오하며 진보 성향의 사람보다 지능이 낮다. 생존에 유리하도록 발달한 보수적 진화의 메커니즘이 도리어 과학적 사실로서의 진화를 받아들이지 못하게 한다. 진보적인 성향의 사람은 거의 모든 점에서 그 반대라고 보면 된다.

　　이처럼 사람과 사회를 둘로 과감히 나누어 이분법적으로 설명하는 것은 시원시원하고 깔끔하다. 어쩐지 그동안 겪었던 사람들의 행동이 갑자기 이해되는 것 같기도 하다. 이보다 더 쉽게 세상만사를 이해하는 법은 없을 것이다. 그러나 이해하기가 쉬운 설명일수록 그 설명이 배제하는 세상이 많다는 것은 만고의 진리가 아닌가. 진보냐 보수냐를 기준으로 사람을 나누는 것은 내 편이냐 네 편이냐로 판가름하기 위한 도구로 자주 사용된다. 이 사람은 보수니까 이런 생각을 하고 저 사람은 진보니까 이런 행동을 하는 게 당연한 것으로 여겨지기 쉽다. 게다가 그것이 단순히 유전자의 변이 여부와 편도체의 크기와 직결되어 있다니 허무하기까지 하다.

　　정치적 성향이란 태어날 때부터 정해져 있으며 평생 바뀔 가능성이 없는 것일까? 유권자들의 마음을 돌리려 애쓰는 정치인들의 노력은 대부분 허사일까? 경험적으로 보았을 때 그렇게 단정 짓는 것은 인간 심리와 사회의 복잡성을 무시하는 처사이며, 합리적이

지도 못하고 심리적으로 위험하기까지 하다는 것을 우리는 알고 있다. (보수적인 성향을 갖고도 진보적인 정당·정치인을 찍을 수 있고, 진보적인 생각을 하면서도 얼마든지 보수적인 정당·정치인을 찍을 수 있는 게 아닌가.) 이분법적으로 인간을 분류하고 이해하려고 할 때 예상과 맞지 않는 사례가 나타나면 그저 아웃라이어(outlier)로 판단해 특이하게 보거나 때로는 무시해도 좋은 예외적 수치로 치부하는 경향이 생길 우려도 있다.

둘 중 어느 한쪽에 속하지 않는 사람들도 굉장히 많다. 그렇다고 그들의 편도체 크기가 중간이라든가 세로토닌과 도파민의 양이 늘 평균치를 유지하는 것은 아닐 것이다. 반대로 생물학적 조건이 어느 한쪽 극단에 해당하는 사람이라도 교육이나 환경 같은 여러 조건과 자유로운 판단에 따라 얼마든지 반대쪽 결정을 지지할 수 있을 것이다. 우리에게, 그리고 궁극적으로 인간 사회에 필요한 것은 정치, 경제적 가치 판단을 포함해 얼마나 많은 사회 문제가 생물학적으로 결정되느냐를 파악하는 게 아니라, 그럼에도 불구하고 더 나은 사회를 만들기 위해 사람들을 어떻게 교육하고 설득할 것인가를 도모하는 일이다.

저자는 보노보 사회가 침팬지 사회보다 평화로운 이유 중 하나로 보노보의 서식지에는 고릴라가 없어 먹이를 놓고 과도하게 경쟁할 필요가 없기 때문이라고 분석하기도 했다.(93-94쪽) 이것은 유전자로 결정된 폭력성이 환경적 요인에 의해 해소된 하나의 예로 볼 수 있다. 무시무시한 유전자 결정론의 사례를 대거 찾아내 겁주는 대신 유전자의 속박을 효과적으로 벗어난 사례에 더 집중하는 것이 필요하지 않을까. (『이기적 유전자』만큼이나 『세이노의 가르침』 같은 책 또한 많은 인기를 누리고 있다는 점에서 위안을 찾을 수 있을까? 어째서 사람들은 늘 애매한 중간보다 양극단을 더 선호하는 것일까?)

지배할 것인가, 지배당할 것인가

『유전자 지배 사회』는 도킨스 이래로 꾸준히 영향력을 키워 온 유전자 결정론의 종합이자 확장판으로 볼 수 있는 책이다. 상당한 수준의 유전학, 진화생물학, 뇌과학 등 최신 연구 성과를 총동원해 인간 사회를 지배하려는 유전자의 술수를 낱낱이 보여 준다. 유전자는 무한 증식을 꿈꾼다. 최초의 생명이 탄생한 이후부터 늘 그래 왔고, 어쩌면 그 덕에 지금 우리가 생겨나 존재할 수 있었다. 그러나 유전자는 자신의 성공적인 번식만 신경 쓸 뿐 인간의 삶과 행복에는 전혀 관심이 없다.(40쪽)

유전자의 입장에서 세상을 바라보려는 관점은 자연선택이라는 진화의 메커니즘을 이해하고, 또는 자연선택으로 미처 다 설명되지 않는 수많은 현상들을 이해하기 위한 학문적 접근 방식으로서는 얼마든지 정당하고 유효하다. 유전자의 입장도 충분히 존중할 만하다. 그러나 우리는 유전자가 아니라 인간이다. 우리가 유전자에 빙의해 대리 만족을 느끼거나 유전자의 이기적 의도에 기대어 인간의 이기심을 변호해도 좋을 이유는 없다. 저자가 주장하고자 하는 바를 보다 확실히 전달하려 일부러 유전자의 입을 빌리는 자극적인 방법을 쓰고 있는 거라고 믿고 싶다. 가치 판단을 내리고 상황을 뒤바꾸는 행동 주체로서의 인간이 아니라 유전자의 명령을 그대로 수행하는 생존 기계로서의 인간임에 만족하려는 것인가? 그렇지 않을 것이다. 혹 나와 유전자를 동등한 자격으로 놓으려는 이가 있다면 그는 폭정에 대해 반란을 꿈꿀 자격이 없다.

심지어 현대 뇌과학은 인간의 자유의지마저 부정하려는 시도를 하고 있다. 그런데 어떻게 유전자의 지배와 폭정에서 벗어나라는 메시지를 던질 수 있겠는가? 이는 애초부터 유전자와 뇌에 필요 이상으로 강력한 권위와 결정권을 부여해 일어난 자승자박이다.

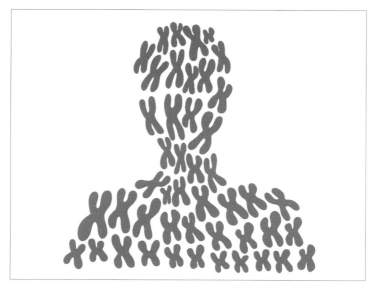

저자는 진화와 유전자의 관점에서 가정, 정치, 경제, 사회, 문화 전반에 대해 소개한다.
(출처: innovativegenomics.org)

진화의 메커니즘에 저항해야 한다는 말이 얼마나 모순적인지 깨
닫게 하려는 것일까? 이는 역설적으로 본능이나 본성과 같은 결정
론적인 존재에 저항하기 위해서 양육 환경과 교육 시스템, 그리고
뼈를 깎는 노력과 절제 같은 미덕이 얼마나 절실하게 요구되는지
말해 준다.

　　기본적으로 이 모든 것은 진화라는 게 개인의 생존을 위해 고
안된 방식이기 때문에 일어나는 일인데, 실은 어느 누구도 개인으
로서만 살아갈 수는 없다는 게 문제다. 우리는 모두 수많은 타인과
부딪혀 가며 사회생활을 해야 한다. 그러나 진화는 그 자체로 사회
생활에 대해 가르쳐주는 것이 턱없이 적다. 이런 종류의 책은 결과
적으로 양육이 더 어렵고 중요해졌음을 강조해야 함에도, 양육이

아니라 유전자와 본성이 모든 것을 결정한다는 결정론적 사고를 조장하는 데 머물 위험이 크다. 도킨스는 모든 생물 중에서 우리 인간만이 유일하게 유전자의 존재를 알아차렸고, 따라서 유전자의 횡포에 항거할 수 있다며 다음과 같이 썼다.

> 우리는 이기적으로 태어났다. 그러므로 관대함과 이타주의를 가르쳐 보자. 우리 자신의 이기적 유전자가 무엇을 하려는 녀석인지 이해해 보자. 그러면 우리는 적어도 유전자의 의도를 뒤집을 기회를, 다른 종이 결코 생각해 보지도 못했던 기회를 잡을 수 있을지도 모른다.*

생물학 분야에서 그보다 더 대중적으로 유명해진 이가 없는 데다 그의 책은 반백 년 가까운 세월 동안 불황을 모른 채 베스트셀러 자리를 굳건히 지켰음에도, 자녀들에게 '관대함'과 '이타주의'를 교육하자는 관점에서 도킨스의 목소리는 제대로 영향력을 발휘한 적이 없다. 그의 책도 본래는 진사회성(eusocial) 동물에서 나타나는 이타주의를 설명하기 위해 쓰인 책이었지만 안타깝게도 그런 의도가 대중에게는 거의 제대로 전달되지 못한 듯하다.

인간은 태어나는 게 아니라 만들어지는 것

도킨스와는 달리 『유전자 지배 사회』의 저자는 책의 마지막 장에서 유전자의 횡포에 저항할 방법을 나름 진지하게 도모한다. 또한 과학자들의 사회적 책무는 자연을 고발하는 것이어야지, 자연을 찬미하는 것이어서는 안 된다고 선언한다.(206쪽) 그에 따르면 조화롭고 아름다운 천체의 운동에서 신의 존재를 추론한 아이작 뉴턴

---

* 리처드 도킨스, 홍영남·이상임 옮김, 『이기적 유전자』(을유문화사, 2018), 41쪽.

이나 알베르트 아인슈타인은 과학자로서의 책무를 다하지 못한 것으로 판명 날 법하다. 저자는 종교라는 허구가 어떻게 만들어졌는지 진화적으로 설명하며 문제의 해결책을 찾으려 한다.

결론적으로 저자는 예수를 이기적 유전자에 저항하고 자연의 탈신성화를 실현한, 우리가 추구해야 할 최적의 인간 모델로 제시한다. 도킨스였다면 차마 꿈도 꿀 수 없었을 결론이다. 신약성서에 묘사된 예수의 행적은 능력의 과시가 아니라 철저히 약자와 병자를 돕고 필요를 채워 주는 희생적인 삶이었다. 그러나 종교는 허구이고 환상일 뿐이라고 말하면서 기독교 교리를 구성하는 핵심 인물을 롤모델로 세우고자 한 시도는 자못 어색하고, 논리적으로도 궁색하다. 기독교에서 예수의 가르침과 기적은 모두 신의 아들로서 행한 것으로 받아들여지고 있으며, 신학적인 배경을 배제한 채 그의 행적만을 독립적으로 논하기는 어렵다. 예수의 신성을 부인하면서 도덕적인 인성만을 따로 떼어 강조하는 것은 어색할 뿐 아니라 어쩌면 그렇게 사는 것이 불가능하다고 말하는 듯 보이기도 한다. (차라리 간디나 마더 테레사를 예로 드는 것이 낫지, 누가 과연 예수처럼 살 수 있겠는가?)

6장 제목의 '인간은 태어나지 않는다'라는 말은 인간이라는 본질이 태어날 때 그냥 주어지는 자격이 아니며 우리가 노력을 통해 추구하고, 발견하고, 심지어 창조해야 하는 소중한 가치임을 의미하는 것으로 보인다. 이기적 유전자의 횡포에 순응하지 말고 인간만의 본질을 만들어 가자는 뜻으로. 그러나 이런 소중한 메시지가 기성 종교에 대한 신랄한 비판 때문에 가려져 눈에 잘 띄지 않는다는 점은 아쉽다. 서문에서 저자가 유전자 결정론에 대한 도킨스의 해석이 사회의 많은 분야에 두루 적용되지 못한 이유 중 하나는 그가 종교와의 진흙탕 싸움에 매몰되었기 때문이라는 분석을 한 바 있는데,(15쪽) 저자 자신도 거기서 완전히 자유롭다고 하기 어려워 보인다.

유전자의 의도와 행동을 강조하고 변호하다 보면 사실 좋은 점도 있다. 우리가 유전자를 소유하는 것이 아니라 유전자가 우리를 지배하는 것이기에 우리가 가진 온갖 재능과 장점에 대해 겸손해질 수 있다는 것이다.(102-103쪽) 우리가 잘난 것이 아니라 우연히 유전자를 잘 타고났을 뿐이므로 우리에게는 오만할 자격이 없다. 더구나 나는 유전자의 주인이 아니라 껍데기에 불과하지 않은가.

유전자의 관점에서 본 진화적 적응이 이토록 사회의 많은 문제에 깊이 연루되어 영향을 미칠 수 있다는 것을 알려 준 것만으로도 이 책의 지적 가치는 충분하다. 그렇지만 유전자 결정론을 다소 무리하게 확장해 여러 분야에 과잉 적용하려는 몇몇 시도는 독자들에게 이 책을 비판적으로 읽어야 하는 근거를 제공하기도 한다. 이제 유전자와 어떻게 공생할 것인지 더 진지하게 고민하고 탐구하는 일이 남아 있다. 당신은 그저 생존하려는가, 아니면 살아가려는가? 서리북

정우현
본지 편집위원. 덕성여자대학교 약학과 교수이자 분자생물학자. 유전체 손상과 불안정성을 일으키는 여러 요인과 스트레스에 대한 생명의 다양한 대응 기전을 연구한다. 생물학에는 다른 학문이 놓치고 있는, 무언가 아주 중요한 것이 숨어 있다고 믿는다. 저서로는 『생명을 묻다』가 있다.

📖 여러 **DNA** 변이를 기반으로 만든 교육 다유전자 지수
분포는 사회에서의 성공 여부가 유전자에 달려 있음을
보여 준다. 유전자 로또의 결과는 사회 계급과 마찬가지로
사회의 거의 모든 부문에서 누가 더 많이 받고 누가
덜 받는지를 좌우하는 제도적 힘이다. 사회의 불평등을
이해하고 개선하는 데 유전학은 어떻게 활용될 수 있을까?

"유전적 차이는 우리 삶에 중요하다. 그리고 유전적 차이는
우리가 신경 쓰는 많은 것들에서 차이를 일으킨다. 유전적
유사함을 바탕으로 평등주의의 사명을 쌓는 건 모래 위에
집을 짓는 것과 똑같다." — 책 속에서

『유전자 로또』
캐스린 페이지 하든 지음
이동근 옮김
에코리브르, 2023

📖 고생물학자이자 진화생물학자인 스티븐 제이 굴드는
결정론적 사고, 환원주의적 해석, 편협한 이분법적 분류를
철학에서 범하기 쉬운 가장 위험한 오류로 본다.
그는 '인간은 만물의 척도'라는 프로타고라스의 유명한
격언의 학문적 위험성을 지적하며, 몇 가지 수치로 개인의
지능과 성향을 정량화하여 범주화하는 이들의 이론을
논리적으로 비판한다.

"생물학적 결정론이라는 이 책의 주제는 길고 복잡하게
뒤얽힌 논쟁의 역사를 가지고 있다. 우리는 추상적이고
학문적인 논쟁의 와중에서 자칫 길을 잃기 쉽다. 그러나
이러한 잘못된 주장에 의해 위축된 생명으로서의 인간의
의미를 결코 잊어서는 안 된다." — 책 속에서

『인간에 대한 오해』
스티븐 제이 굴드 지음
김동광 옮김
사회평론, 2003

고전의 강

서울
리뷰 오브
북스

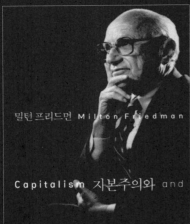

『자본주의와 자유』
밀턴 프리드먼 지음, 심준보·변동열 옮김
청어람미디어, 2007

『선택할 자유』
밀턴 프리드먼·로즈 프리드먼 지음, 민병균·서재명·한홍순 옮김
자유기업원, 2022

경제학이 끌어낸 보수주의

김두얼

2019년 검찰총장 후보자였던 윤석열은 인사청문회를 위해 국회에 보낸 답변서에 본인의 가치관을 형성하는 데 가장 큰 영향을 끼친 책으로 밀턴 프리드먼(Milton Friedman)의 『선택할 자유』를 꼽았다.* 이후 대통령 선거에 출마한 그는 선거 운동 중에 프리드먼과 그의 책을 여러 차례 언급했고, 선거에서 승리한 뒤 행한 취임사에서는 자유라는 단어를 수십 차례 반복해서 이야기했다.** 그 덕에 프리드먼과 『선택할 자유』는 세간의 관심을 끌었으며, 『선택할 자유』는 재출간되고 판매도 늘었다.***

프리드먼은 20세기를 대표하는 경제학자 중 한 명이고 보수주의의 주요 사상가이기 때문에, 보수 정당 소속의 대통령이 프리드먼에게 많은 영향을 받았다는 사실이 크게 놀랍지는 않다. 하지

---

* 김기정, 「자칭 보수 윤석열 "프리드먼 책 감명, 사회 점진적 변화 중시"」, 《중앙일보》, 2019년 7월 8일자, https://www.joongang.co.kr/article/23518402.
** 대한민국 대통령실, 「윤석열 대통령 취임사」, 2022년 5월 10일, https://www.president.go.kr/president/greeting.
*** 안지섭, 「尹 대통령의 '인생책' 『선택할 자유』, 19년 만에 개정판 출간」, 《독서신문》, 2022년 7월 14일자, https://www.readersnews.com/news/articleView.html?idxno=106276.

1980년 미국 공영방송 PBS의 다큐멘터리 〈선택할 자유(Free To Choose)〉를 촬영할 당시 미국 연방인쇄국을 방문한 밀턴 프리드먼.(출처: PBS)

만 뜻밖에도 프리드먼은 윤석열 대통령 이전부터 최근 수년 동안 진보주의자들에 의해서도 자주 언급되었다. 프리드먼은 가난한 국민들에게 정부가 보조금을 지급함으로써 모든 국민이 일정 수준 이상의 소득을 누릴 수 있도록 하자는 부의 소득세(negative income tax) 제도를 제안했기 때문이다. 기본소득 도입을 주장하는 사람들은 기본소득이라는 개념이 다양한 역사적 연원이 있음을 밝힘과 동시에 기본소득에 반대하는 보수주의자들을 논박하기 위한 근거로 프리드먼을 우파 기본소득 제안자로 소개하고는 했다.

자유와 경쟁을 찬양하고 불평등을 사회 발전의 토대로 주장하는 프리드먼과 부의 소득세 같은 복지 정책을 제안하는 프리드먼을 어떻게 연결할 수 있을까? 위대한 사상가의 업적을 이용하는 한 가지 방법은 그의 수많은 발언 가운데 내가 원하는 이야기를 골라 필요한 곳에 가져다 쓰는 것이다. 하지만 그의 사상을 제대로

통화주의

좁은 의미에서는 통화량이 물가 변동을 결정한다는 경제학 이론이며, 넓은 의미에서는 국가가 경제에 개입할 때 범위를 최소화해야 하고, 그 방식에서도 자의적 접근보다는 규칙을 정해 거기에 따르는 것이 우월하다는 입장이다. 1950-1960년대에 밀턴 프리드먼에 의해 창안되었고 케인스주의(Keynesianism)와의 논쟁 속에서 발전했다.

이해하고 활용하자면, 사상 전체를 조망하고 내가 관심을 갖는 주장이 어떤 맥락에서 나온 것인지를 차분하게 따져 보는 시간을 잠시나마 갖는 것이 적절할 것이다. 그리고 프리드먼과 같은 대가라면 충분히 그럴 만한 가치가 있다.

　나아가 프리드먼의 사상을 되짚어 보는 것은 그와 관련한 여러 오해를 해소하고, 오늘날 우리가 직면한 문제를 극복하는 데 그의 사상으로부터 제대로 된 도움을 얻는다는 점에서도 의미가 있다. 흔히 프리드먼은 시장만능주의를 주장한 자유방임주의자로 여겨지지만, 이런 고정관념은 완전히 틀린 것은 아닐지라도 지나친 측면이 있다. 부의 소득세를 제안한 것에도 반영되어 있지만 그는 복지 정책을 시행하는 것이 국가의 핵심 임무 중 하나라고 생각했으며, 그의 대표적인 경제 이론인 통화주의(Monetarism)는 정부의 적절한 통화 정책이 경제 안정에 매우 중요함을 강조한 것이었다. 그는 단순히 시장이 모든 것을 해결해 줄 것이기 때문에 정부는 아무것도 할 필요가 없다는 식의 급진적 무정부주의가 아니라, 정부가 어떤 방식으로 운영되어야 하고 경제에 어떻게 관여해야 하는지에 대한 원리와 구체적 방안을 제시했다. 프리드먼의 사상이 오늘날 경제 현상을 이해하고 개선 방안을 고민하는 데 많은 시사점을 제공하며, 우리가 여전히 프리드먼의 책을 곱씹어 볼 가치가 있는 이유이다.

프리드먼은 많은 논문과 책을 썼지만, 그중에서도 그의 사상을 가장 잘 보여 주는 책은 1962년 발간한 『자본주의와 자유』, 그리고 1980년에 그의 아내 로즈 프리드먼(Rose Friedman)과 함께 쓴 『선택할 자유』이다. 이 글은 이 두 권을 중심으로 프리드먼의 사상과 학문 세계를 살펴본다. 단 이 가운데 프리드먼의 보수주의적 세계관을 보다 집약적으로 보여 주는 저작은 『자본주의와 자유』이므로, 이하에서는 이 책을 중심으로 논의하고 필요할 경우 『선택할 자유』를 더하는 방식으로 논의를 전개한다.

생애와 학문*

밀턴 프리드먼은 1912년 미국 뉴욕시에서 태어났다. 그의 부모는 동유럽에서 이주해 온 유대인이었다. 고등학교 졸업 후 그는 럿거스 대학에서 공부했고(1928-1932), 졸업 후 시카고 대학 경제학과 대학원에 진학했다. 시카고 대학에서 첫해를 보낸 뒤, 뉴욕의 컬럼비아 대학에 가서 경제학과 통계학을 1년간 공부했다. 이후 시카고로 돌아와 1년간 공부해서 학위 과정을 수료한 뒤, 워싱턴 D.C.에 가서 프랭클린 루스벨트 대통령 집권하의 연방 정부에서 일했다. 당시는 학위 과정을 마친 학생에게 학교가 재정 지원을 하는 시스템이 잘 갖춰지지 않았을 뿐 아니라 대공황이라는 경제적 상황까지 겹쳐 있었기 때문에 일자리를 가질 필요가 있었기 때문이다.

그는 이 시기에 로즈 디렉터(Rose Director, 결혼 후 로즈 프리드먼)와

---

* 이 글에 나오는 프리드먼의 생애와 관련한 내용은 Jennifer Burns, *Milton Friedman: The Last Conservative*(New York: Farrar, Straus, and Giroux, 2023)를 참조했다.

1970년대, 시카고 대학의 풍경.(출처: 위키피디아)

결혼했고, 연구와 일을 병행하다가 1946년 컬럼비아 대학에서 사이먼 쿠즈네츠(Simon Kuznets)의 지도를 받고 박사학위를 받았다. 위스콘신, 미네소타 대학을 거쳐 1946년부터 시카고 대학에 자리를 잡고 그곳에서 30여 년간 강의와 연구를 했다. 1977년 시카고 대학에서 은퇴하고 스탠퍼드 대학의 후버 연구소로 자리를 옮겨 강연과 집필 활동 등을 지속하다가, 2006년 94세의 나이로 세상을 떠났다.

   프리드먼은 거시경제학 분야를 주로 연구했다. 거시경제학이란 국가 경제 전체의 움직임을 측정하고 설명하는 경제학의 영역으로, 경기 변동, 실업, 인플레이션, 금융과 같은 문제들을 주로 다룬다. 그는 거시경제학 가운데서도 사람들의 소비 행위 그리고 화폐가 경제에 미치는 영향과 관련한 연구를 수행했고 중요한 성과를 거두었다. 특히 후자와 관련해서는 통화량이 물가 수준을 결정하는 핵심 변수라는 이론을 제창함으로써 통화주의의 창시자가

> **시카고학파**
>
> 시카고 대학 경제학과를 중심으로 20세기 초중엽에 형성된 경제학의 조류. 국가의 경제 개입을 최소화하고, 정부의 조세나 지출 같은 재정 정책보다는 통화 정책을 통해 경제 안정화를 추구해야 함을 주장했다.

되었다. 이런 학문적 업적을 인정받아 1967년 미국경제학회 회장을 역임했고 1976년에는 노벨 경제학상을 수상했다.

그의 학문 여정은 시카고 대학 경제학과와 불가분의 관계가 있다. 그가 보수주의적인 사고를 하게 된 것은 시카고 대학 경제학과 대학원에 입학해서 프랭크 나이트(Frank Knight)의 영향을 받은 것이 크게 작용했다. 아울러 당시 함께 나이트를 추종하던 동년배 학생들 에런 디렉터(Aaron Director), 조지 스티글러(George Stigler) 등이 나중에 시카고 대학 경제학과와 로스쿨 등의 교수로 모여서 시카고 대학 경제학과를 보수주의 경제학의 본산으로 발전시켰다. 이런 토대 위에 프리드리히 하이에크(Friedrich Hayek), 로널드 코스(Ronald Coase) 등과 같은 학자들을 시카고 대학에 끌어들여 시카고학파를 구축하고 경제학의 발전을 주도했다.

프리드먼은 수많은 논문과 책을 집필했는데, 이 가운데 학술서로서는 두 권이 특히 중요하다. 첫째는 1957년 발간된 『소비 함수 이론(*A Theory of Consumption Function*)』이다. 그는 방대한 자료를 기초로 사람들의 소비가 항상소득(permanent income)에 의해 결정된다는 항상소득 가설을 제시함으로써 사람들의 소비 행위에 대한 이해를 심화했다. 둘째는 『미국 화폐사, 1867-1960년(*A Monetary History of the United States, 1867-1960*)』이다. 1963년 출간된 이 책은 안나 슈워츠(Anna Schwartz)와 함께 집필했는데, 미국 화폐 제도 그리고 통화량이 경제와 어떤 상관관계를 맺는지를 밝혀낸 기념비적 저작이다. 특히 이 책은 대공황의 원인이 미국 중앙은행인 연방준비제도이사회(Federal Reserve Board, FRB)의 부적절한 통화 정책으로 인해 일어났다는 명제를 내놓음으로써, 대공황에 대한 새로운 이해를 제시함과 아울러 엄청난 논쟁을 불러일으켰다.*

프리드먼은 여러 대중서를 통해서도 자신의 생각을 펼쳤는데 그 가운데서 『자본주의와 자유』와 『선택할 자유』가 가장 유명하다.** 『자본주의와 자유』는 1956년 워배시 대학을 시작으로 여러 대학에서 한 일련의 강연을 기초로 집필한 책이다. 1962년 처음 출판되었을 때는 별다른 주목을 받지 못했지만, 2년 정도가 지난 후부터 큰 반향을 얻기 시작했으며 프리드먼을 세상에 널리 알리는 계기가 되었다. 이후 이 책은 1982년과 2002년에 사례 등을 조금씩 바꾼 개정판이 발행되었는데, 이하에서는 2002년 개정판의 번역본을 기초로 논의하기로 한다.

1980년 발간된 『선택할 자유』는 미국 공영방송인 PBS가 제작한 동명의 다큐멘터리를 책으로 엮은 것이다. 이 다큐멘터리는 1977년 영국 BBC에서 방영된 존 케네스 갤브레이스(John Kenneth Galbraith)의 인기 다큐멘터리 〈불확실성의 시대(The Age of Uncertainty)〉에 대한 대응으로 기획되었다. 〈불확실성의 시대〉가 시장의 불완전성을 지적하고 정부 개입의 필요성을 역설했던 반면, 『선택할 자유』는 시장이 효율적이며 정부의 시장 개입에 따른 역효과가 크

* 이 책에서 대공황을 다룬 9장은 별도의 책으로 발간되었으며, 우리말로도 번역되었다. 밀턴 프리드먼·안나 J. 슈워츠, 양동휴·나원준 옮김, 『대공황, 1929-1933년』(미지북스, 2010).
** 이 외에도 『현상유지의 폭군』(정음사, 1985), 『화폐경제학』(한국경제신문, 2024), 『화려한 약속 우울한 성과』(나남, 2005) 등 프리드먼의 여러 대중서들이 우리말로 번역, 소개되었다.

1937년, 로즈 디렉터와 밀턴 프리드먼.(출처: 위키피디아)

다는 점을 보여 주었다. 다큐멘터리와 책은 모두 큰 인기를 얻었으며, 1970년대에 이미 전 세계적으로 유명해진 프리드먼의 명성을 더욱 공고히 했다.

　　『선택할 자유』 표지에는 이 책이 아내인 로즈 프리드먼과 함께 쓴 것으로 표기되어 있다. 로즈 프리드먼은 밀턴 프리드먼과 시카고 대학 경제학과 대학원 동기였다. 그러나 가사와 육아 부담 그리고 여성에 대해 폐쇄적인 당시의 학계 상황 등으로 인해 박사 논문 쓰기를 포기했다. 하지만 사람들의 소비 행태를 분석했던 그녀의 연구는 밀턴 프리드먼이 『소비 함수 이론』을 집필하는 데 많은 기여를 했으며, 그가 대중을 대상으로 쓴 글은 대부분 로즈 프리드먼이 정리하고 적절한 사례를 선정하는 등 그녀의 손을 거쳐 완성되었다. 로즈 프리드먼의 이 같은 기여에 대해 밀턴 프리드먼은 『자본주의와 자유』에서는 서문에 밝히는 데 머물렀지만, 『선택할 자유』에서는 공저자로 그녀의 공헌을 명시했다. 학문의 역사에서 뛰어난 배우자의 도움을 받은 학자의 사례가 적지 않은데, 밀턴 프리드먼도 그중 한 명이라고 할 수 있다.

이 외에도 프리드먼은 언론 기고와 방송 출연을 활발하게 했다. 그중 특히 유명한 것이 1960년대 후반부터 시사 주간지 《뉴스위크(Newsweek)》에 폴 새뮤얼슨(Paul Samuelson)과 정기적으로 번갈아 가며 실었던 칼럼이다. 정부의 적극적 경제 개입을 옹호하는 케인스주의의 대표 학자인 새뮤얼슨과 국가의 자의적인 경제 개입에 반대했던 보수주의자 프리드먼이 당시의 경제 현안을 두고 18년에 걸쳐 전개한 품격 높은 지상 논쟁은 당대에 큰 주목을 받았으며, 1960년대까지만 해도 아직 경제학계 외에는 잘 알려지지 않았던 프리드먼의 이름과 사상을 대중에게도 널리 알렸다. 아울러 그의 칼럼은 미국뿐 아니라 세계 각국의 경제 정책 형성에도 많은 영향을 끼쳤다.*

프리드먼은 자신의 생각을 현실에서 구현하고자 다양한 노력을 기울이기도 했다. 공직을 맡지는 않았지만, 1960년대에 공화당 대통령 후보였던 배리 골드워터의 선거 운동을 도왔던 것부터 시작해서 1970년대의 리처드 닉슨 대통령, 1980년대의 로널드 레이건 대통령 그리고 정부 요직에서 일하는 많은 동료 경제학자들에

---

* 니컬러스 웝숏, 이가영 옮김, 『새뮤얼슨 vs 프리드먼』(부키, 2022)은 새뮤얼슨과 프리드먼의 논쟁을 중심으로 두 사람의 경제 사상과 당시의 경제 상황을 소개한 책이다.

1970년대, 폴 새뮤얼슨. 새뮤얼슨과 프리드먼은 1960년대 후반부터 18년간 당대 경제 현안을 두고 품격 있는 지상 논쟁을 전개했다.(출처: 미국 의회도서관)

게 직접적으로나 언론 등을 통해 조언을 했다. 그리고 그의 명성이 높아지면서 영국의 마거릿 대처 수상이나 개방 이후의 중국 지도자 등 해외 정치인들과도 소통했다. 이러한 그의 활동 가운데 쿠데타로 정권을 잡은 칠레의 아우구스토 피노체트 정권에 대한 조언은 많은 비난을 불러일으켰으며, 그로 인해 노벨 경제학상 수상 연설 중에 시위자들이 난입해 구호를 외치는 일을 겪기도 했다.

책의 개요
『자본주의와 자유』는 서론과 본론을 제외하면 열두 개 장으로 구성되어 있는데, 크게 보면 다섯 가지 주제를 다루었다.

첫째는 경제적 자유의 중요성이다.(『자본주의와 자유』, 1장) 경제적 자유는 그 자체로도 중요하지만 정치적 자유를 가능하게 하는 핵심 요소이다. 사람들이 자신의 생각을 자유롭게 표출하고, 다양한 의견이 공존하는 것은 경제적 자유가 있어서 생계를 독립적으로 유지할 수 있기 때문이다. 그리고 자본주의는 경제적 자유를 가능하게 하는 체제이기에, 자본주의는 정치적 자유의 필요충분조건은 아닐지라도 필요조건이기는 하다. 독일의 나치 정권처럼 비민주적인 자본주의도 존재하지만, 사회주의 경제에 기반한 민주주의는 없다는 의미에서 그렇다.

둘째는 정부의 역할이다.(『자본주의와 자유』, 2장) 정부의 역할은 시장에 개입하는 것이 아니라 "시장이 자력으로 할 수 없는 일을 수행하는 것, 다시 말해 경기의 규칙을 정하고 중재하고 집행하는"(『자본주의와 자유』, 65-66쪽) 일을 하는 것에 한정해야 한다. 여기에 해당하는 가장 중요한 것이 법과 질서를 유지하고 재산권을 획정하고 보호하는 것, 통화 제도를 적절하게 운용하고 독점을 규제하며 외부효과를 극복하는 것, 그리고 정신이상자나 어린이처럼 사회적 약자를 보호하는 것이다. 단 정부가 해야 하는 영역과 관련해서도 정부의 업무 범위는 제한되어야 한다. 안타깝게도 1930년대 대공황 그리고 제2차 세계대전 이후 세계 각국은 시장이 불안정하다는 믿음하에 시장에 대한 정부의 통제를 강화해 나가고 있는데, 이는 경제적 자유뿐 아니라 정치적 자유마저 억압하고 있다.

셋째는 정부의 바람직한 경제 개입 방식이다.(『자본주의와 자유』, 3-5장) 대공황 이후 경제학계와 세계 각국의 정부는 케인스주의 경제 정책을 추진했는데, 이는 대공황이라는 사건이 증명한 것처럼 시장은 불완전하기 때문에 정부가 시장에 대한 적극적 개입을 통해 경제를 안정시켜야 한다는 생각에 기초한 것이었다. 특히 정부의 개입 방식에서 케인스주의자들은 적극적 재정 정책, 즉 정부의 직접적인 지출을 통한 경기 변동의 조절을 선호했고, 여기에 더해 복지 정책의 확대를 도모했다. 하지만 자신이 『미국 화폐사, 1867-1960년』에서 보여 준 바와 같이, 케인스주의자들의 주장과 달리 대공황은 불안정한 시장경제로부터 기인한 것이 아니라 중앙은행, 보다 넓게는 정부의 잘못된 통화 정책에서 비롯되었으며, 경제 안정은 재정 정책이 아닌 통화 정책을 통해 이루어질 때 보다 효과적으로 달성할 수 있다.

　　넷째는 독점으로 인한 폐해이다.(『자본주의와 자유』, 8-9장) 독점은 개인의 선택권을 제한함으로써 생산 및 소비 활동의 자유를 저해하기 때문에 독점에 대한 정부의 규제가 필요하다. 그러나 역설적이게도 독점은 시장에서 자연적으로 생겨나기보다는 정부의 규제 등으로 생겨나는 경우가 지배적이다. 특히 의료 면허처럼 각종 직종에 도입된 면허 제도는 공급 제한을 통해 면허 취득자의 소득을 증대하는 반면 가격 상승과 소비자 선택권의 제한 등을 통해 소비자들에게 피해를 가한다. 따라서 정부에 의해 뒷받침되는 각종 독점 제도와 면허 제도는 철폐해야 한다.

　　다섯째는 불평등과 복지 정책의 개선이다(『자본주의와 자유』, 6-7장, 10-12장). 정부는 인종차별이나 소득 불평등 등을 개선하기 위해 차별 금지, 교육, 소득 보전 등 다양한 정책을 실시한다. 그러나 이런 정책들은 많은 경우 의도한 결과를 가져다주지 못하거나 사회적 낭비를 야기한다. 따라서 복지 정책은 신체적·정신적 제약 등으로 인해 스스로 생계를 꾸리기 어려운 사람에 대한 보호처럼 꼭 필요한 경우에 한정해야 하며, 부의 소득세 같은 방식을 통해 효율적으로 수행되어야 한다. 부의 소득세와 관련해서는 뒤에서 다시 상세하게 다루기로 한다.

　　프리드먼은 『선택할 자유』의 서문에서 『선택할 자유』가 『자본주의와 자유』에서 다룬 주제 가운데 상당 부분을 다시 다루고

있으며, 주장 역시 크게 다르지 않지만, 보다 구체적인 사례를 풍
부하게 제시하고 있다고 적고 있다.(『선택할 자유』, 20쪽) 단 내용적 측
면에서 두 가지가 추가된 점이 주목할 만한 차이다. 첫째는 인플레
이션과 관련한 논의이다.(『선택할 자유』, 9장) 1970년대에 접어들면
서 미국을 포함한 전 세계 경제는 석유수출국기구(Organization of the
Petroleum Exporting Countries, OPEC)의 석유 가격 인상으로 극심한 인플
레이션을 겪었는데, 이와 관련한 정부 정책의 문제점을 다룬 내용
이 추가되었다. 둘째는 정부와 공무원의 행태에 대한 경제학적 분
석을 책 전반에 걸쳐 전개했다. 이는 앤서니 다운스(Anthony Downs),
제임스 뷰캐넌(James Buchanan), 고든 털럭(Gordon Tullock) 등이 발전시
킨 공공 선택 이론(public choice theory)의 연구 성과, 즉 정부가 공공의
이익을 위해 정책을 펼치는 중립적 존재가 아니라 공무원이 자신
의 승진이나 소속 부처의 이익을 추구하는, 나아가 이익 집단에 의
해 포획(capture)되어 국민의 이익보다는 이익 집단을 위해 정책을
펼치는 존재임을 보여 주는 이론적·실증적 분석 결과를 반영한 것
이다.

경제학에 기초한 사고

『자본주의와 자유』가 큰 성공을 거둔 데에는 여러 이유가 있을 것
이다. 정부의 광범위한 경제 개입을 당연하게 여기는 분위기에서
이에 반대하는 사람들에게 이념적 지표를 제시해 준 점이 중요하
게 작용했을 수 있다. 또한 이런 생각을 풍부한 사례를 제시하면서
간결하고 명료하게 풀어낸 필력 역시 힘을 보탰을 것으로 보인다.
하지만 나는 이보다 더 근본적인 요인은 경제학에 기초한 사고의
매력을 보여 준 것이 아닐까 생각한다.

　　예를 들어 인종차별에 대한 논의를 살펴보자. 흔히 차별은 도

덕적으로 혹은 인권적 차원에서 잘못된 것이기 때문에 법적으로
금지해야 한다는 것이 일반적인 생각이다. 하지만 프리드먼은 인
종차별에 반대하면서도 차별하는 사람의 자유 역시 존중받아야
한다고 주장한다. 그러면서 차별이 가지는 경제적 측면에 초점을
맞춘다. 차별은 차별을 가하는 사람의 선택을 제한하기 때문에 차
별하는 사람 스스로에게 많은 부담을 야기한다. 예를 들어 빵의 재
료가 되는 밀을 생산한 사람이 흑인인지 백인인지 가려서 백인이
생산한 밀만을 구매하려 한다면 구별하는 일 자체도 많은 노력이
들 뿐 아니라 더 비싼 값을 치러야 할 수도 있다. 프리드먼은 자본
주의가 성숙하고 시장 메커니즘이 발달해서 사람들이 자유롭게
재화와 서비스를 선택할 수 있도록 한다면, 차별은 많은 비용을 부
담해야 하는 행위이기 때문에 자연스럽게 사라지게 될 것이라고
이야기한다.

　　물론 이런 주장이 얼마나 타당한지에 대해서는 논란의 여지
가 있다. 단 프리드먼의 사상을 이해한다는 차원에서 중요한 점은
그가 사회 현상을 이해할 때 도덕이나 상식이 아니라 경제학을 기
초로 논지를 전개했다는 점이고, 이것이 우리의 통념과는 다른, 사
회 현상에 대한 새로운 이해를 가능하게 했다는 사실이다. 그리고
나는 이런 신선함이 많은 사람의 관심을 불러일으킨 매력 포인트
였다고 생각한다. 스티븐 레빗(Steven Levitt)의 『괴짜경제학』처럼 경
제학적 사고에 기초한 사회 분석을 담은 베스트셀러가 지난 수십
년간 많이 탄생했는데, 아마도 『자본주의와 자유』는 이런 흐름의
시조 격이 아닐까 짐작한다.

　　프리드먼이 『자본주의와 자유』에서 보여 준 이런 접근은 사
실 대중뿐 아니라 경제학계에서도 당시에는 매우 새로운 측면이
있었다. 프리드먼이 대학원에 입학한 1930년대까지만 하더라도

경제학계는 오늘날과 많이 달라서 경제학 이론에 기초해서 현상을 분석하는 작업보다는 제도에 대한 서술에 가까운 연구가 지배적이었다. 하지만 시카고 대학 경제학과는 경제학 이론에 기초한 현상 분석 그리고 이를 자료에 근거하여 검증하는 실증 분석을 결합한 연구를 지향했다. 이러한 접근은 상당 기간 비주류였지만, 오늘날에 와서는 경제학의 일반적 연구 방법으로 자리 잡았다. 즉 프리드먼과 시카고학파의 경제학자들은 단순히 보수주의적인 이데올로기를 통해 세상에 영향을 미친 것이 아니라, 경제학의 연구 방법을 혁신하는 데 크게 기여했고,『자본주의와 자유』는 그런 혁신을 대중들이 이해할 수 있도록 소개한 책이기에 큰 주목을 받았던 것이다.

　많은 사람들은 프리드먼의 학문적 업적보다는 대중서나 칼럼 등을 통해 그의 생각을 접하다 보니 프리드먼을 보수주의 사상가 혹은 좀 더 냉소적으로는 자본주의 이데올로그로 여기는 경향이 있다. 하지만 프리드먼이 경제학계에서 인정받게 된 것은, 그의 주장이 기반하고 있는 이념보다는 그런 이념을 담고 있는 주장을 설득력 있게 풀어내는 논리적 추론, 즉 경제학 이론을 사회 현상의 이해에 깊이 있게 적용함으로써 얻어 내는 새로운 시각이 많은 사람들의 주목을 끌고 그들의 생각을 변화시켰기 때문이다. 여기에 간결하면서도 명료한 문체와 풍부한 사례 제시 등이 결합하면서 설득력을 높인 것으로 보인다.

　한 가지 유념할 점은 이 책이 나온 지 60년이 지났다는 사실이다. 그동안 경제학은 엄청나게 발전했고, 이 책이 담고 있는 이론이나 주장은 오늘날의 기준에서 많은 한계가 있다. 예를 들어 윤석열 대통령은 예비후보 시절 규제 완화의 필요성을 언급하면서 프리드먼의『선택할 자유』를 염두에 두고 "부정식품이라면, 없는 사

람은 그거라도 싸게 먹게 해줘야 한다"고 말했다.* 이런 발언의
정치적 설익음은 차치하고서라도 오늘날 이런 식의 주장을 펴는
경제학자는 찾아보기 어렵다. 1970년대 이후 발전한 정보경제학
은 소비자와 생산자 간의 정보 비대칭성으로 소비자들이 입는 피
해를 예방하기 위해 정부가 개입하는 것이 소비자 후생을 증진할
수 있음을 이론적으로나 실증적으로 다양하게 보여 주었기 때문
이다. 앞서 언급한 차별의 경우에도 차별에 대한 다양한 이론이 발
전한 결과, 정부가 사람들에게 차별할 권리를 인정하기보다는 적
극적으로 부당한 차별을 차단하는 것이 사회를 통합하고 사회 구
성원 전체의 후생을 증대할 수 있음을 많은 경제학자들이 받아들
이고 있다. 프리드먼의 책을 글자 그대로 받아들이고 교조적으로
이해해서는 안 되는 이유이다.

케인스주의와의 대결

프리드먼의 학문과 사상은 대공황 그리고 케인스주의와 떼어 놓
고 생각할 수 없다. 미국은 1929년 10월 주식 시장 폭락을 기점으
로 유례없는 경기 침체를 겪었는데, 1932년까지 미국의 총생산은
1929년에 비해 30퍼센트 가까이 줄어들었고, 같은 기간 실업률은
25퍼센트까지 치솟았다. 이러한 경기 침체는 미국에 국한된 것
이 아니라 전 세계적으로 확산되었으며, 궁극적으로 나치의 등
장 등을 부추김으로써 제2차 세계대전과 같은 비극을 초래했다.
　　존 메이너드 케인스(John Maynard Keynes)는 1936년 『고용, 이자
및 화폐의 일반이론』을 통해 이러한 경제적 파국을 해소하기 위한

---

* 정주원, 「尹 '부정식품 단속 과도해선 안 된다' 예시에 與 '망언' 뭇매」, 《매일경제》,
2021년 8월 2일자, https://www.mk.co.kr/news/politics/9974010.

방안을 제시했다. 『고용, 이자 및 화폐의 일반이론』은 세계 경제학계에 큰 영향을 미쳤으며, 오늘날 거시경제학으로 불리는 학문 분야의 탄생을 가져왔다. 이후 경제학계는 케인스의 이론을 심화·발전시키는 연구가 지배했으며, 세계 각국 정부는 케인스주의를 받아들여 재정 정책을 중심으로 시장에 적극적으로 개입하는 방식으로 경제 정책을 실시했다.

　『자본주의와 자유』의 중요한 목적은 케인스주의 비판이다. 프리드먼에 따르면 케인스주의, 나아가 사회주의적인 경제 통제는 경제적 자유뿐 아니라 정치적 자유마저도 억압하기 때문에 제거되어야 한다. 아울러 케인스주의는 시장이 매우 불안정함을 전제하지만, 프리드먼은 이것이 사실과 다르다고 보았다. 예를 들어 케인스주의자들은 시장의 불안정성을 보여 주는 대표적 사례로 대공황을 들지만, 프리드먼에게 대공황은 시장의 불안정성이 아니라 정부, 보다 구체적으로는 중앙은행이 경기 침체에 맞서 통화 공급을 늘려야 할 시기에 통화량을 크게 줄였기 때문에 일어난 사건이기 때문이다. 나아가 정부의 재정 정책과 복지 정책은 많은 경우 비효율적이며 많은 역효과를 불러일으킬 뿐이라고 프리드먼은 주장했다.

　단, 앞서 언급한 바와 같이 케인스주의에 대한 프리드먼의 공격이 결코 정부의 개입 없이도 시장이 모든 문제를 해결한다는 급진적인 자유방임을 주장한 것이 아님을 강조할 필요가 있다. 예를 들어 프리드먼을 포함한 통상적인 보수주의자들은 국방과 치안을 정부가 수행해야 하는 가장 중요한 임무라고 생각한다. 하지만 프리드먼의 아들인 데이비드 프리드먼(David Friedman)과 같은 무정부주의적 보수주의자들은 정부의 화폐 발행은 물론이고, 심지어 생명과 재산의 대내외적 보호를 위해 정부가 무력을 독점하는 것마

일반 균형 분석

경제학에서는 특정 재화나 서비스의 거래량과 가격이 어떻게 결정되는지를 분석함에 있어서 다른 조건들이 모두 고정되어 있다고 가정하고 분석하는 것을 부분 균형 분석(Partial Equilibrium Analysis)이라고 부른다. 반면 해당 재화나 서비스와 관련된 모든 영역이 서로 상호작용하는 것을 반영해서 분석하는 것을 일반 균형 분석(General Equilibrium Analysis)이라고 부른다.

저도 독점의 폐해를 불러일으키기 때문에 철폐해야 한다는 급진적 주장을 펼친다.

　반면 프리드먼은 경제학자 대부분이 공유하는 견해, 즉 재산권의 보호, 독점에 대한 규제, 외부효과의 통제와 같은 일은 국가가 해야 할 임무임을 명확히 한다. 그런 점에서 케인스주의자와 통화주의자 간의 견해 차이는 이념적 성격이 존재하기는 하지만 상당 부분은 '얼마만큼'의 문제에 대한 논쟁이라고 볼 수 있다. 그리고 1960-1970년대의 치열한 논쟁 이후에는 통화 정책의 유용성이나 복지 정책의 활용 범위와 방식 등에 대해 경제학자들 간에 광범위한 합의가 이루어짐으로써 오늘날에는 양자를 구분하는 것 자체가 무의미해진 측면이 있다. 따라서 『자본주의와 자유』와 같은 책에 얽매여 경제학을 케인스주의와 통화론자 간의 이념 대립을 중심으로 한 학문으로 해석하는 것은 프리드먼의 책이나 경제학을 잘못 이해하는 것일 뿐 아니라 오늘날의 경제 문제를 이해하는 데에도 별다른 도움이 되지 않는다.

　케인스주의 외에도 프리드먼의 학문과 사상의 발전에서 중요한 의미를 지닌 한 가지 대결은 일반 균형적 접근이라 불릴 수 있는 움직임과의 충돌이다. 프리드먼이 1946년 시카고 대학에 교수

동태 확률 일반 균형

특정 시점에서 경제 변수가 어떻게 결정되고 상호작용하는지 분석하는 것을 정태 분석(static analysis)라고 부르며, 시간의 흐름에 따라 경제 변수들이 어떻게 서로 영향을 미치고 결정되는지 분석하는 접근을 동태 분석(dynamic analysis)이라고 부른다. 1970년대 이래로 거시경제학에서는 동태 분석과 일반 균형 분석을 결합해서 경제 현상을 분석하는 방법이 발전했는데, 이것이 동태 확률 일반 균형 모형이다.

로 부임했던 시절, 시카고 대학 경제학과에는 '콜스 경제 연구 위원회(Cowles Commission for Research in Economics)'가 운영되고 있었다. 이 위원회는 포괄적이면서도 정교한 수리 모형 그리고 이것을 입증하는 계량경제학적 접근을 추구했다. 그런데 프리드먼은 이런 식의 접근은 경제에 대한 깊이 있는 이해에 아무런 도움이 되지 않는다고 생각했다. 그는 특정 문제에 대해 단순한 모형을 활용해서 핵심을 포착하고 이를 통계적으로 검증하는 접근이 보다 적절하다고 생각했다. 그래서 그는 콜스 위원회식의 연구를 추구하는 학자를 학문적으로 혹은 학문 외적 방법으로 가혹하게 비판했다. 결국 콜스 경제 연구 위원회는 예일 대학으로 옮겨져 오늘날까지 이어지게 되었고, 그 연구소 소속이거나 그런 방법을 따르던 많은 학자들은 일반 균형적 접근의 연구를 포기하거나 시카고 대학을 떠나야 했다.

　　그러나 경제학이 점차 발전하면서 콜스 경제 연구 위원회가 지향했던 접근이 점차 힘을 얻게 되었다. 결국 1960년대 말 프리드먼이 은퇴할 시기가 되면서 프리드먼의 뒤를 이어 시카고 대학의 거시경제학을 이끌어 가게 된 로버트 루카스(Robert Lucas, Jr, 1995년 노벨 경제학상 수상)는 앞서 말한 기준으로 보자면 콜스 위원회식 접근의 완성이라고도 볼 수 있는 동태 확률 일반 균형(Dynamic Stochastic General Equilibrium, DSGE) 모형이라는 거시경제학 방법론을 창안했다. DSGE는 오늘날 거시경제학의 주류 방법론이 되었으며 시카고 대학은 DSGE의 중심으로 오랫동안 군림했다. 프리드먼의 입장에서 보면 자신이 내쫓은 세력에게 왕국을 빼앗긴 슬픈 결말이라고도 할 수 있다.

불평등과 부의 소득세

마지막으로 복지 정책에 대한 프리드먼의 입장을 살펴보자. 프리드먼은 가난한 사람들을 위해 정부가 아무 일도 하지 말아야 한다고 주장하지 않았다. 반대로 스스로 생계를 이어 가기 어려운 사람들을 지원하는 것이 정부의 의무임을 명시했다. 그리고 이것을 구체화한 방안으로 부의 소득세를 제안했다. 예를 들어 한 사회에서 인간답게 살기 위해서 필요하다고 여겨지는 최소한의 소득 수준이 있다고 하자. 만일 어떤 사람이 현재 벌어들이는 소득이 그 수준에 미치지 못할 경우, 모자란 만큼을 정부가 지급하는 제도가 프리드먼이 도입하고자 한 부의 소득세이다(〈그림〉).

프리드먼이 불평등 완화를 위해 부의 소득세를 제안한 이유는 서로 관련된 두 가지 요인 때문이다. 첫째는 이것이 기존의 소득세 제도를 그대로 활용하면 되기 때문에 추가적인 제도 설계 없이도 복지를 제공할 수 있기 때문이다. 즉 소득세 제도가 존재하는 상황에서는 모든 사람의 소득을 정부가 파악할 수 있으므로, 소득 수준에 따라 세금을 걷듯이 소득이 일정 수준에 못 미칠 경우 그 액수만큼 정부가 지원하면 된다는 것이다.

둘째는 부의 소득세 제도를 도입하면 복지 제도 운영에 수반되는 정부의 낭비를 줄일 수 있기 때문이다. 정부가 실시하는 많은

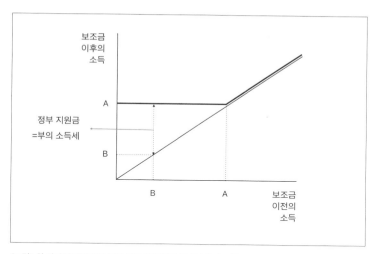

〈그림〉 한 사람이 인간다운 삶을 살기 위해 필요한 최소한의 소득 수준이 A원이라고 하자. 만일 어떤 사람의 소득이 A에 못 미치는 B라고 할 경우, 그 차액(=A-B)만큼을 정부가 보조함으로써, 소득을 A로 맞추어 주는 것이 부의 소득세 제도이다.(출처: 김두얼 제공)

복지 정책은 현물 지급 방식이다 보니 복지 정책 실시를 위해 공무원을 추가로 고용해야 하는 등 부대 비용이 크게 소요되는 반면 복지 혜택이 주어져야 하는 사람에게 제대로 지급되지 못해서 발생하는 여러 부작용이 존재한다. 하지만 부의 소득세는 기존 소득세 제도를 활용하면 되고 보조금 지급으로 모든 업무가 끝나기 때문에 제도 운영과 관련한 비효율을 크게 줄일 수 있다.

　　앞서 언급한 것처럼 프리드먼이 부의 소득세를 주장했다는 사실은 기본소득을 주장하는 사람들에 의해 기본소득이라는 개념이 우파에게도 뿌리가 있다는 주장을 할 때 많이 언급된다. 단 프리드먼의 주장은 부의 소득세를 제공하되 기존의 복지 제도를 대대적으로 정비하자는 것인 반면, 기본소득 주장자들은 대부분 기존 복지 제도를 그대로 둔 채로 기본소득을 추가하자고 주장한다.

나아가 프리드먼은 소득 수준이 낮은 사람들에게 소득 보조를 하자는 것이지 국민 모두에게 일률적으로 돈을 주자고 제안한 것이 아니었다. 프리드먼의 주장이 담고 있는 여러 측면을 깊이 고려하지 않은 채 그가 기본소득과 유사한 주장을 했다는 사실만을 가져다가 자신들의 편의에 따라 그의 이름을 사용하는 것은 안타까운 일이다.*

　　부의 소득세 방안은 어느 정도의 수정을 거친 뒤 1970년대에 미국에서 근로소득세액공제(Earned Income Tax Credit, EITC)라는 형태로 도입되었다. 그리고 우리나라에서도 2000년대에 근로소득장려세제라는 이름으로 시행되고 있다. 역설적이게도 프리드먼은 현실 적용이 가능한 복지 제도인 부의 소득세 제도를 제안함으로써 기본소득 도입을 주장하는 그 어떤 학자보다도 소득 불평등 개선에 실질적으로 큰 기여를 한 셈이다.

토라가 아닌 오디세이

갈릴레오 갈릴레이는 마찰이 없는 세상에서 물체가 어떻게 운동하는지에 대한 사고실험을 통해 운동과 마찰에 대한 심오한 통찰을 도출했다. 경제학자들이 경제 현상을 이해하는 방식은 갈릴레이의 방법과 동일하다. 경제 주체들이 시장에서 어떻게 행동할지 추론한 뒤, 여기에 정부 정책이 가해질 경우 사람들이 어떻게 반응하고 그 결과 후생이 증진되는지 아니면 그렇지 못한지를 이론적·실증적으로 따진다. 그러다 보니 경제학자들은 다른 사회과학자들 혹은 일반인들이 보기에 정부 개입에 비판적인 성향이 강하고

---

* 기본소득론의 문제점에 대한 상세한 논의로는 김두얼, 「기본소득은 만병통치약인가?」, 《서울리뷰오브북스》 2, 2021, 82-93쪽을 참조.

조지 스티글러와 함께 걷고 있는 밀턴 프리드먼.(출처: flickr.com)

보수주의자로 여겨질 가능성이 높다.

　　프리드먼은 경제학자들이 이런 오해 아닌 오해를 받도록 하는 데 가장 크게 기여한 학자라고 나는 생각한다. 그는 상식 혹은 약자의 보호 같은 열정이 아니라, 오직 경제학 이론에만 의존해서 경제를 이해하고 세상을 바라보는 것이야말로 경제학자가 진정으로 나아가야 할 길임을, 그리고 그것이 섣부른 열의보다 세상에 제대로 기여하는 방법임을 학문적 성과를 통해 보여 주었다.

　이런 과정을 통해 그가 도달한 결론은 보수주의적인 것이었다. 하지만 세상은 진보주의자들이 득세하고 있었다. 프리드먼은 싸움을 택했고, 혈전이라고 불리울 만한 20여 년에 걸친 대결 끝에 승리했다. 그의 성공은 그저 세상이 변했기 때문에 우연히 얻게 된 행운 혹은 보수주의가 진보주의를 누른 이데올로기의 승리가 아니라, 경제학 이론을 끝까지 밀어붙여 도달한 학문적 결과의 성취였다. 그런 의미에서 『자본주의와 자유』는 보수주의자들의 신앙을 다지는 토라 혹은 경전이 아니라, 프리드먼의 험난했던 지적 여정을 들여다볼 수 있도록 해주는 오디세이다. 그렇기에 읽을 가치가 있다고 나는 생각한다. **서리북**

김두얼

본지 편집장. 현재 명지대학교에서 경제사, 제도경제학, 법경제학 등을 연구하고 강의한다. 지은 책으로 『경제성장과 사법정책』, 『한국경제사의 재해석』, 『사라지는 것은 아쉬움을 남긴다』, 『살면서 한번은 경제학 공부』가 있다.

📖 밀턴 프리드먼의 최고작인 『미국 화폐사, 1867-1960년』에서 대공황을 다룬 부분을 따로 떼어 발간한 책. 대공황이 시장의 불완전성이 아니라 미국 중앙은행의 잘못된 정책 때문에 일어난 것임을 방대한 자료를 집대성해서 보여 주었다.

"1929-1933년의 경기 침체 과정에서 미국 은행 시스템은 붕괴했고 통화 정책은 경기 하강을 막는 데 실패했다. (……) (이 시기에) 발생한 일련의 통화적 사건이 인류의 화폐에 대한 이해에 미친 영향은 역설적이다. 화폐가 경제 현상에서 단지 부차적 역할을 수행할 뿐이라는 견해가 자리 잡았다. (……) 이 4년 간의 경험으로부터 그동안 사람들이 끌어낸 생각은 잘못되었다. 오히려 화폐적 현상, 즉 통화 금융 관련 사건들이 중요하다. 이 기간의 경험은 그 점을 매우 비극적 방식으로 입증했다는 것이 우리의 결론이다." — 책 속에서

『대공황, 1929-1933년』
밀턴 프리드먼·
안나 J. 슈워츠 지음
양동휴·나원준 옮김
미지북스, 2010

📖 케인스주의를 대표하는 폴 새뮤얼슨과 통화주의를 대표하는 밀턴 프리드먼은 1960년대 후반부터 18년 동안 《뉴스위크》에서 주요 경제 문제에 대해 논쟁을 벌였고, 이는 미국뿐 아니라 전 세계적으로 주목을 받았다. 이 논쟁을 중심으로 1960-1970년대 경제학계와 미국 경제를 흥미롭게 보여 준 책.

"프리드먼은 《뉴스위크》 칼럼이 성공한 원인으로 두 사람 사이의 애정과 존경심을 꼽았다. '정책에 대한 의견은 완전히 다를 때가 많지만, 폴과 나는 좋은 친구다. 우리는 서로의 능력과 경제학에 한 기여를 존경한다.' 새뮤얼슨 또한 프리드먼에게 보낸 편지에서 같은 취지로 말했다. '우리가 의견이 갈리는 때가 많기는 했지만, 논리적, 실증적 차이가 벌어지기 시작하는 근본적인 지점에서는 서로를 이해한다는 사실을 나중에 사람들이 알게 됐으면 좋겠어. 그동안 서로를 향한 애정과 우정, 존경심을 꽤 잘 감춰 왔다는 걸 말이야.'" — 책 속에서

『새뮤얼슨 vs 프리드먼』
니컬러스 웝숏 지음
이가영 옮김
부키, 2022

문학·에세이

서울
리뷰 오브
북스

아카키의 음산함과 바틀비의 창백함, 그리고 잠자의 오묘함

김연경

사무실의 인간 유령들

세계 문학사에서 최초의 사무직 임금 생활자는 누구일까. 어떤 조직에 소속되어 주로 지적인 노동을 제공하고 급여를 받는 인물로, 당장 니콜라이 고골의 「외투」(1842)와 허먼 멜빌의 「필경사 바틀비」(1853)의 주인공이 떠오른다. 아카키는 대러시아 제국의 어느 관청에 소속된 말단 공무원이고 바틀비는 미합중국의 어느 개인 변호사 사무실에 고용된 직원이다. 여러 차이점에도 불구하고 정서만 하는 중년 필경사와 정서는 하기 싫은 청년 필경사는 신기한 짝패처럼 보인다.

아카키의 주된 업무인 정서는 시종일관 단순노동 내지는 허드렛일로 폄하된다. 다른 일에 대한 호기심과 승진 욕구가 없는 것도 한심하게 여겨진다. 그런 그가 페테르부르크의 혹한에 맞서 힘들게 장만한 새 외투를 도둑맞고 그 여파로(후두염) 사망한다. 과연 19세기 비평(비사리온 벨린스키)대로 불쌍한 하급 관리의 애환에 대한 휴머니즘적 기록이자 관료제 및 '작은 인간'에 대한 사실주의적 보고서라고 할 만하다. 여기에 유령이 된 아카키가 고위층 관료의 외투를 빼앗는다는 식의 '환상적인 결말'이 덧붙여진다. 정말로 유령이 존재하는 것일까. 혹시 심술궂은 누군가가 아카키의 비극을 이용해 유령 행세를 하는 건 아닐까. 사실 「외투」의 대부분을 차지하는 세태소설 속의 작은 주인공이야말로 유령인지도 모르겠다.

다른 한편, 아카키는 우리 주변에서 더러 마주치는, 자족적이고 평온하고 바로 그 때문에 음산한 일 중독자의 느낌을 준다. 정서 실력도 나쁘지 않아 해고될 위험도 없으니 일체유심조, 정신승리가 따로 없다. 그럼에도 작가는 그에게 북국의 추위(자연환경)와 만년 9급 관리(사회적 지위)와 빼앗긴 외투(속된 물건) 등 환유의 굴레를 씌우고 삭막한 정조에 붙박아 둔다. "그까짓 외투 때문에!"라고 말들 하지만 외투 자리에 다른 것을 넣어도 마찬가지일 것 같다. "나 너 때문에 고생깨나 했지만 사실 너 아니었으면 내 인생 공허했다."(박찬욱, 〈헤어질 결심〉) 요컨대 외투는 그 본질상 한시적인 우리의 삶을 일순간이나마 유의미하게 만들어 주는 어떤 고갱이 같은 존재다.

멜빌의 필경사 역시 아카키처럼 조용하지만, 볼품없는 대머리 중년이 아니라 창백하고 말쑥한 청년이다. 숙식도 사무실에서 해결하고 생강방만 먹고 살아도 궁상이나 청승 같은 말은 떠오르지 않는다. 문자 그대로 눈알이 빠지라 정서에 몰두하던 그가 어느 날 갑자기 미친 척 저 유명한 거부 선언을 함으로써 소설적 사건이 발생한다. "그렇게(그건) 안 하고 싶다", 즉 "하기 싫다(I would prefer not to)"라는 말에는 비교가 전제되어 있다. 지금 뭔가를 하기 싫다는 것은 뭔가 다른 것이 하고 싶다거나 지금은 하기 싫지만 과거에는 하고 싶었거나 미래에는 하고 싶을 수도 있겠다. 가령 지금은 심부름 가기 싫다, 나 자신에 관한 얘기는 하기 싫다, 질문에 대답하는 건 싫다 등. 중독성이 강한 '하기 싫다'는 전염성 또한 강해서 다른 직원들마저 급속도로 물들여 버린다.

참다못한 변호사가 사무실을 옮긴 이후에 잠깐 다시 찾은 옛 사무실 건물의 계단에서 나눈 대화 중 지금껏 침묵과 단답형과 수동적 저항으로 일관하던 바틀비가 제법 반응을 보여 준다. 어떤 변화도 안 겪고 싶다, 포목상 일은 싫다, 바텐더 일도 싫다, 상인들 대신 지방을 돌며 수금하는 일도 싫다, 젊은 친구의 말동무가 되는 일도 싫다 등. 다 싫은 와중에 (사무실 유령 시절 내뱉은 '여기에 혼자 있고 싶다'는 말처럼) '붙박이 일이 좋다'는 말에서는 사랑 고백의 설렘이 느껴진다. '키케로의 흉상'에 생명이 불어넣어지는 순간이랄까. 바틀비 역시 변호사의 신경질적인 두 직원 터키와 니퍼즈처럼 '성깔'이 없지 않을 것이다. 어리고 소심한 진저넛처럼 마부석 대신 판사석에 앉고 싶어서 그동안 '하고 싶음'을 억압하고 '하기 싫음'을 행해 왔을 수도 있다. 어쨌든 일단 하기 싫음을 선언한 바틀비는 더할 나위 없이 자유로워 보인다. 그의 최후는 죽음의 가능할 법한 여러 선택지 중 가장 '극단적 선택'이 될 법하다. 정찬을 먹기 싫으니까 안 먹는 쪽을 택하고 조용히 굶어 죽는다. 정조는 다르지만(조용한 그로테스크와 우스운 그로테스크) 자신을 조직적으로 굶겨 죽인 「외투」의 작가와 비슷하다.

끝으로, 이 두 주인공에 대해 우리는 무엇을 얼마나 아는가. 아카키의 유령다움은 고골 특유의 과잉된 수사, 3인칭 화자의 고의적인 무성의함과 무관하지 않다. 소설 속의 갈등을 봉합하기 위해 최종 심급으로 호명되는 '소문(저널리즘)'은 환상의 최고봉이다. 1인칭 관찰자 시점을 택한 「필경사 바틀비」에서도 소설이 진행될수록 주인공이 아니라 화자에 대해 더 많이 알게 된다는 미묘한 역설이 발생한다. 최소한의 밥벌이만 되면 그저 편하게 사는 것이 제일이라는 늙수그레한 변호사는 자본주의적 잇속을 저렴한 휴머니즘("아, 인간이여!")으로 포장하고 위선적이고 유머러스한 시혜 의식으로 중무장한 덕분에, 바틀비와는 달리, 월가의 벽돌 틈새에서 끝까지 살아남은 것이다. 바틀비를 향한 그의 불가해한 집착은 동성애적 암시가 아니라면 '젊은 분신'을 향한 강한 자기애의 표현이 아닐까 싶다. 맨 마지막, 대단한 계시인 양 전하는 바틀비의 과거 이력(수취인 불명 우편물 담당 기관 근무)에 관한 '소문' 역시 핵심을 교묘하게 비켜 간다. 「외투」의 귀신 복수 서사처럼 「필경사 바틀비」의 고인(故人)을 향한 아멘 서사 역시 우리 인간의 인지적 오류의 가능성을 강조하는 듯싶다. 두 소설 모두 앎보다는 믿음, 즉 종교를 밑바탕에 깔고 있기도 하다.

방 안의 인간 벌레 한 마리

20세기, 교통과 통신 수단의 발달로 인해 직원들은 집보다는 직장에 머무는 시간이, 심지어 탈것 안에서 보내는 시간이 많아진다. 프란츠 카프카의 「변신」(1915)의 주인공은 '옷감(견본)'을 파는 외판원으로서 말단 사원에서 급속도로 승진한 이후 단순 사무를 보는 대신 출장을 다닌다. 비가 오든 말든 오늘도 새벽 5시 기차를 탔을 그레고르 잠자가 6시 반이 넘도록 침대에 누워 신세 한탄을 할 여유를 누리는 것은 갑자기 벌레로 변신한 덕분이다. 열차 편 고민, 불규칙한 식사, 파편적인 인간관계 등 출장외판원의 정체성을 내팽개칠 기회가 왔음에도 그는 관성적인 걱정에 사로잡힌다. 이에 부합하듯, 6시 45분쯤 밖에서 가족의 목소리가 들리고 7시 15분쯤 지배인이 등장한다. 19세기와 달리 어떤 조직에 소속되는 순간 집도 안전한 곳이 아니다. 그런데 소설에서 이 영역은 의외로 금방 해결된다. 출장 일정을 맞추지 못한 잠꾸러기 부하 직원을 질책하고 당신의 일자리는 '철밥통'이 아니라고 호통치던 지배인은 잠자의 변신을 확인하자마자 쏜살같이 사라져 준다. 잠자에게 보다 극악한 요소는 아카키와 바틀비에게는 아예 없던 것, 바로 가족이다.

「변신」은, 잔혹 동화 같은 설정을 싹 걷어 내고 이야기에만 집중한다면, 혈연관계의 끈적한 점성과 묵직한 억압으로 가득 찬 가족 서사에, 어쩌면 그것의 희화에 가깝다. 아들-오빠의 사고(질병)로 인해 가족 구성원이 창졸간에 중환자와 간병인으로 내려앉고 모두 고통받는다. 3장의 끝부분, 그레테는 오빠도 아닌 '흉악한 짐승'을 보살피느라 갖은 생고생을 다 했으니 이제는 '이 영원한 골칫거리'를 없애 버리자고 절규한다. 아버지는 비록 큼직한 장화(구두)로 잠자를 위협하고 무자비한 사과 폭격까지 서슴지 않았지만 '벌레' 아들의 '역겨운 몰골'을 참아 주는 것만으로도 '가족의 도리'를 다했노라고 생각하는 눈치다. 아들을 안쓰러워하는 것 같지만 극도로 감상적인 넋두리만 늘어놓고 걸핏하면 토하거나 기절할 뿐 실질적인 수고는 거의 하지 않은 어머니도, 사실 아버지 못지않게 웃긴 캐릭터다. 모두가 각자의 역할 놀음에 충실한 배우 같다. 그럼에도 잠자 씨 가족이 햇살 가득한 전차를 타고 교외로 나들이를 갈 때 독자도 숨통이 트인다.

반면 방에서 시작된 잠자의 서사는 그대로 방에서 끝난다. 비위 좋은 파출부가 싹 치워 버린 저 '말똥구리'는 '시체'인가 '시신'인가. 벌레로의 변신이 완료된 이후에도 잠자를 여전히 인간이게끔 하는 요소가 있기는 하다. 첫째, 음악이다. 그레테의 바이올린 연주에 매료된 그는 가족뿐만 아니라 하숙인 셋에게도 폐가 되는 것을 무릅쓰고 거침없이 앞으로 기어 나간다. 여동생과 음악을 통한 정신적 교감을 나누고 싶은 고상한 욕구 때문에 인간다움의 두 번째 요소를 완전히 망각한 형국이다. 다름 아니라, 자신의 정체성에 대한 명료한 인식과 타인에 대한 공감 및 배려 능력이다. 인지와 윤리는 실생활에서 결코 별개의 것이 아니다.

이미 변신이 일상이 된 2장에서 잠자는 가족 구성원을 사회적 무능력자나 노동 불능자로 보려고 애쓴다. 저축해 둔 비상금이 있더라도 누군가는 일해야 하는데 연로하고 둔한 아버지도, 천식을 앓는 어머니도, 열일곱 살 천덕꾸러기인 여동생도 못 한다는 것이다. 하지만 가족 사회에서 자신의 존재 근거를 찾기 위해 자기기만을 최대한 동원하여 창조한 환상은 이내 깨진다. 3장, 늦은 저녁 시간, 퇴근한 가족들이 모여 있는 불 밝힌 거실과 하루 내내 어두운 잠자의 방이 만들어 내는 미학적 대조가 압도적이다. 사환 복장 차림 그대로 꾸벅꾸벅 조는 아버지, 바느질하는 어머니, 속기술과 프랑스어를 배우는 여동생 등 녹초가 된 가족 중 누가 잠자에게 신경을 써주겠는가. 이렇게 다른 가족의 상황에 반응하는 능력이야말로 저 말똥구리가 여전히 인간임을 증명하는 요소다. 음악에 반응하는 잠자보다, 무척 슬프지만, 자신의 처지를 깨닫고 방으로 되돌아가 마지막 숨을 내쉬는 잠자가 더 존엄한 존재로 여겨지는 건 이 때문이다.

물론, 인간이 인간이기를 멈추고 벌레가 되는 순간 비로소 인간다움을 응시하게 된다는 역설이 「변신」을 관통한다. 흡사 아카키-유령이 아카키-인간보다 더 생기로운 것처럼, 말없이 창백하게 기계적으로 정서만 하던 바틀비보다 아무것도 하지 않고 면벽 공상에 빠져 있는 바틀비가 더 인간다운 것처럼 말이다. 하지만 필경사는 책상 앞에 앉아 정서할 때, 영업사원은 구매자를 찾아다니며 물건을 팔 때 비로소 사회적 자아를 실현한다. 자, 쉴 틈 없이 움직이는 박박한 인간-영업사원의 삶과 온종일 방바닥과 벽과 천장을 산책하는 인간-벌레의 삶 중 어떤 것이 더 살아 있음에 가까운가.

사실 우리에게 주어진 선택지가 많지 않다. 일찍이 이마누엘 칸트는 '자연(법칙)'을 극복할 수 있는 '자유(의지)'의 힘을 얘기했지만, 우리가 기댈 곳은 니체식 '아모르 파티', 즉 '내 운명으로의 도피'밖에 없는 듯하다. 쳇바퀴 같은 작은 조직 속에서 자기만의 작은 일을 하며 지구와 달처럼 자전, 공전하는 동그란 일상이야말로 참 소중한 것이다. 덧붙여, 잠자가 벌레로 변한 자신을 인지하는 현실이 흉측한가, 아직 인간이었던 전날 밤 꾼 '불안한 꿈'이 흉측한가.

문학 · 에세이

혹은, 그가 죽자마자 기다렸다는 듯 화사한 나들이를 즐기는 저 가족의 모습이 흉측한가. 어느 것도 흉측하지 않다. 오히려 키릴로프(표도르 도스토옙스키, 『악령』) 말대로 모든 것이 좋다. 모든 것이 좋다는 것을 알고 나면 정말 모든 것이, 다 좋다. 사람이 벌레가 되어도 세계는 여전히 아름답고, 주인공이 죽었음에도 소설은 끝나기는커녕 오히려 가장 밝은 페이지를 선보인다. 전혀 다른 정조와 규모의 소설, 가령 『보바리 부인』이나 『안나 카레니나』가 들려주던 것과 크게 다르지 않은 진실이다.

소설의 화법과 문체를 고려하더라도 그 자체로 어딘가 특이한 아카키, 바틀비와 달리 잠자는 너무나 평범한 인물이다. 주인은 저 파놉티콘처럼 존재하는 척만 해도 노예가 알아서 제 몸을 채찍질한다. 한편 주인은 주인대로 '법 앞'의 말단 문지기처럼 '피로사회'(한병철)의 엄정한 위계질서 안에서 자신을 소진한다. 「외투」와 「필경사 바틀비」가 주인-사회와의 충돌에서 도드라지는 노예-인물의 개성적 성격에 주목한다면, 「변신」은 평범과 정상과 상식과 중치의 육화인 인물을 덮친 비극의 보편적 부조리를 강조한다. 잠자의 오묘함의 핵심은 바로 이것이다. 즉, 잠자는 그저 '인간 아무나'고 그 '인간 아무나'는 누구나 하루아침에 벌레가 될 수 있다. "도대체 인간이라는 사실이 어떻게 죄가 될 수 있단 말입니까? 이 땅에서 우리는 너나 할 것 없이 모두 인간입니다."* 끝으로 요제프 K의 "개 같군!"이라는 마지막 탄식을 변주해도 재밌겠다. "영락없이 말똥구리

---

* 프란츠 카프카, 권혁준 옮김, 『소송』(문학동네, 2010), 264쪽.

신세군!" 언제 읽어도 아리송하고 격하게 웃긴 이 느낌, '카프카적인 것(Kafkaesque)'이 참 좋다. 서리북

김연경

1975년 경남 거창에서 태어나 부산에서 자랐다. 서울대학교 노어노문학과를 졸업하고 모스크바 국립사범대학교에서 박사학위를 받았다. 1995년 '대학문학상' 소설 부문에 당선되었고 1996년 《문학과 사회》로 등단했다. 소설집 『고양이의, 고양이에 의한, 고양이를 위한 소설』, 『내 아내의 모든 것』, 『파우스트 박사의 오류』, 장편소설 『고양이의 이중생활』, 『다시, 스침들』, 『우주보다 낯설고 먼』 등을 펴냈다. 『죄와 벌』, 『악령』, 『카라마조프가의 형제들』, 『이반 일리치의 죽음』, 『닥터 지바고』 등을 번역했다. 독서 에세이 『살다, 읽다, 쓰다』, 러시아 문학 연구서 『19세기 러시아 문학 산책』 등을 썼다. 현재 서울대학교에서 러시아 문학을 강의하고 있다.

여름, 금사빠의 책장을 대하는 자세

하재연

여름이 되었고, 방학이 시작되었다. 그 말인즉, 학기 중 수업과 학생 지도와 행정적이고 잡다한 일들을 핑계 삼아 미루어 두었던 긴 호흡의 원고와 논문 쓰기를 시작할 때가 도래했다는 것이다. 원고와 논문이라는 건 못 쓰면 못 쓰고 있는 대로 마치 삐삐 울려 대는 냉장고 문을 안 닫은 듯 신경이 쓰이다가, 쓰기 시작할라치면 물이 끓어오르는 전기주전자 스위치를 못 끄고 있는 상황처럼 더욱 안절부절못하게 되는 터라, 시작 전의 긴 진입 장벽을 통과할 나만의 의식이 필요한 법이다(그런 거 필요 없이 바로 쓸 수 있는 이들을 오래도록 존경해 왔다!).

내게는 그 의식이라는 것이 책상과 책장 치우기인데, 실은 각종 더미와 더미를 이루며 쌓여 있는 책들을 정리해 노트북 하나를 펼칠 수 있는 빈 공간을 마련해야만 일을 시작할 수 있기도 해서이다. 그런지라 학기 중에는 침대 위에서 노트북을 펼쳐 놓고 시 원고나 글들을 쓰기도 한다. 이 습관이 부끄러워, '나는 혈액 순환이 안 좋아 의자에 앉으면 다리가 저리니까'라는 식으로 자위를 해왔는

데, 어떤 책에서인가 마르셀 프루스트가 주로 침대에 앉아 원고를 썼다는 이야기를 읽고서는 마음이 많이 편안해졌다. 물론 나는 그런 대작가도 아니면서, 하는 자괴감이 또다시 찾아오기는 하지만 말이다. 하지만 논문이나 긴 글들을 계속해서 침대에서 쓸 수는 없는 노릇이라, 본격적인 시작을 위한 의식에 해당하든, 글을 쓸 실질적인 장소를 위한 것이든, 책 정리는 반드시 필요한 것이다.

정리를 기다리고 있는 책 더미의 종류들은 다양하고 다채롭다. 수업을 하면서 참고하기 위해 쌓아 놓은 식민지 시대부터 현재에 이르기까지의 작가와 문학사 및 창작론과 관계된 책들(시험 문제를 내야 하니 학기가 끝날 때까지는 넣어 둘 수가 없다). 출판사에서 감사하게도 분기마다 보내 주는 신간들(어서 읽어야 최근의 트렌드를 알 수 있는데). 약간의 의무감 때문에 구독하고 있는 잡지들(이것도 어서 읽어야 빨리 정리해서 버릴 수 있다). 어찌 된 일인지 잘 모르겠으나 계절별로 도착하고 있는 각종 계간지들(필요한 내용이 있을지 모르니 훑어라도 봐야지). 인터넷 서점을 보면서, 오 이런 책이 나왔군, 방학 하면 읽어야지 하면서 사들인 책들(가끔은 산 줄 모르고 또 산 것도 있다). 친구와 선후배 저자들이 정성을 담아 보내 준 고마운 새 책들(감사 인사를 하려면 최소한 읽어야지). 작은 책방들에 가서 직접 구입한 책들(책을 사 읽어야 내 친구들이 일하는 책방과 출판계가 돌아가지). 지도해야 하는 박사 논문과 관련하여 확인해야 하는 책들(그리고 함께 지도하는 선생님들로부터 추천받은 책까지). '이런 의미 있는 책은 출판되어야 해'라든가 수업을 함께 했기에 북 펀딩을 하고 한참 후에 도착한 책들(세상에 의미 있는 책은 왜 이리도 많을까). 스스로에게 의무감을 부과하기 위해 일부러 치우지 않고 있는 논문과 연관된 책들(계속 보고 있자니 별 타격감을 주지 못하지만). 내가 서문을 쓰거나 기획에 참여해 나온 책들(출간 전에 읽었지만 다시 한번 읽자). 창작에 도움을 줄 것 같아 평소 원고 쓰기 전에 읽으려고 뽑아 둔 책들(끝까지 읽지를 못했으므로 꽂아 둘 수가 없다). 아이의 학교나 학원 독서 목록에 있기에, 심하게 시대착오적인 내용은 얘기해 주어야지 싶어 다시 읽어 보려고 빼둔 책들(역시 앞부분만 봐도 미소지니와 인종차별이 잔뜩이네, 그런데 끝이 어땠더라). 그리고 증쇄를 했다며 견본으로 도착한 새로운 쇄의 내 책들(증쇄한 책들을 꼭 다 갖고 있어야 할까?).

　나의 책상과 책장은 왜 이다지 카오스와 아노미를 교차하는 무법 지대인 것일까, 나란 인간은 옛날부터 그랬지만 여전히 정리 정돈이 안 되는 사람이었나, 오거나이징(organizing)을 조금만 더 잘했더라면 지금보다는 훨씬 공부도 잘하고 더 생산적인 창작자가 되었으려나 싶었는데, 차근차근 책 더미의 종류들을 쓰고 있다 보니, 그럴 법도 한 것이 아닌가, 이게 내 탓만은 아니잖아, 하는 생각이 또 스멀스멀 올라온다. 그러나 문제의 본질은 그것이 아니라는 걸 실은 스스로 잘 알고 있다.

　끈기와 꾸준함이 부족하다, 한번 시작한 걸 끝까지 진득하니 붙잡고 있지 못하다. 어떤 분야에 대한 관심이 금세 이곳에서 저곳으로 옮겨 간다. 화르르 끓어올랐다가 쉽게 질리는 편이다. 이러니저러니 설명해 왔던 것을, 최근의 신조어가 한마디로 함축해 주는 바람에 무릎을 탁 쳤다. 그렇다. 난 '금사빠'(국립국어원의 우리말샘에는 '금방 사랑에 빠지는 사람'을 줄여 이르는 말로 나와 있다)였던 것이다.

　인터넷에 '금사빠'를 검색하니 '금사빠 고치는 법 총정리', '저

너무 금사빠 같아요', '금사빠 고치는 법 없나요' 등등의 말들이 첫 화면에 등장한다. 확실히 금사빠가 그리 긍정적으로 쓰이고 있지는 않은 것 같다. 아마도 대상이 사람에게 향한 것이라면 본인이 상처를 입기도 하고, 관계의 신의를 지키지 못하기도 하니, 고쳐야 하는 기질로 생각되는 것일 수 있겠다. 그러나 모름지기 사랑이 꼭 사람에게 향하는 것만은 아니어서, 내가 금세 사랑에 빠졌다가 오래가지 않고 시들해졌던 대상을 톺아보니 내 책상과 책장의 혼돈 상태가 이해가 되는 것 같다. 사랑이란 대상을 알고 싶고, 알아야 하는 것. 그리고 그를 알기 위해 내가 할 수 있는 가장 최선의 빠른 선택은 그것에 관한 책을 사고 소유하는 일이었던 것이다.

어린 시절부터 그 소유욕을 거슬러 올라오는 일은 너무 방대한 사랑의 목록이 될 것이고, 최근의 사랑의 흔적들을 살펴본다. 특히 코로나 감염병 시기 주로 집에서만 지내던 시절 한창 빠져 있던 식물의 세계. 그때는 식물과 화분을 구매하는 것은 물론(심지어 예약까지 해가며), 책방에만 가면 식물이나 식물 키우기와 관련된 책들을 사들였더랬다. 식물 키우기를 좋아했던 작가들을 만나면 괜한 반가움(어이없다)에 사로잡히기도 하고, 다음 생이 있다면 정원사 일을 하고 싶다(라고 말하니 함께 사는 이가, 새벽에 일어나는 건 어쩌고, 하며 일축했다)는 헛된 소망을 충족시켜 줄 책들을 그냥 지나치지 못했다.

『정원가의 열두 달』,『정원 가꾸기의 즐거움』,『헤르만 헤세의 나무들』,『위대한 생존: 세상에서 가장 오래 살아남은 나무 이야기』,『달팽이 안단테』,『식물 저승사자』,『정원사를 위한 라틴어 수업: 식물의 이름을 이해하는 법』,『세상에서 가장 아름다운 정원』,『나는

가드너입니다: 세상에서 가장 아름다운 정원, 롱우드가든에서 보낸 사계절』,『모두의 pH』,『가드너 다이어리: 사계절 아름다운 정원을 가꾸는 실전 노하우』,『지의류의 자연사: 매혹적인 생명체 지의류의 생태, 다양성, 가치』, 음…… 이 정도쯤에서 그만해야겠다. 숲과 나무를 좋아해서 조그만 숲을 산 남자의 이야기도 있었는데, 그 책은 어디 갔더라.

이쯤 되면 무슨 가드닝을 본격적으로 하는 사람의 책장인 듯싶지만 실상은 전혀 그렇지 않다. 분갈이도 몇 개 하고 나면 지쳐서 나동그라지고, 조금만 바빠져도 식물들을 돌보지 못해 깍지벌레가 창궐하게 만들다 식물이 죽은 화분을 비워 내기 일쑤인 것이다. 이번 여름방학 책장과 책상을 정리하다 갑자기 집이 너무 좁아졌다는 생각이 들어 버렸고, 결국 애써 구입해 쌓아 두었던 토분들과, 식물의 잔해만 남긴 화분의 흙들을 정리하고야 말았다. 서랍과 베란다 가득 쌓여 있던 다채로운 가드닝 도구들을 보니, 한숨이 나왔다. 테라리움을 몇 개나 만들겠다고 온갖 유리 화병과 각종 돌과 유목과 모래와 이끼와 수태 더미들이 잔뜩 쌓여 있는 건지.

정리의 행렬은 연쇄적으로 이어져서 중고 거래와 아름다운 가게 기부와 종량제 쓰레기봉투와의 타협과 사투가 여름휴가 여행 이전과 이후까지 이어지고 있는데…….

가족들이 왜 그것까지 버리냐고 할 정도로, 물건을 내보내는 일이 내게는 그리 어렵지 않았다. 그래 한때 내 마음의 열정을 불사르게 해주어 고마웠고, 이제 잘 가렴. 가서 누군가의 사랑을 받는다면 더 좋고. 어쩌면 이것이야말로 금사빠의 전형적 행태일지도 모르겠다.

　그렇게 정리를 하다가 깨달은 것은, 훨씬 비싸고 힘들게 구입했다가 미련 없이 훌렁 잘도 버리고 기부하고 판매하던 나도, 책만큼은 그러기 쉽지 않다는 것이었다. 물론 내게는 수집욕이나 컬렉터의 기질도 없어서, 동종 업계의 사람들보다 책이 아주 많은 편이라고 할 수는 없다. 그런데 생각해 보면, 다른 물건들은 예전에는 잘 썼으나 지금은 안 쓴다는 이유로, 언젠가 쓰려고 생각했으나 안 쓰게 될 것 같다는 이유로, 그때는 좋아 보였는데 지금은 내 취향에 맞지 않는다는 이유로, 그냥 집이 좁게 느껴진다는 이유로 버리는 데 거의 거리낌이 없는데 책만큼은 왜 그게 안 되는 것일까.

　책 한 권 쓰기까지의 시간과 노력을 남들보다는 조금은 더 아는 사람이니까, 언젠가 연구의 가치가 있을지도 모르니까, 아니 원고를 쓸 때 한 번 인용할 수도 있으니까, 지금은 아니어도 언젠가는 읽을지 모르니까 등의 합리적 이유가 없는 것은 아닐 터이다. 그러나 자세히 들여다보면 앞에 나열했던 식물 관련 책들 중에도 카렐 차페크의『정원가의 열두 달』처럼 아끼고 사랑하여, 다시 보게 될 책도 있지만, 거의 한 번도 들추어 보지 않았거나 한 번 읽은 후로 다시 안 읽게 될 책이 더 많지 않은가. 그렇다면 새 책을 들이기 위해서라도 기부하거나 버리지 못할 이유도 없는 데다, 읽지도 않을 책을 사들이고 쌓아 두는 습벽을 고치기 위해서라면 오히려 죄책감을 느껴 가며 책들을 정리해야 하지 않을까. 시를 쓰고 프린트를 하고 출간을 하면서도 나무한테 미안하다 운운하던 일들이 우스울 정도로 나의 책장에는, (그게 얼만큼 남았는지 몰라도) 남은 나의 생 동안 충분히 읽고도 남을 아직 못다 읽은 책들이 가득한 것이었다.

결국 책에 대해, 그 책이 담고 있는 세계에 대해 사랑한다고 여겼던 내 마음의 내부란 그런 것이다. 쉽게 사들일 수 있으므로 쉽게 소유하는 마음. 읽지 않아도 소유하고 있음으로써 안다고 여길 수 있을 것 같은 마음. 관심이 있으니 곁에 들였지만 그 세계와 접촉하기도 전에 일단 한옆으로 치워 놓고 또 다른 세계를 기웃거리는 마음.

시간과 공을 들여 하나의 세계를, 한 사람의 세계를 찬찬히 마주할 때의 설렘과 조심스러움에 대하여 이제는 물건뿐만 아니라 책에 대해서도 생각해 볼 수 있다면, 하고 가정해 보니 아마도 나는 이 책장들을 어쩌면 여름이 가기 전에 정리할 수 있을 것 같다는 생각이 든다. 아니 어쩌면 다음 겨울이 가기 전에라도? 가장 큰 방과 다른 방의 벽면들 그리고 연구실의 책장들을 모두 사용하고도 부족하다 여겼던 나의 책장들도 그때는, 작업을 시작하기 전의 내 책상처럼 빈 공간을 얻을 여유를 가질 수 있을 것이다.

아, 그런데 가만, 그러고 보면 이번에도 금사빠의 또 다른 시즌이 시작된 것일까. 이번 여름의 새로운 내 사랑은 '미니멀리즘', 또는 '비움의 미학'인가 보다. **서리북**

하재연

시인. 시집 『라디오 데이즈』, 『세계의 모든 해변처럼』, 『우주적인 안녕』, 산문집 『내게 와 어두워진 빛들에게』, 시론집 『무한한 역설의 사랑』, 연구서로 『근대시의 모험과 움직이는 조선어』, 『문학의 상상과 시의 실천』 등이 있다. 현재 고려대학교 미디어문예창작 전공 교수로 재직 중이다.

지금
읽고 있습니다

[편집자] 〈지금 읽고 있습니다〉에서는
전국의 동네책방 책방지기들이
'지금 읽고 있는 책'을 소개한다.
참여해 주신 김문경, 김선경, 김시완, 김창남,
나연, 오유미, 윤샛별, 정현주, 최세연 님께
감사의 말을 전한다.

『초역 부처의 말』
코이케 류노스케
지음, 박재현 옮김,
포레스트북스, 2024

현대어로 읽기 쉽게
재해석된 부처의 말.
종교를 떠나 12개의
주제로 묶인 190가지
부처의 말을 읽다
보면 자연스럽게
마음이 평온해진다.
살아가면서 큰 도움이
되는 지혜를 얻는 건 덤.

위드위로
책방지기 김시완
(경기 고양시)

『우리가 구할 수
있는 모든 것』
아야나 엘리자베스
존슨·캐서린 K. 윌킨슨
엮음, 김현우 외 옮김,
나름북스, 2022

기후위기 시대를
살아가는 우리에게
건네는 지혜의 향연.
도무지 해결될 기미가
보이지 않아 무기력과
우울함에 빠져 있는
우리에게 희망의
아이디어들을 건넨다.
좌절과 낙담은 아직
이르다며 토닥이는 책.

책방토닥토닥
2호기 김선경
(전북 전주시)

『결혼·여름』 알베르
카뮈 지음, 장소미
옮김, 녹색광선, 2023

첫 문장에서부터
사람을 홀리는 알베르
카뮈의 표현력은
스테인드글라스처럼
무겁지만 황홀하다.
다소 비판적이고
자조적인 카뮈의 파도
같은 거친 표현이
돋보이지만 결국은
우리에게 절망에
맞서는 법을 얘기해
준다.

사소한 책방
책방지기 김창남
(대구 서구)

『떠오르는 숨』
알렉시스 폴린 검스
지음, 김보영 옮김,
접촉면, 2024

바다를 잊은 인간이
고래로부터 다시
바다에서 '숨 쉬고'
'협력하고' '활동하는'
법을 배우게 하는 책.
명확하고 아름다워서
한 챕터씩 소리 내어
아껴 읽게 된다.

비건책방
대표 김문경
(제주 조천읍)

『원자 스파이』샘 킨
지음, 이충호 옮김,
해나무, 2023

원자폭탄 개발을
둘러싼 스파이 활동과
과학자들의 애국과
양심 사이에서의
갈등, 우연히 혹은
의도적으로 첩보의
승패를 가르는 평범한
사람들의 활약 등이
역동적으로 펼쳐지는
과학 다큐 전쟁사.

과학책방 사이
책방지기 오유미
(세종 나성동)

『커피 내리며 듣는
음악』시미즈 히로유키
지음, 워크룸 프레스,
2024

카페를 운영하며
뮤지션들의 공연을 열어
온 저자가 팬데믹 시절
심혈을 기울여 디깅한
전 세계 51장의 음반을
소개한다. 음악으로
세계 곳곳의 삶과
상황을 생각하게 해주는
고밀도 음악 여행서.

샵 메이커즈
책방지기 나연
(부산 수영구)

『레이먼드 카버의
말』레이먼드 카버
지음, 마셜 브루스
젠트리·윌리엄 L. 스털
엮음, 고영범 옮김,
마음산책, 2024

쓰는 일이 읽는 일
다음이라는 것을 알게
해주는 책. 작가 또는
인간에게 고유함이란
얼마나 소중한
가치이며 어떻게
만들어질 수 있는가를
알려 준다. 창작자 혹은
자신의 인생을 예술로
만들고 싶은 이들에게
권한다.

서점 리스본
대표 정현주
(서울 마포구)

『여름밤, 비 냄새』김현경
지음, 스토리지 프레스,
2018

'사랑만큼 또 다른 나를
갈구하게 만드는 것이
있을까요.' 그 사람을
닮고 싶고, 그 사람에게
더 좋은 사람이
되고 싶었던 아릿한
짝사랑의 기억을 담은
에세이.

러브앤프리
책방지기 윤샛별
(광주 남구)

『어떤 동사의 멸종』
한승태 지음, 시대의창,
2024

한국 사회를 밝게
비추는 산업의 어두운
단면과 우리가 누리는
편리함을 지탱하는
구조의 밑바닥을
낱낱이 세분화하여
묘사한 책. 한승태 작가
고유의 유머가 담긴
르포르타주.

완벽한 날들
책방지기 최세연
(강원 속초시)

신간 책꽂이

이 계절의 책
2024년 가을

[편집자] 〈신간 책꽂이〉에는 최근 발간된 신간 가운데 눈에 띄는 책을 골라 추천 이유와 함께 소개한다. 이 책들의 선정과 소개에 도움을 주신 분들은 다음과 같다.

김경영(알라딘 인문·사회·과학 MD)
손민규(예스24 인문·사회정치·자연과학 PD)
한지수(교보문고 인문 MD)
한채원(이것은 서점이 아니다 공동 책방지기)
(가나다순)

『폭염 살인』 제프 구델 지음, 왕수민 옮김, 웅진지식하우스
기록적인 폭염이 변수가 아닌 상수가 된 세상이다. 이 책은 전 세계에서 '폭주하는 더위'가 남긴 참상을 기록하고 분석하며 근심스러운 기후위기를 돌파할 실마리를 구한다.(한지수)

『떠오르는 숨』 알렉시스 폴린 검스 지음, 김보영 옮김, 접촉면
흑인 퀴어 페미니스트인 저자가 해양 포유류를 탐구하며 모든 숨 막힌 존재들의 생존을 모색한다. 독창적이고 급진적인 동시에 다정한 글. 상반기 최고의 에세이로 이 책을 꼽는다.(김경영)

『격차』 제이슨 히켈 지음, 김승진 옮김, 홍기빈 해제, 아를
세계의 빈곤은 왜 존재하는가. 경제인류학자 제이슨 히켈은 세계의 빈곤과 불평등을 읽는 완전히 새로운 패러다임을 제시한다. 분노와 인식의 전환을 동시에 가져오는 책.(김경영)

『거대한 물결』 미치코 가쿠타니 지음, 김영선 옮김, 돌베개
기술의 발전과 사회경제적 변화가 맞물려 일어나는 '거대한 물결' 앞에서 오늘날의 구조는 어떻게 해체되고 조립될 것인가? 전설적 문학비평가 미치코 가쿠타니, 인류의 미래를 예측하다.(한지수)

『어떤 동사의 멸종』한승태 지음, 시대의창

직접 노동하며 겪은 경험을 글로 써내는 작가 한승태의 신작. 이번에는 근미래에 사라질 직업들을 말한다. 잘 서술된 정직한 이야기, 펄떡이는 문장. 이번 책도 실패가 없다.(김경영) 기술 발달로 없어질 확률이 높은 직업과 작업장의 모습을 세밀하게 담았다. 힘들고 열악한 노동 현장이 마냥 슬프지만은 않게 느껴지는 건, 저자 한승태의 필력 덕분이다.(손민규)

『꽃을 위한 미래는 없다』브래디 미카코 지음, 김영현 옮김, 다다서재

브래디 미카코의 데뷔작. 영국 빈민가의 풍경을 솔직하면서도 재치 있게 묘사하는 글에는 날카로운 통찰과 따뜻한 연민이 함께한다. 양극화, 갈등을 향한 매혹적인 시선.(손민규)

『불완전한 인간』마리아 마르티논 토레스 지음, 김유경 옮김, 현암사

고인류학자이자 의사인 저자는 인류의 생물학적 취약성과 결함에서 종족의 지속가능성을 찾는다. 호모 사피엔스라는 종의 불완전성을 따뜻한 시선으로 보듬며 나아가는 지적인 여정.(한지수)

『불안 세대』조너선 하이트 지음, 이충호 옮김, 웅진지식하우스

소셜 미디어와 게임, 자극적인 콘텐츠는 전두엽이 충분히 발달하지 않은 10대에 해롭다. 어른도 안심할 수 없다. 스마트폰이 끼친 해악에 관해 조너선 하이트가 정리한 보고서.(손민규)

『나르시시즘의 고통』이졸데 카림 지음, 신동화 옮김, 민음사

인간성마저 생산을 위한 자본으로 내놓길 요구하는 자본주의는 무엇을 작동 원리로 삼는가? 현대인이 자기 착취적 구조에 자발적으로 복종하게 되는 아이러니를 '나르시시즘'으로 해석한다.(한지수)

『잔인한 낙관』로런 벌랜트 지음, 박미선·윤조원
옮김, 후마니타스
우리 욕망의 대상이 사실 더 나은 삶을 막는
걸림돌이라면? 무책임한 생각의 관성이 우리의
삶을 어떻게 망가뜨리는지 분석한 책이다.
신자유주의의 환상과 절망에 대하여.(김경영)

『실패의 기술과 퀴어 예술』잭 핼버스탬 지음,
허원 옮김, 현실문화
성공을 향한 집착으로 가득 찬 세계에 질식할 것
같은 사람들에게 이 책은 어엿한 숨구멍으로서
기능할 수 있지 않을까? 잭 핼버스탬은 실패의
기능과 의미를 새롭게 해석한다.(김경영)
어린이용 애니메이션부터 아방가르드
퍼포먼스까지, '고급 문화'와 '저급 문화'를
넘나들며 우리 삶에 녹아든 '성공' 각본을
해체하는 이론서. 대안적인 앎의 방식이자 존재
방식으로서의 '실패'를 제안한다.(한채원)

『출근길 지하철』박경석·정창조 지음,
위즈덤하우스
그들은 "왜 하필" 출근길 지하철을
막아섰나. 이 질문에 답하자면 책 한 권
분량의 설명이 필요하다. 존재와 사회에
대한 고민과 통찰이 겹겹이 쌓인 투쟁.
막연한 예상을 넘어서는 내용이다.(김경영)
전국장애인차별철폐연대가 출근길
지하철에서 이동권 투쟁을 한 지 4년이
지났다. 지하철이 지연된다는 뉴스가 더
말하지 않는 이야기를 20년간 투쟁의 현장을
지켜 온 박경석 활동가에게 듣는다.(한지수)
지난 3년간의 지하철 투쟁에 관한 이야기뿐
아니라, 박경석 활동가가 경험해 온 장애인
운동의 역사와 쟁점들이 담겨 있다. 이 책을
통해 '모두의 존엄을 위한 토대'가 될 이동권
투쟁에 더 많은 사람들이 함께하게 되길
바란다.(한채원)

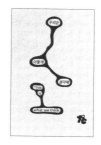

『춤추고 싶은데 집이 너무 좁아서』
공선주(별빛)·오로민경·이승지(비바)·이유경·
전솔비 지음, 파시클
제노사이드 학살로 난민이 된 로힝야인들을
아시아의 분쟁 지역을 돕는 한국의 단체 '아디'가
만났다. 소수민족 박해와 젠더 폭력이라는
이중고를 겪는 로힝야 여성들은 그럼에도
희망을 이야기한다.(한지수)

『우리에겐 논쟁이 필요하다』아리안 샤비시
지음, 이세진 옮김, 교양인
세계는 기울어져 있고 우리에게 필요한 건 더
나은 논쟁을 펼칠 능력이다. 이 책에는 비열하고
저열한 지배자의 언어에 맞서는 논리적이고
멋진 저항의 언어가 가득하다.(김경영)

『온전히 평등하고 지극히 차별적인』김원영
지음, 문학동네
아름다움이란 무엇인가. 특정한 범위 내에
안착한 몸만이 아름다움을 꿈꿀 수 있는가.
김원영의 글은 안전지대의 바깥에서
우아한 칼춤을 추며 라인 안쪽의 사회에

굵고 짙은 질문들을 던진다.(김경영)
김원영이 무용수가 되어 가는 과정에서
마주한 몸이 품은 가능성, 춤의 역사,
배리어프리에 관한 주제에 대해 김원영만이
쓸 수 있는 글을 담았다.(손민규)
작가 김원영은 휠체어를 탄 무용수다. 누구보다
몸의 존재를 자주 의식하며 살아왔던 그는
이제 '춤'이라는 주제를 레드 카펫처럼 깔고
배제되고 소외된 '몸들'을 눈부시게 늘어놓으려
한다.(한지수)

『우리는 이렇게 생각해』장근영·이성수 지음,
1도씨
장애 당사자이자 공연 예술 창작자들의
배리어프리 에세이. 예술 현장의 배리어프리에
대한 고민과 안내를 담고 있다. 더 평등한
문화·예술을 만들고, 향유하고 싶은 사람들을
위한 책.(한채원)

『이반지하의 공간 침투』 이반지하 지음, 창비

가부장제와 퀴어성, 젠더와 매체의 경계를
가지고 놀며 작업하는 다매체 예술가
이반지하의 세 번째 에세이. 이 책과
함께라면 우리를 환영하거나 밀어내는 그
어떤 공간에서도 능청스럽게 침투할 수 있을
것이다. (한채원)

『아르고호의 선원들』 매기 넬슨 지음, 이예원
옮김, 플레이타임

퀴어함, 사랑, 정상성, 모성에 대한 매기
넬슨의 에세이. 확정적이고 구획적이지
않은 문장들 속에 그의 진실이 들어 있다.
독특하고 자유롭게 뻗어 가는 글. 이예원의
번역은 이번에도 훌륭하다. (김경영)
매기 넬슨의 자기 이론적 탐구서. 사랑,
트랜지션, 재생산과 파트너십을 주제로
문화적인 전제들에 대한 자신만의 답을 찾아
나간다. 이를 통해 우리는 '삶과 사랑의 새로운
가능성'을 발견할 수 있다. (한채원)

『호르몬 일지』 영이 지음, 민음사

500일간의 호르몬 대체 요법 과정을 담은
트랜스여성의 일기. 분노와 유머로 가득 찬,
당황스러울 만큼 솔직한 이야기를 펼쳐 낸다.
'일기'라는 형식만이 전달할 수 있는 파괴력을
진하게 느껴 볼 수 있는 책. (한채원)

『돌파의 시간』 커털린 커리코 지음, 조은영 옮김,
까치

커털린 커리코의 회고록. 헝가리 가난한 집에서
태어나 mRNA 권위자로 우뚝 서기까지 저자의
삶은 돌파의 연속이었다. 높은 벽을 만날 때마다
정면으로 뛰어넘었다. 세상을 바꿨다. (손민규)

『우주에서는 서두를 필요가 없다』 마욜린 판
헤임스트라 지음, 양미래 옮김, 돌베개

시인이자 소설가, 극작가 겸 우주 전문 기자인
마욜린 판 헤임스트라의 에세이. 천문학이라는
거대한 씨앗에서 뻗어 나와 지구와 사람까지
닿는 글이 읽는 이를 고요하고 겸허하게
한다. (한지수)

『경외심』 대커 켈트너 지음, 이한나 옮김,
위즈덤하우스

경이로움에 관한 역작. 매사에 지치고
무덤덤해진 현대인에게 경외심을 권한다.
경외심을 되찾는 순간, 세상이 아름답게
보인다. 우리의 삶도 멋지게 바뀐다.(손민규)
이해를 벗어난 거대한 신비 앞에서 체험하는
마음, 경외심. 성스러운 전통에 점점 기대지
않는 현대인들에게도 경외심은 꼭 필요한
감정이다. 이 책은 일상 속에서 경이의 순간을
찾는 감각을 길러 준다.(한지수)

『인간이 되다』 루이스 다트넬 지음, 이충호 옮김,
흐름출판

인간이 최상위 포식자가 된 비결은 무엇일까?
이 책은 우연과 실패에 주목한다. 비효율적인
재생산, 감염병에 대한 취약성, DNA 결합 등이
문명사에 어떻게 작용했는지 밝힌다.(손민규)

『읽지 못하는 사람들』 매슈 루버리 지음, 장혜인
옮김, 더퀘스트

읽기의 스펙트럼은 방대하고 난해하다. 읽기는
기억과 감정과 상상 등 사유와 밀접하게
연결되어 있다. 읽기가 어렵더라도 우리는 읽을
수밖에 없다. 더 나은 삶을 위해.(손민규)

『옥스퍼드 출판의 미래』 앵거스 필립스·마이클
바스카 외 22인 지음, 정지현 옮김, 교유서가

진실로 출판은 구텐베르크 이래 최악의 위기를
겪고 있는가? 디지털 혁명의 시대, 변화하게
될 출판의 미래를 그리는 이 책은 책이 지나는
모든 길목을 샅샅이 훑으며 출판업의 새로운
가능성을 제시한다.(한지수)

『유럽 책방 문화 탐구』 한미화 지음, 혜화1117

영국과 프랑스의 아름다운 도시에는 책방이
있다. 인쇄술의 발전에서부터 출판 유통의 역사,
작가의 탄생 등 책을 둘러싼 매혹적인 세계를
책방을 거닐며 풀어낸다.(손민규)

『만일 내가 그때 내 말을 들어줬더라면』 나종호
지음, 다산북스

우리 사회가 건강해지려면 나약함을 나눌 수
있어야 한다. 약함을 인정하는 게 어려운데
누구부터 시작할까? 예일대 정신의학과 교수
나종호가 먼저 자신의 이야기를 털어놓았다.
우리를 이어 줄 우아한 책.(손민규)

『상실과 발견』 캐스린 슐츠 지음, 한유주 옮김,
반비

상실, 상실의 자연스러움, 상실의 자연스러움에
대한 충격에 관한 날카롭고 아름다운 에세이.
사랑과 삶과 죽음이라는 보편적인 주제를
따뜻하고 통찰력 있게 써내었다.(김경영)

『그로토프스키 트레이닝』 구자혜 지음, 워크룸
프레스

극작가이자 연출가 구자혜의 희곡집. 죽음과
애도에 관한 이야기를 담고 있다. 세계와 시대의
문제를 정치적이고 정동적으로 펼쳐 내며,
그 가운데 고통받는 존재들과 대면하게 하는
책.(한채원)

『미래의 손』 차도하 지음, 봄날의책

차도하 시인의 첫 시집이자 유고 시집. 빛이
사라져 넘어지려 하는 이들에게 어둠 속에서
함께 춤을 추자 손 내미는. 너무 용감해서 아프고
사랑스러운. 삶이 캄캄해지는 순간마다 찾게 될
시집.(한채원)

『작가들』 앙투안 볼로딘 지음, 조재룡 옮김,
워크룸 프레스

세상과 멀리 떨어진, 규정될 수 없는 곳으로
독자들을 안내하는 앙투안 볼로딘의 소설.
'그럼에도 불구하고 계속 말하고 쓰는',
세상으로부터 소외되고 잊힌 일곱 '작가들'의
헌신을 보여 준다.(한채원)

『토마토, 나이프 그리고 입맞춤』 안그람 만화,
문학동네

『연애소설 읽는 교수』로 많은 독자들을 매료시킨
만화가 안그람의 첫 단편집. 서정적인 표현과 SF
판타지적 상상이 돋보이는 다섯 편의 이야기가
펼쳐진다. 엉뚱하고, 어쩐지 서늘함이 느껴지는
인물들이 매력적인 책.(한채원)

"서평은 그 자체로 하나의 우주이다"

서울
리뷰 오브
북스

Seoul
Review of
Books

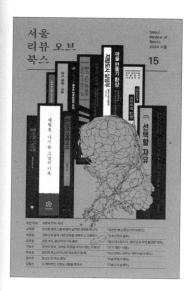

2024 가을
15호 특집:
지방과 지역 사이

책을 아끼고 좋아하는 분들과 함께 이 우주를 담고
싶습니다. 그리고 우리는 독자들과 공감하는 글을 만들기
위해 독자들의 의견을 수렴하고 반영하는 개방된 창구를
항상 열어둘 것입니다. 우리 역시 "계속 해답을 찾아
나가는" 존재가 되어《서울리뷰오브북스》를
틀과 틀이 부딪치는 공론장으로 만들어 가겠습니다.

'어떤' 책을 '왜' 읽어야 하는가?
《서울리뷰오브북스》는 그 답을 서평에서 찾습니다.

지난호 특집

0   2020: 이미 와 버린 미래
1   안전의 역습
2   우리에게 약이란 무엇인가
3   모든 여행은 세 번 떠난다
4   한국 경제에 대한 클리셰(cliché)들
5   빅 북, 빅 이슈(Big Books, Big Issues)
6   개발, 개발, 개발
7   계보의 계보
8   스몰 북, 빅 이슈
9   나이듦과 노년에 대하여
10 베스트셀러를 통해 세상 보기
11 냉전과 신냉전 사이
12 인공지능, 어디까지 왔고 어디로 가는가
13 민주주의와 선거
14 믿음, 주술, 애니미즘

정기구독 및 뉴스레터 구독 문의
seoulreviewofbooks@naver.com
자세한 사항은 QR코드를 스캔해 주세요.

@seoul_reviewofbooks

"이 책의 모든 부분이 지적이면서 사랑스럽다"

무용수가 된 변호사, 김원영 6년 만의 단독 신작!

ⓒ옥상훈_KIADA_2023

"동시대에 김원영이라는 작가가 있다는 사실이 놀라울 뿐이다!" **김초엽**(소설가)

"김원영의 저작은 언제나 경이롭다.
이번에도 그는 멋지게 나의 세상을 넓혀놓는다." **김하나**(『금빛 종소리』 저자)

"이 책의 모든 부분이 지적이면서 사랑스럽다.
당사자성에 주저앉지 않고 끝없이 정진하는 사람들이
결국 위대한 결과물을 탄생시킨다." **남궁인**(의사)

"찬탄을 거듭하며 읽었다. 내용의 전복성도 그렇지만,
유려하기가 비할 데 없는 저자의 글쓰기에도 감탄했다." **김영란**(전 대법관)

"감탄을 금할 수 없을 정도로 훌륭한 책.
이 책이 오래도록 많은 사람들의 지지와 사랑을 받는 명저로 남으리라 확신한다." **박주영**(판사)

몸 을 위 한 변 론

온전히 평등하고 지극히 차별적인

김원영 지음

문학동네

"이런 사람이 뭘 사랑한다고 할 때
정말 사랑하는 것이다.
15년 동안 쓰인 그의 연서戀書가 완성됐다."

—신형철 문학평론가

얼룩이 번져 영화가 되었습니다

송경원 지음,
ISBN: 979-11-6689-248-6, 정가: 17,800원

'영화관을 나서면 말을 걸어오는 영화가 있다'
《씨네21》편집장 송경원이 스물여덟 편의 영화와 대화한 기록

바다출판사

이 시대의 노동 방식은 정상인가?
우리의 과로는 당연한가?

★ 미국 사회학 협회가 수여하는, '막스 베버 도서상(Max Weber Book Award)' 2021년 수상 ★

★ 2007년에 제정된 이래 비즈니스 도서 분야에서 가장 규모가 크고 권위 있는 상,
'액시엄 비즈니스 도서상(Axiom Business Book Awards)' 경영 이론(Business Theory) 부문
2021년 은상 수상 ★

'오늘날의 광기'를 직시하고,
유연 근무제로 가려진 진짜 문제 파헤치기

코로나19로 갑자기 맞닥뜨린 급진적인 노동 방식, 재택근무, 유연 근무제…
그런데 어째서 우리의 워라밸은 더 나아지지 않을까?
지금이 바로 잘못된 노동 방식을 바로잡기에 가장 완벽한 때!

정상 과로
유연하지 않은 유연 근무에서 벗어나기
에린 L. 켈리·필리스 모엔 지음
백경민 옮김 | 456쪽 | 25,000원

'투명인간' 노동자의 한숨과 땀방울의 연대기
웃고 울고 분노하는, 가장 진실하고 절실한 울림

언론인 손석희·배우 정우성 추천!
놀랍도록 리얼하고 감동적인 문장들, 사회를 바꾸는 우리 일터 이야기

"6411번 버스를 아십니까"(고 노회찬 의원 연설)　　6411의 목소리 지음

사람들은 지금도 말한다. "노회찬이라면 이럴 때 뭐라고 얘기할까?" 여기 글쓴이들은 그 삶 속에서 이미 노회찬의 대답을 듣고 있다. 하나하나의 글들 속에서 노회찬을 발견한다. 글쓴이들이 모두 노회찬이다. **손석희**(언론인)

정치인 노회찬이 응시해온 '존재하되 우리가 그 존재를 느끼지 못하고 살아가는' 사람들이 직접 쓴 이야기를 통해 정치가 바라봐야 할 곳이 어디인가를 함께 고민하면 좋겠습니다. **정우성**(배우)

주 52시간 노동이 흔들리고 사회적 약자의 목소리가 지워지는 시대를 살고 있지만 나는 믿고 싶다. 노회찬의 절절한 꿈이 우리 모두의 마음 깊숙한 곳에서 용암처럼 솟구칠 그날을 기다리며 들끓고 있을 거라고. 그렇게 노회찬은 아직도 우리 안에 살아 있는 거라고. **정지아**(소설가)

값 20,000원

창비
Changbi Publishers

사월의눈 사진책

사진. 86장
216쪽
값 45,000원
ISBN 979-11-89478-12-4
(03660)

구입처
교보문고 (온라인)
알라딘 (온라인)
유어마인드 (서울)
이라선 (서울)
낮온리북스 (대구)
고스트북스 (대구)
스프링 플레어 (서울)
그래픽숍 (군산)
물결서사 (전주)

2024
싱가포르국제사진
페스티벌
사진책 부문 후보작

2024
아를사진축제
사진책 '사진-텍스트'
부문 후보작

리듬총서 1 **대구는 거대한 못이었다**

사진과 글. 엄도현

엄도현 작가가 2021년과 2022년, 두 해에 걸쳐 방문한
대구의 모습을 담고 있다. 일종의 여행 일기이자
사진에세이이기도 한 이 책에서 작가는 존재했으나
존재하지 않고, 존재하지 않으나 존재하는 대구의 못 관련
이야기와 장면들을 담아냈다. 연못과 호수, 저수지와 물 등의
경계가 흐려지는 이 탐색 속에서 대구는 밋밋하고
재미없는 도시도, 정치적으로 보수적인 동네도,
삼성과 사과의 지역도 아닌, 가상 같기만 한 과거와 현재가
사람들의 기억 속에서 출렁이는 유동적인 여러 도시 중
하나이다.

리듬총서는 사월의눈이 시작하는
첫 총서의 이름이다. 리듬총서는
세계 혹은 한국에 크거나 작은 단위로
존재하는 지역의 리듬을 포착한다.
리듬총서는 행정 구역 단위를 너머
지역을 상상하고, 품고, 다시 그리고자
한다. 리듬총서는 철학자 앙리
르페브르의 『리듬분석』에서 영감을
얻어 갖고온 이름이다. 리듬총서는 그
어떤 지역도 하나의 이미지로 고정될 수
없다는 믿음에서 시작한다.

사월의눈   웹사이트 aprilsnow.kr   인스타그램 aprilsnow_press

서구, 백인, 남성, 권력자가 아닌 '거의 모든 사람'의 역사

거울들
ESPEJOS

에두아르도 갈레아노 지음 · 조구호 옮김

◆ 648쪽, 29,000원

"갈레아노의 책을 출판한다는 것은 거짓말과 무관심, 무엇보다도 망각의 적을 세상에 알리는 것이다. 그 덕분에 우리 인류의 죄가 기억될 것이다." ─존 버거

"갈레아노의 스토리텔링에는 신비한 힘이 있다. 그는 자신만의 기술을 사용해 독자가 그의 글쓰기가 지닌 매력과 신념의 힘에 투항하도록 한다." ─ 이사벨 아옌데

"갈레아노의 우아하고 간결한 산문은 불필요한 단어 하나, 엉뚱한 단어 하나 없으며, 멋진 농담을 할 기회도 놓치지 않는다." ─《가디언》

**기억하기 위해 발버둥 치는 작가
에두아르도 갈레아노,
세계사를 거꾸로 세우다**

알렙

서울 리뷰 오브 북스

Seoul
Review of
Books
2024 가을

15

발행일	2024년 9월 10일
편집위원	강예린, 권보드래, 권석준, 김영민, 김홍중, 박진호
	박훈, 송지우, 심채경, 유정훈, 이석재, 정우현, 정재완
	조문영, 현시원, 홍성욱
편집장	김두얼
편집	장윤호
디자인	정재완
제작	(주)대덕문화사
발행인	조영남
발행처	알렙
등록일	2020년 12월 4일
등록번호	고양, 바00044호
주소	경기도 고양시 일산서구 중앙로 1455 대우시티프라자 715호
전자우편	seoulreviewofbooks@naver.com
웹사이트	www.seoulreviewofbooks.com
ISSN	2765-1053 43
값	15,000원

© 알렙, 2024

이 책에 실린 글과 사진은 저작권법에 의해 보호를 받는
저작물이므로 사전 협의 없이 무단으로 사용할 수 없습니다.

구독 문의	seoulreviewofbooks@naver.com
정기구독	60,000원 (1년/4권) → 50,000원(17% 할인)
	자세한 사항은 QR코드를 스캔해 주세요.

광고 문의	출판, 전시, 공연 등 다양한 영역에서 서울리뷰오브북스의
	파트너가 되어 주실 분들을 찾습니다. 제휴 및 광고 문의는
	seoulreviewofbooks@naver.com로 부탁드립니다.
	단, 서울리뷰오브북스에 실리는 서평은 광고와는 무관합니다.